城市区域公共安全大数据双治理机制构建分析方法

李向阳　刘昭阁　乔立民　著

科学出版社

北京

内 容 简 介

本书系统阐述城市区域公共安全大数据双治理机制构建分析方法的最新成果,以双治理为对象,提出了双治理机制构建的五类智能分析方法及其支持平台:①聚焦双治理要素的集对映射,构建了双治理机制的理论框架与智能化体系;②以大规模情景数据和领域模型为支持,规划了支持双治理关键问题发现的全情景分析方法;③为有效实现双治理机制,分别提出了组织、规制、技术三层路线图的分析方法;④面向治理路线任务的政策依赖,探索了双治理的政策全局框架与政策议程分析方法;⑤为评估双治理有效性,构建了相应的成熟度评估方法。

本书可以满足高等院校管理科学、公共安全等相关专业教师和研究生教学与学习的需要,对从事应急管理研究的学者与相关组织机构的应急管理人员也具有较大的借鉴意义与参考意义。

图书在版编目(CIP)数据

城市区域公共安全大数据双治理机制构建分析方法 / 李向阳,刘昭阁,乔立民著. —北京:科学出版社,2024.5

(大数据驱动的管理与决策研究丛书)

ISBN 978-7-03-078469-8

Ⅰ. ①城… Ⅱ. ①李… ②刘… ③乔… Ⅲ. ①数据处理-应用-城市-公共安全-安全管理 Ⅳ. ①D035.29-39

中国国家版本馆 CIP 数据核字(2024)第 087681 号

责任编辑:徐 倩 / 责任校对:姜丽策
责任印制:张 伟 / 封面设计:有道设计

科学出版社 出版

北京东黄城根北街 16 号
邮政编码:100717
http://www.sciencep.com

北京中科印刷有限公司印刷
科学出版社发行 各地新华书店经销

*

2024 年 5 月第 一 版 开本:720 × 1000 1 / 16
2024 年 5 月第一次印刷 印张:17
字数:340 000

定价:198.00 元

(如有印装质量问题,我社负责调换)

丛书编委会

主　编

陈国青　教　授　清华大学

张　维　教　授　天津大学

编　委（按姓氏拼音排序）

陈　峰　教　授　南京医科大学

陈晓红　教　授　中南大学/湖南工商大学

程学旗　研究员　中国科学院计算技术研究所

郭建华　教　授　东北师范大学

黄　伟　教　授　南方科技大学

黄丽华　教　授　复旦大学

金　力　教　授　复旦大学

李立明　教　授　北京大学

李一军　教　授　哈尔滨工业大学

毛基业　教　授　中国人民大学

卫　强　教　授　清华大学

吴俊杰　教　授　北京航空航天大学

印　鉴　教　授　中山大学

曾大军　研究员　中国科学院自动化研究所

总　序

　　互联网、物联网、移动通信等技术与现代经济社会的深度融合让我们积累了海量的大数据资源，而云计算、人工智能等技术的突飞猛进则使我们运用掌控大数据的能力显著提升。现如今，大数据已然成为与资本、劳动和自然资源并列的全新生产要素，在公共服务、智慧医疗健康、新零售、智能制造、金融等众多领域得到了广泛的应用，从国家的战略决策，到企业的经营决策，再到个人的生活决策，无不因此而发生着深刻的改变。

　　世界各国已然认识到大数据所蕴含的巨大社会价值和产业发展空间。比如，联合国发布了《大数据促发展：挑战与机遇》白皮书；美国启动了"大数据研究和发展计划"并与英国、德国、芬兰及澳大利亚联合推出了"世界大数据周"活动；日本发布了新信息与通信技术研究计划，重点关注"大数据应用"。我国也对大数据尤为重视，提出了"国家大数据战略"，先后出台了《"十四五"大数据产业发展规划》《"十四五"数字经济发展规划》《中共中央 国务院关于构建数据基础制度更好发挥数据要素作用的意见》《企业数据资源相关会计处理暂行规定（征求意见稿）》《中华人民共和国数据安全法》《中华人民共和国个人信息保护法》等相关政策法规，并于 2023 年组建了国家数据局，以推动大数据在各项社会经济事业中发挥基础性的作用。

　　在当今这个前所未有的大数据时代，人类创造和利用信息，进而产生和管理知识的方式与范围均获得了拓展延伸，各种社会经济管理活动大多呈现高频实时、深度定制化、全周期沉浸式交互、跨界整合、多主体决策分散等特性，并可以得到多种颗粒度观测的数据；由此，我们可以通过粒度缩放的方式，观测到现实世界在不同层级上涌现出来的现象和特征。这些都呼唤着新的与之相匹配的管理决策范式、理论、模型与方法，需有机结合信息科学和管理科学的研究思路，以厘清不同能动微观主体（包括自然人和智能体）之间交互的复杂性、应对由数据冗余与缺失并存所带来的决策风险；需要根据真实管理需求和场景，从不断生成的大数据中挖掘信息、提炼观点、形成新知识，最终充分实现大数据要素资源的经济和社会价值。

在此背景下，各个科学领域对大数据的学术研究已经成为全球学术发展的热点。比如，早在 2008 年和 2011 年，*Nature*（《自然》）与 *Science*（《科学》）杂志分别出版了大数据专刊 *Big Data: Science in the Petabyte Era*（《大数据：PB（级）时代的科学》）和 *Dealing with Data*（《数据处理》），探讨了大数据技术应用及其前景。由于在人口规模、经济体量、互联网/物联网/移动通信技术及实践模式等方面的鲜明特色，我国在大数据理论和技术、大数据相关管理理论方法等领域研究方面形成了独特的全球优势。

鉴于大数据研究和应用的重要国家战略地位及其跨学科多领域的交叉特点，国家自然科学基金委员会组织国内外管理和经济科学、信息科学、数学、医学等多个学科的专家，历经两年的反复论证，于 2015 年启动了"大数据驱动的管理与决策研究"重大研究计划（简称大数据重大研究计划）。这一研究计划由管理科学部牵头，联合信息科学部、数学物理科学部和医学科学部合作进行研究。大数据重大研究计划主要包括四部分研究内容，分别是：①大数据驱动的管理决策理论范式，即针对大数据环境下的行为主体与复杂系统建模、管理决策范式转变机理与规律、"全景"式管理决策范式与理论开展研究；②管理决策大数据分析方法与支撑技术，即针对大数据数理分析方法与统计技术、大数据分析与挖掘算法、非结构化数据处理与异构数据的融合分析开展研究；③大数据资源治理机制与管理，即针对大数据的标准化与质量评估、大数据资源的共享机制、大数据权属与隐私开展研究；④管理决策大数据价值分析与发现，即针对个性化价值挖掘、社会化价值创造和领域导向的大数据赋能与价值开发开展研究。大数据重大研究计划重点瞄准管理决策范式转型机理与理论、大数据资源协同管理与治理机制设计以及领域导向的大数据价值发现理论与方法三大关键科学问题。在强调管理决策问题导向、强调大数据特征以及强调动态凝练迭代思路的指引下，大数据重大研究计划在 2015～2023 年部署了培育、重点支持、集成等各类项目共 145 项，以具有统一目标的项目集群形式进行科研攻关，成为我国大数据管理决策研究的重要力量。

从顶层设计和方向性指导的角度出发，大数据重大研究计划凝练形成了一个大数据管理决策研究的框架体系——全景式 PAGE 框架。这一框架体系由大数据问题特征（即粒度缩放、跨界关联、全局视图三个特征）、PAGE 内核［即理论范式（paradigm）、分析技术（analytics）、资源治理（governance）及使能创新（enabling）四个研究方向］以及典型领域情境（即针对具体领域场景进行集成升华）构成。

依托此框架的指引，参与大数据重大研究计划的科学家不断攻坚克难，在 PAGE 方向上进行了卓有成效的学术创新活动，产生了一系列重要成果。这些成果包括一大批领域顶尖学术成果［如 *Nature*、*PNAS*（*Proceedings of the National Academy of Sciences of the United States of America*，《美国国家科学院院刊》）、*Nature/Science/Cell*（《细胞》）子刊，经管/统计/医学/信息等领域顶刊论文，等等］

和一大批国家级行业与政策影响成果（如大型企业应用与示范、国家级政策批示和采纳、国际/国家标准与专利等）。这些成果不但取得了重要的理论方法创新，也构建了商务、金融、医疗、公共管理等领域集成平台和应用示范系统，彰显出重要的学术和实践影响力。比如，在管理理论研究范式创新（P）方向，会计和财务管理学科的管理学者利用大数据（及其分析技术）提供的条件，发展了被埋没百余年的会计理论思想，进而提出"第四张报表"的形式化方法和系统工具来作为对于企业价值与状态的更全面的、准确的描述（测度），并将成果运用于典型企业，形成了相关标准；在物流管理学科的相关研究中，放宽了统一配送速度和固定需求分布的假设；在组织管理学科的典型工作中，将经典的问题拓展到人机共生及协同决策的情境；等等。又比如，在大数据分析技术突破（A）方向，相关管理科学家提出或改进了缺失数据完备化、分布式统计推断等新的理论和方法；融合管理领域知识，形成了大数据降维、稀疏或微弱信号识别、多模态数据融合、可解释性人工智能算法等一系列创新的方法和算法。再比如，在大数据资源治理（G）方向，创新性地构建了综合的数据治理、共享和评估新体系，推动了大数据相关国际/国家标准和规范的建立，提出了大数据流通交易及其市场建设的相关基本概念和理论，等等。还比如，在大数据使能的管理创新（E）方向，形成了大数据驱动的传染病高危行为新型预警模型，并用于形成公共政策干预最优策略的设计；充分利用中国电子商务大数据的优势，设计开发出综合性商品全景知识图谱，并在国内大型头部电子商务平台得到有效应用；利用监管监测平台和真实金融市场的实时信息发展出新的金融风险理论，并由此建立起新型金融风险动态管理技术系统。在大数据时代背景下，大数据重大研究计划凭借这些科学知识的创新及其实践应用过程，显著地促进了中国管理科学学科的跃迁式发展，推动了中国"大数据管理与应用"新本科专业的诞生和发展，培养了一大批跨学科交叉型高端学术领军人才和团队，并形成了国家在大数据领域重大管理决策方面的若干高端智库。

展望未来，新一代人工智能技术正在加速渗透于各行各业，催生出一批新业态、新模式，展现出一个全新的世界。大数据重大研究计划迄今为止所进行的相关研究，其意义不仅在于揭示了大数据驱动下已经形成的管理决策新机制、开发了针对管理决策问题的大数据处理技术与分析方法，更重要的是，这些工作和成果也将可以为在数智化新跃迁背景下探索人工智能驱动的管理活动和决策制定之规律提供有益的科学借鉴。

为了进一步呈现大数据重大研究计划的社会和学术影响力，进一步将在项目研究过程中涌现出的卓越学术成果分享给更多的科研工作者、大数据行业专家以及对大数据管理决策感兴趣的公众，在国家自然科学基金委员会管理科学部的领导下，在众多相关领域学者的鼎力支持和辛勤付出下，在科学出版社的大力支持下，大数据重大研究计划指导专家组决定以系列丛书的形式将部分研究成果出版，其中包括在大数据重大研究计划整体设计框架以及项目管理计划内开展的重点项目群的部分成果。希望此举不仅能为未来大数据管理决策的更深入研究与探讨奠定学术基础，还能促进这些研究成果在管理实践中得到更广泛的应用、发挥更深远的学术和社会影响力。

　　未来已来。在大数据和人工智能快速演进所催生的人类经济与社会发展奇点上，中国的管理科学家必将与全球同仁一道，用卓越的智慧和贡献洞悉新的管理规律和决策模式，造福人类。

　　是为序。

国家自然科学基金"大数据驱动的管理与决策研究"

重大研究计划指导专家组

2023 年 11 月

前　言

随着大数据、云计算、物联网等新一代信息技术发展以及公众对广覆盖、多层次、差异化的高质量现代化城市公共安全的需求持续增强，新阶段智慧城市公共安全治理的目标正在不断向精细化和智能化推进，通过跨部门、多模态、高密度大数据的采集、利用与共享，对风险防范、灾害监测、应急处置等各种公共安全需求做出精准响应。用大数据实现城市公共安全善治，必须要有全局思路。城市公共安全的大数据驱动决策能否有效，需要同时回应"综合治理"与"大数据治理"两方面的治理问题，单一治理易陷入局部最优。其中，综合治理回答需要什么样的大数据模式的问题，即如何利用大数据资源解决综合治理的现实问题，使之成为更有效、更有价值的信息化手段；公共安全大数据治理回答大数据模式如何实现的问题，这需要克服大数据模式落地过程中经常存在的数据不平衡、共享不充分、精准智能化水平低等现实困境。一言以蔽之，城市公共安全治理是目的，大数据治理是支持，两类治理密不可分，互有渗透。

2015 年国家自然科学基金委员会启动实施重大研究计划"大数据驱动的管理与决策研究"，其目的正是要实现商务、金融、医疗、公共管理等领域的大数据资源治理基础理论突破。本书也正是这一重大研究计划的重点项目研究成果，主要反映项目的最新研究成果。

本书以城市区域公共安全及其大数据的"双治理"为对象，它是指城市系统各主体协调合作，基于公共安全及其大数据治理间的内在映射关系，发现二者存在的问题，从组织激励、规制管理、技术支持等各方面促进二者的共同提升。这里的映射关系包括公共安全治理对公共安全大数据治理的体制、机制与法制影响，以及大数据治理在提升公共安全治理大数据分析水平中的促进作用。本书的基本构思是：基于双治理内在关联规律设计公共安全治理机制构建的分析方法，为城市公共安全善治提供具有指导意义的双治理实现路线。本书聚焦城市治安、社区疫情管控、社区防火、城市内涝风险管理等四类安全场景，主要研究内容包括：双治理机制构建的总体分析框架、双治理映射的集对分析、双治理问题情景分析、双治理最佳实践经验学习、双治理的（规制、组织和技术）路线图、双治理的绩效评估、双治理实现的政策建议、双治理平台系统设计与应用等。

本书作者有李向阳、刘昭阁、乔立民。全书共 10 章，第 1、2 章由李向阳执笔，第 3、4、5、6、7 章由刘昭阁执笔，第 8、9、10 章由乔立民执笔。全书由李向阳统稿。

在此，向国家自然科学基金委员会以及重大研究计划"大数据驱动的管理与决策研究"专家组表示深深的谢意，感谢各位专家对本书研究工作的立意构思所给予的指点，没有专家们的引领，本书是无法完成的。

由于笔者水平有限，书中难免有疏漏之处，恳请广大读者和学界同行多多批评指正。

李向阳

2023 年 7 月

目　　录

第1章 城市公共安全及其大数据双治理的基本认知

1.1 城市公共安全治理

1.1.1 城市公共安全的概念与特征

城市公共安全（city public safety）是指在城市范围内，面对各类公共安全风险，公民的地区居住环境、管理制度以及公共安全治理能力等外部环境的稳定程度（Wei and Lovegrove，2013；贾楠等，2019）。例如，同样是针对台风灾害，若城市能够通过有效管理及应对来防御台风灾害威胁，那么可认定城市处在安全状态；若城市不能完全免除台风威胁，而是以一定概率消除威胁，则在某一程度上认为城市处在安全状态。在本书中，城市公共安全风险的载体指的是带来风险的各类公共安全事件，一般可划分为城市社会安全、公共卫生、事故灾难和自然灾害四大类（El-Basyouny and El-Bassiouni，2013）。

在特定公共安全场景下，为保障城市范围内的公共安全，城市公共安全治理是政府提供的分析、共享、决策、协同、监督等方面的安全治理支持成果及其实现手段、执行路径和政策保障的措施总称。

1. 城市公共安全治理的分类

城市公共安全治理按不同标准可划分为不同类型，典型划分包括以下几部分。

第一，根据城市公共安全问题，城市公共安全治理可大致划分为城市社会安全治理、公共卫生治理、事故灾难治理以及自然灾害治理四类。

第二，根据城市公共安全治理的内容，可划分为监测预警、应对处置指挥、物资调度、疏散救援、风险交流和应对准备等。

第三，根据城市公共安全治理的实现过程，可划分为分析、共享、决策、协同、监督等。

2. 城市公共安全治理的供给模式

如何基于治理需求，优化治理供给，是城市公共安全治理和决策研究中的关键问题，包括利益相关者关系和资源供给配置等基础问题（刘素霞等，2016；Saghafian et al.，2012）。本书以公共安全治理存在的问题为导向，剖析公共安全治理问题应对的大数据分析需求；同时，根据公共安全治理大数据分析模式应用存在的现实安全治理问题来刻画治理供给，即通过大数据治理问题的分析与解决来促成大数据分析模式实现。

1.1.2　城市公共安全治理的大数据驱动

在城市公共安全治理领域，大数据应用已成为新的发展趋势，探索适应国家经济社会发展需求的大数据驱动城市公共安全治理实践是重大而紧迫的历史使命。国务院印发的《"十四五"国家应急体系规划》进一步强调了大数据驱动应急在新阶段应急管理中的重要地位，提出新阶段要"系统推进'智慧应急'建设，建立符合大数据发展规律的应急数据治理体系"（国务院，2022）。

1. 城市公共安全治理的大数据应用

随着城市公共安全事件复杂性的不断提高和城市公共安全管理需求的不断扩大，大数据驱动公共安全治理成为趋势，各类大数据分析应用不断涌现（刘奕等，2021）。第一，公共安全风险感知。典型的应用包括风险监测、预测等，如基于大规模社交媒体数据反映居民滞留情况，构造城市暴雨内涝风险精准识别的机器学习模型（Fang et al.，2019）。第二，公共安全风险评估。通过大数据驱动下的数据交互规律发现，公共安全风险评估指标不断更新，涌现出众多基于大数据的风险分析方法。例如，有研究从数据开放平台提供的人口和设施数据中识别内涝风险，建立相应的内涝风险评估模型（Lin et al.，2018）。第三，公共安全应急决策。例如，有学者提出基于手机定位数据来分析灾害风险、交通拥堵等情况，由此建立相应的物资配置模型，可以有效解决传统物资配置过程中的时效性差和规划失准等问题（Wang et al.，2021）。

2. 城市公共安全治理的大数据分析方法

城市公共安全的大数据按类型可划分为结构化大数据、半结构化大数据和非结构化大数据三类，下面分别阐述相应大数据分析方法的研究。

第一，结构化大数据分析方法。结构化大数据的分析方法以数据统计方法和数据挖掘技术为代表（Chen et al.，2012）。①基于统计学的分析方法。基于统计学的分析方法是一类由理论分析到数据分析验证的实证类分析方法，该类数据分析方法通常建立在假设基础上，分为预测、判别、聚类、综合评价和关联性分析等（Yu et al.，2018）。②基于数据挖掘技术的分析方法。该类分析方法强调从数据的简单分析中创造性地识别未经理论分析的新颖结论，由此丰富已有理论。例如，从对社交媒体内容的分析中发现内涝过程中的居民关切，还可以进一步分析内涝风险；再如，从电力数据中识别住宅内部的火灾行为风险，将分析结果及时反馈给消防管理部分，避免火灾事件的发生或减少影响。在该类方法中，时空数据挖掘具有很高的价值知识，主要算法有：DFS_MINE[①]用于挖掘频繁序列模式；图挖掘算法用于研究轨迹信息（Lee et al.，2009）；云计算方法可用于大数据分析，实现固有数据分析算法的计算能力提升（庞素琳，2015）。除此之外，还有学者研究基于粒计算的多层级数据挖掘方式，即面向特定管理问题分粒度层地管理组织数据，实现这些数据的系统化应用。例如，有学者将粒计算方法用于突发事件的情景分析，为决策者提供关键情景信息支持（陈雪龙等，2017）。

第二，半结构化大数据分析方法。随着 Web 2.0 的社交系统的发展，网站智能化、网站分析和用户创作内容已引导大数据分析的新纪元，半结构化大数据分析方法应运而生。其中，文本和网页数据分析占主导地位（Chen et al.，2012；Doan et al.，2011）。当前，文本和网页数据分析研究集中于以下几方面。①特征维度提取约简。该问题主要基于信息增益算法与卡方分析等，也有研究基于潜在语义索引（latent semantic indexing），通过代数变化方式将高维度数据约简至低维度子空间中以降低数据规模。②文本分类与聚类。目前，该部分研究以方法论为主，如最大熵模型与模糊理论等分类方式，以及 K-means（K 均值聚类）算法、分层聚类法等聚类方法。③文本关联规则分析。文本关联规则分析旨在发现文本中包含的潜在关联关系，面向动态文本数据则关注这类关联关系的稳定性与重复性。该方面研究主要结合主流的关联规则挖掘算法，如 Apriori 算法与 FP-Growth[②]算法等。④语义情感分析。情感分析的前提工作是对情感进行分类，在构建标记情感值的情感词集基础上，分别采用朴素贝叶斯、最大熵与支持向量机方法实现基于机器学习的自动分类（尹裴和王洪伟，2016）。

第三，非结构化大数据分析方法。进入 Web 3.0（基于移动和传感）时代后，产生了大量的非结构化数据，如视频图像数据、文本数据、遥感数据等，对这些数据的分析方式在不断更新进化之中。截至目前，国内外学者的研究主要集中于可视化分析以及移动分析两方面。①可视化分析。不管是对于数据分析专家还是普通用户，数据可视化是数据分析工具最基本的要求。在大数据可视化研究中，首先是文本可视化，是将互联网最具典型的非结构化数据依据其文本分析属性如词汇出现频次、概念关联等展示出来（Zhao et al.，2012）。其次是网络可视化，这一点主要应用在社会网络的研究中，基于网络图分析之中的节点关系抽取，实现网络节点间关系的显性表达。再次是时空数据可视化，对带有地理位置与时间戳的数据进行展示（Hey et al.，2012），以此反映对象的时空变化特征。最后是多

---

① DFS_MINE 为专有名词，全称为 depth-first search_mine，中文常译为深度优先搜索挖掘。

② FP-Growth 的英文 frequent pattern growth，中文译为频繁模式增长。

维数据可视化,主要基于几何图形或图标。②移动分析。目前,移动数据分析还未形成完善的方法体系,但由于其巨大的潜在价值,已被广泛应用于商业、医疗、教育、公共管理等领域(Provost et al.,2015)。其中,商业领域研究居多,集中于需求分析和营销方面。需求分析方面,有学者利用结构化计量经济学模型估计移动应用的需求量,发现消费者对移动应用的需求量随应用内包含的购买渠道数量的增加而增加(Ghose and Han,2014)。营销方面,有学者利用移动设备的位置数据设计相似用户网络,并通过广告推送等方式获取价值(Provost et al.,2015)。

1.1.3 城市公共安全治理的问题边界

前述城市公共安全治理的定义可从三个维度理解:第一,有效的城市公共安全治理离不开组织建设、政策规制、执行路径、技术支持等各类活动的支撑,这些不同侧面的活动共同影响治理分析决策及其实现;第二,城市公共安全治理是一类治理活动,其核心在于有目标的管理控制,即在开展前述各类活动时需要对支持成果(如火灾隐患识别准确性、风险沟通时效性等)进行界定,确定安全治理需要达成的成果边界;第三,城市公共安全治理的实现需要明确相应的支持手段,本书关注安全治理的大数据分析模式,因而将数据维度要素纳入治理问题的维度框架。综合上述分析可知,城市公共安全治理是一类系统性治理问题,治理问题及问题描述要素需要以治理活动-数据手段-支持成果为框架进行多维度界定。本章在剖析活动、数据、成果三个维度问题要素的基础上,采用多维质量屋模型描述城市公共安全治理的问题结构,反映的是以不同支持成果为目标的安全治理活动配置与大数据手段支持,如图1-1所示。

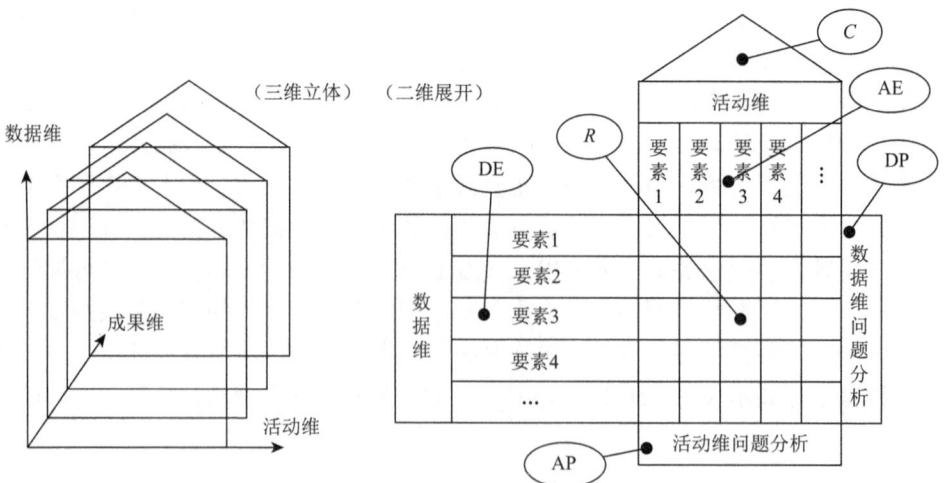

(a) 问题质量屋结构

程度

符号	含义
○	强/显著
⬠	中/较显著
△	弱/不显著

要素跨维度关联

问题活动维 / 问题分析

问题数据维 ＼ 问题活动维	组织			流程		规制		技术		…	问题分析		
	多层级联动	统一指挥	网格化管理	多部门协同	大数据分析	绩效评价	效果体系	风险动态感知	多源数据集成	…	问题显著	问题较显著	问题不显著
数据可获得性	○								△		○		
数据共享性			○		⬠		○	○				⬠	
数据处理合规性		⬠			○		⬠						△
数据流程					⬠	△			○				△
数据标准		○	○				△					⬠	
数据准确性	⬠		△		△			⬠	○				
…													
问题显著	○		⬠			△		○					
问题较显著				⬠			⬠		⬠				
问题不显著		⬠			○								

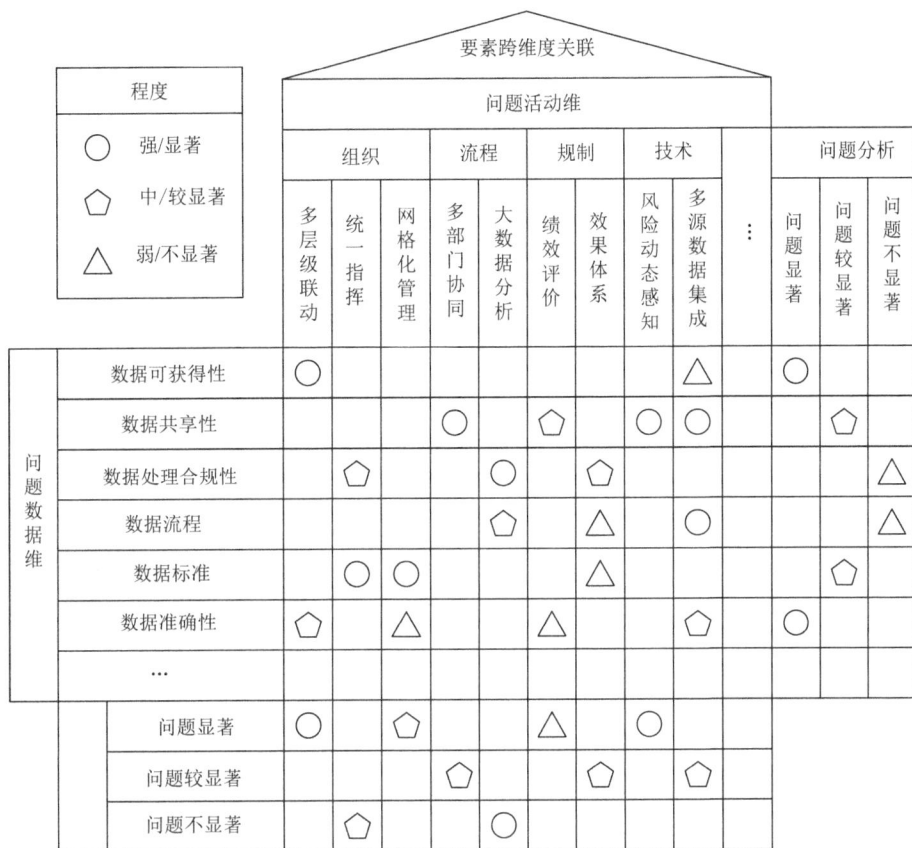

(b) 问题质量屋应用示例

图 1-1　城市公共安全治理问题结构的质量屋表达

1. 治理问题的活动维

城市公共安全治理通常涵盖组织、流程、规制、技术等四类活动要素，它们共同作用于治理支持成果的获得。例如，城市治安的精细化管理离不开网格化管理、统一指挥和多级联动等组织建设保障，社区防火的协同性和时效性实现往往需要风险动态感知和数据集成等技术类活动支持。在采用大数据手段支持治理的同时，需要不断更新风险协同应对和大数据分析的流程，亦需要不断调整治理绩效评价和治理效果评价等的政策规制，形成全方位的活动保障。

2. 治理问题的数据维

在配置各类服务活动时，这一领域的大数据通常存在数据不平衡（城市公共安全治理的案例、小样本数据、大数据并存）、共享不充分、技术应用未达标等各方面的问题要素，需要从数据维度加以认知和处理。本书结合已有大数据治理研究和领域知识提炼了八大类典型的大数据治理问题，涉及数据可获得性、数据共享性、数据处理合规性、数据质量等方面。

3. 治理问题的成果维

本章将公共安全治理的支持成果界定为服务预期达到的治理目标。在精细化管理和精准化治理背景下，成果维通常包括风险动态管理下的治理时效性、多方参与下的治理协同性、治理准确性、问题可获得性（即决策者能有效识别服务存在的问题）等问题要素；同时，安全治理具有情景依赖性，其成果界定需要明确风险规模、风险复杂性、隐蔽性、动态性等与公共安全风险情景相关的要素，本章将该类要素纳入服务问题的成果维中。

4. 治理问题的质量屋结构表达

依据商务治理问题的前述三个维度建立问题结构的质量屋表达，如图 1-1（a）所示。具体而言，问题质量屋可被描述为一个六元组：$\{C, \text{AE}, \text{DE}, R, \text{AP}, \text{DP}\}$，各变量说明如下。

AE：问题活动维要素向量，组中共有 m 个元，其中第 k 个元为 $\text{AE}_k(k=1,2,\cdots,m)$。

C：活动维要素间的关联关系，可划分强、中、弱等不同等级，进一步支持关联分析。

DE：问题数据维要素，组中共有 n 个元，其中第 l 个元为 $\text{DE}_l(l=1,2,\cdots,n)$。

R：活动维与数据维要素间的关联关系，亦可划分不同程度等级用于关联分析。

AP：活动维的问题分析结果，经过分析获得的活动维要素显著性，可按程度划分为强/显著、中/较显著、弱/不显著等不同等级。

DP：数据维的问题分析结果，经过分析获得数据维要素显著性。

以质量屋问题结构为基础，可以对公共安全治理问题进行细化表达，一个典型示例如图 1-1（b）所示。进一步地，可以决策者和领域专家知识为依据，对问题要素赋予不同权重，建立问题分析结果的量化表达。

1.1.4　城市公共安全治理的聚焦场景

1. 城市公共安全的内容

本书根据已有文献和城市公共安全治理实践调研，梳理了四类公共安全风险的 18 类代表性安全场景，具体如表 1-1 所示。

表 1-1　城市公共安全的主要场景清单（粗体字部分为本书聚焦场景）

公共安全大类	公共安全风险	重点公共安全场景	事件发生频次[1]	多源大数据交互[2]	相关专业信息系统覆盖现状	数据安全问题[3]
社会安全	社会治安事件	**治安网格事件**	**高发**	**3 级交互**	**全国各地级市**	**安全风险 3 级**
		群体性事件	低发	2 级交互	极少数城市	安全风险 2 级
		暴恐事件	低发	1 级交互	极少数城市	安全风险 2 级
	信息安全事件	电信诈骗事件	高发	1 级交互	极少数城市	安全风险 2 级
公共卫生	重大传染病	**新冠疫情**	**低发**	**3 级交互**	**全国各地级市**	**安全风险 3 级**
		骨髓灰质炎	低发	未涉及	极少数城市	安全风险 1 级
		艾滋病	低发	未涉及	极少数城市	安全风险 1 级
	食品安全事件	食品安全事件	低发	2 级交互	基本覆盖各地级市	安全风险 3 级
事故灾难	建筑火灾	**火灾**	**高发**	**3 级交互**	**全国各地级市**	**安全风险 3 级**
	交通事故	交通安全隐患	高发	2 级交互	全国各地级市	安全风险 2 级
	爆炸事故	爆炸风险	低发	1 级交互	极少数城市	安全风险 2 级
自然灾害	气象灾害	**暴雨内涝**	**高发**	**3 级交互**	**基本覆盖各地级市**	**安全风险 3 级**
		台风	高发	1 级交互	极少数城市	安全风险 1 级
		高温灾害	高发	1 级交互	极少数城市	安全风险 1 级
	海洋灾害	风暴潮	低发	1 级交互	基本覆盖沿海城市	安全风险 1 级
		海啸	低发	1 级交互	基本覆盖沿海城市	安全风险 1 级
	地质灾害	地震	低发	2 级交互	基本覆盖各地级市	安全风险 2 级
		暴雨泥石流	高发	1 级交互	极少数城市	安全风险 1 级

注：1 "事件发生频次"依据 2018~2022 年平均年发生次数，排名前 50%的定义为高发，后 50%的定义为低发

2 在"多源大数据交互"中，"1 级交互"表示涉及数据交互，但交互的数据不具备典型的大数据特征；"2 级交互"表示涉及 1~2 个来源的大数据交互；"3 级交互"表示涉及 3 个及以上来源的大数据交互

3 "数据安全问题"程度依据安全风险划分，"安全风险 1 级"代表一旦安全问题发生，造成影响程度较低或几乎不存在；"安全风险 2 级"代表问题发生将造成一定的社会影响和政府信誉损失；"安全风险 3 级"代表问题发生将造成非常严重的社会影响和政府信誉损失

2. 城市公共安全的场景选择标准

本书关注的是城市公共安全服务及其大数据的双治理，场景选择主要有三方面依据：第一，场景中的大数据应用研究与实践情况，即优先选择涉及多源大数据且具有信息系统支持的公共安全场景开展研究，与这些场景相关的研究与实践

为大数据治理分析提供更加全面的案例支持；第二，公共安全事件的影响，包括经常出现安全影响的多发场景和潜在影响巨大的场景；第三，数据安全是大数据治理的核心问题之一，需重点关注。从上述三方面依据出发，选择场景分析需求大、涉及显著的数据安全问题、具有较为丰富的大数据应用研究与落地实践的公共安全场景作为本书的聚焦场景。

3. 城市公共安全的聚焦场景锚定

经筛选，本书聚焦研究以下四类场景。

场景 1：城市治安网格事件。在城市治安网格化管理中，治安服务实际上是各类网格化管理事件的处理过程，事件由居民上报或治安服务工作人员发现。治安网格化管理的典型特点是事件分类对管理效率的强约束，即分类结果直接决定网格化事件能否被及时、正确地转派至各部门，由此制约网格化管理效率。为突破事件人工分类的效率约束，越来越多的基层治安部门部署机器学习等大数据分析算法，在微信、手机 App 等信息平台支持下实现网格化事件的智能化分类。从大数据交互视图看，治安网格化管理主要涉及网格员/居民、大数据中心（负责事件转派）、基层政府各部门（负责事件处理）以及其他派出组织（协同政府进行事件处理）之间的数据交互。

场景 2：城市防疫。传染病疫情防控的关键是居民出行管控，尤其是对重点人员的筛查和出行轨迹追踪。以新冠疫情为例，新冠疫情来势汹汹，多地政府部门决策者基于大数据分析技术辅助决策，根据居民乘车、乘坐航班、住宿等数据挖掘出行轨迹。由于出行轨迹涉及数据来源的多样性，需不断打通部门数据边界，使得防控工作效率极易受到跨组织数据共享影响。例如，由于缺失对铁路出行等数据的查询权，疫情常态化管理前期"健康码"的申请通常耗费较长时间。

场景 3：城市火灾。消防应急管理的重心正在不断向应急准备转移，对应的基础性工作为火灾隐患的风险识别。基层社会范围内火灾隐患及其分布场所（如居民楼、商场、超市、垃圾桶等）的多样性特点，难以保证所有安全隐患被及时有效地识别。当前，基层消防部门通常通过开发微信小程序、视频和用电监控等形式收集文本、图像和电力数据，由此部署大数据分析算法进行火灾隐患识别，在很大程度上提升了隐患识别效率，但仍存在隐患识别范围的局限性问题。因此，该场景的典型特点是存在风险分析"空白"，需不断改进以提升识别能力，以实现火灾隐患的及时有效处理。

场景 4：城市暴雨内涝。在内涝灾害应对中，对城市范围内内涝风险的动态分析是采取及时有效应急措施的关键，决策者希望在较短时间内获得辖区各地的精确内涝风险情况，这依靠出警巡查是难以实现的。因此，北京、武汉、广州等受内涝影响严重的城市已普遍引入大数据分析技术，对内涝风险分布进行预测，通常涉及气象、水务、交通、通信等多部门数据交互。大数据驱动下内涝风险管理的显著特点是多阶段的风险分析，即内涝风险情况的生成不是一蹴而就的，而是涉及多个阶段的数据交互与大数据分析计算。例如，内涝风险包含居民受困风险和道路交通出行风险；道路交通出行风险的计算涉及道路车流量与道路渍水情况的融合分析；其中道路渍水情况的计算又涉及降雨量、排水情况、地形、水系等空间大数据的处理与分析。

1.2　城市公共安全大数据治理

1.2.1　城市公共安全大数据构成

与企业大数据、健康大数据、军事大数据等相似，政务大数据是大数据的一种重要形式，通常认为政务大数据是指政府行政管理机构或各类派出组织在提供公共服务或管理时经过授权获取、分析和处理的多样化以及多来源大数据（段尧清等，2020）。政务大数据是政府积极完善公共管理方式、优化公共资源配置的重要决策资源，其价值转化有利于政府更好地利用自身职能进行消防安全管理、内涝防控、治安管理等各类公共服务。相对于其他类型的大数据，政务大数据的价值密度较高，具有较大的开发价值，政务大数据已成为当前国家重点发展的一项战略任务。

城市公共治理大数据是一类典型的政务大数据，其主要由城市政府部门依法进行收集、存储和使用，是城市公共治理的重要支持资源。与一般政务大数据不同的是，城市公共治理主体不仅包含行政部门，还包含非政府组织和居民等，这些主体共享的大数据是对城市公共治理大数据的重要补充。因此，本书将城市公共治理大数据定义为：城市系统内的多元主体（包括行政部门、非政府组织和居民）在依法履行职能、组织运作或日常工作活动中产生或经过采集、加工转换等获取的海量数据。

在城市公共安全管理中，大数据的分析应用已得到社会各界的高度关注，越来越多的大数据项被引入公共安全场景。例如，在内涝防控中，社交媒体的文本数据能够为决策者掌握内涝态势提供信息支持；在新冠疫情防控中，多源行程记录大数据被整合分析，用于增强流调的准确性和客观性。然而，多源大数据的不断引入带来更加多样复杂的大数据治理问题（如数据确权、数据集成、合规核查等），大数据治理分析难度随之增加。

1.2.2　城市公共安全大数据治理的概念与特征

由于大数据治理涉及不同层次的分析视角，当前学界对大数据治理的定义并不统一。从规制政策视角出发，大数据治理被概括为一类信息治理政策制定活动，其核心目标是制定与数据价值创造、数据安全保护与数据交易等有关的规制政策。从组织视角出发，大数据治理被认为是包含组织架构、责任分工、数据确权等在内的体系架构，涉及决策、监督、激励与约束等在内的众多组织行为。从技术视角出发，学者将大数据治理定义为利用多样化技术工具来提升大数据价值挖掘的系统性行为，主要涵盖了主数据集成、元数据管理等技术推动层次。

由上述定义可知，大数据治理涵盖了包含组织激励、政策规制、技术支持在内的多层次治理，对其界定应能够反映这些不同层次的治理实践。同时，大数据治理是先有问题、后有治理，大数据治理是通过不断解决大数据应用存在的各类问题（包括组织问题、规制问题和技术问题）来实现治理目标的。由此，本书从复杂决策视角出发界定大数据治理，即分析驱动大数据治理问题解决的系统性路线（包含组织、规制和技术等不同层次），以实现大数据治理优化提升。结合城市公共安全应用场景和城市应用范围，将城市公共安全大数据治理界定如下。

城市公共安全大数据治理（urban public safety big data governance）是一项复杂系统工程，包含大数据治理决策及其执行过程，本书主要关注其中的决策过程，即面向城市公共安全治理存在的各类大数据治理问题（数据确权、数据保护、数据集成等），从组织、规制和技术等不同层次出发，系统分析问题情景以及驱动问题解决的治理路线，由此实现城市公共安全治理效果的提升和数据安全风险的降低。

通过该定义可以发现，城市公共安全大数据治理分析包含三类核心分析组分。

1. 问题情景认知

根据已有大数据治理分析框架，大数据治理决策需全面认知所关注的大数据治理问题情景，以保证问题识别和路线图分析的有效性。其中，问题情景描述现实或规划的大数据治理状态，包含存在的问题、内外部环境、涉及的大数据类型及状态、应用服务情况等。

2. 治理目标规划

城市公共安全大数据治理的总目标是提升公共安全治理效果或降低数据安全风险。在进行治理分析时，通过明确和细化治理目标，能够帮助决策者更好地分析存在的大数据治理问题以及问题解决带来的价值。例如，大数据治理分析可能发现，社交媒体数据集成会提升内涝预测精度，由此带动相关治理实践。

3. 治理路线图分析

路线图是公共安全大数据治理分析的核心，它是指驱动治理目标实现（即大数据治理问题解决）的系统性方案。同一问题的解决可能涉及（组织、规制、技术等）多个层次路线图分析。例如，通信数据的保护可能涉及匿名化技术应用以及数据保护责任的组织划分。

　　综合前述分析与大数据治理研究关注的关键治理主体要素（包括数据供应方、数据需求方和数据治理方），建立城市公共安全大数据治理三角形模型，如图 1-2 所示。

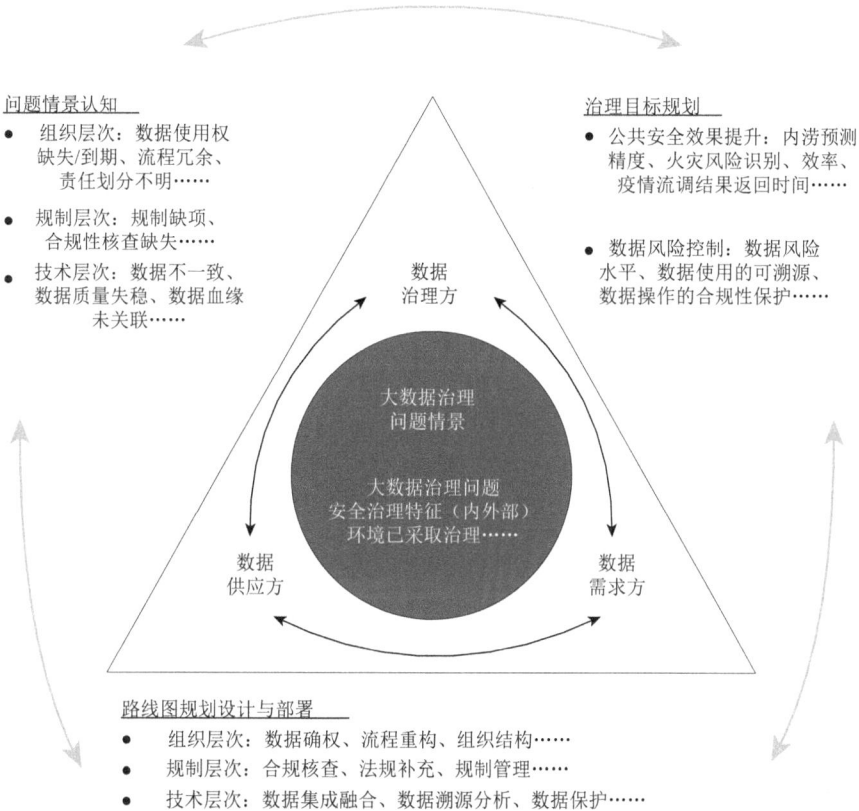

问题情景认知
- 组织层次：数据使用权缺失/到期、流程冗余、责任划分不明……
- 规制层次：规制缺项、合规性核查缺失……
- 技术层次：数据不一致、数据质量失稳、数据血缘未关联……

治理目标规划
- 公共安全效果提升：内涝预测精度、火灾风险识别、效率、疫情流调结果返回时间……
- 数据风险控制：数据风险水平、数据使用的可溯源、数据操作的合规性保护……

数据治理方

大数据治理问题情景

大数据治理问题安全治理特征（内外部）环境已采取治理……

数据供应方

数据需求方

路线图规划设计与部署
- 组织层次：数据确权、流程重构、组织结构……
- 规制层次：合规核查、法规补充、规制管理……
- 技术层次：数据集成融合、数据溯源分析、数据保护……

图 1-2　城市公共安全大数据治理的三角形模型表示

1.2.3　城市公共安全大数据治理的问题

　　有效的大数据治理不仅涉及数据的权属、质量和合规控制，还涉及对数据相关管理工作的权力分配和控制，这些工作包括数据的收集、共享和使用等，它们帮助生成数据间的连接关系（Artyushina，2020；Alhassan et al.，2016）。因此，大数据治理关注的对象不应只是数据本身，而应包括数据及其关联在内的数据链网络（data link network，DLN）（Janssen et al.，2020）。数据链网络与城市公共安全治理流程相对应，是公共安全治理在数据空间的映射，它反映了大数据治理与所关注公共安全场景间的紧密关联。例如，在图 1-3 展示的新冠疫情期间出行轨迹审查中，"生成出行轨迹"这一流程对应了从"（铁路/公路/航空）出行班次"数据项到"出行轨迹"数据项的三条数据链。

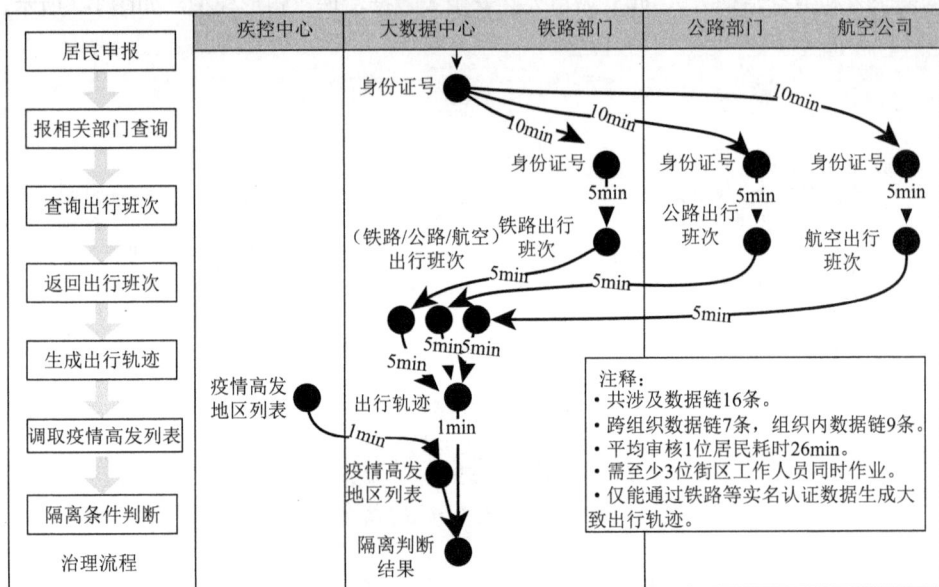

图 1-3　（新冠疫情期间）出行轨迹审查的治理流程及数据链网络

以数据链为关注对象，能够更加清晰地理解大数据治理涉及的组织、规制、技术等多层次问题。例如，图 1-3 所示的数据链网络示例中，由于大数据中心缺失出行居民记录的查询权，需要中心行政人员联系各部门帮助查询，造成服务时间较长；其中既涉及数据确权问题，又涉及数据确权后的流程重构问题，还可能存在数据确权与已有规章制度的合规性问题。若仅关注公共安全场景中的大数据项，则难以挖掘其中存在的流程、数据权和规制问题。综上，在本书中，将以数据链及其关联为核心对象开展城市公共安全大数据治理分析研究。

1.2.4　城市公共安全大数据治理的运行模式

开放治理模式和"聚＋通＋用"治理模式是当前较为典型的城市公共安全大数据治理模式，下面分别对这两种模式进行阐述。

1. 公共安全大数据的开放治理模式

公共安全大数据治理不仅涉及技术，而且与重新组织多元主体间的协作息息相关。公共领域开放式协作新工具的出现，快速改变了协作行动的组织方式。这些技术极大地减少了大规模协作的交易成本，由此促进了"开放治理"这一新协作形式的出现。开放治理是指创新性的集体行动形式，致力于解决复杂公共政策问题，有助于增进公共知识，或者替代传统公共治理提供方式。在城市中，创新、开放和协作的组织形式似乎不仅指向经由数字连接的广泛多元主体，也对应这些安排中完全不同和更为隐性的政府角色。根据现有理论，可以总结开放治理范式的五个核心要素：完全开放、以公民为中心、智能互联、数字利他主义和众包协商。

2. 公共安全大数据的"聚 + 通 + 用"治理模式

"聚 + 通 + 用"的目的是要建立一个共享交换平台，一个为各政府部门提供数据共享的数据服务平台，通过规范统一的数据形式，让各部门方便快捷地找到所需的其他部门的数据，各政府部门依照统一的标准进行数据梳理，并将数据目录和内容上架到共享平台上，让其他部门可通过文件下载、接口调用、数据库共享、消息推送等方法实现部门间数据的共享，用以统筹政府数据的共享工作。

第一，"聚"是大数据发展的基础，即政府数据统筹存储、统筹共享、统筹标准、统筹安全。大数据一个主要特征是数据量"大"，只有先把大量分散的数据汇聚起来，形成海量的数据集，才能更好地实现数据"通"和"用"，才能更好发挥数据价值。如果数据不"聚"在一起，就难以确定哪个部门有什么数据，没有"聚"、不形成数据资源池就不容易摸清家底，很难互联互通，很难激活数据价值。

第二，"通"是大数据发展的关键。对于大数据而言，单一维度的数据价值有限；相关数据的流通融合，则有助于彼此的价值最大化。从一定程度上讲，数据"聚"只是解决了物理聚合的问题，只有数据"通"才能发生"化学反应"，使数据产生价值。

第三，"用"是大数据发展的目的，即基于海量数据的聚集与融合带动各类大数据应用。数据"用"主要有商用、政用、民用三个方面，要坚持抓政用、带民用、促商用，大力激发大数据社会价值和经济价值，深挖"钻石矿"。

1.3　基于调研的双治理问题发现

1.3.1　调研样本与分析过程

2017 年至 2021 年，本书作者所在课题组调研了 16 个省（区、市）的近 40 多个县区，了解城市安全治理及其大数据开发治理的现实问题。调研样本情况如

表 1-2 所示。通过调研，课题组能更全面地认知城市公共安全治理及其大数据的双治理问题。

表 1-2　双治理实践调研的样本城市区县

序号	省/自治区/直辖市	调研城市区县
1	北京市	西城区、朝阳区、门头沟区、通州区、丰台区、海淀区、石景山区
2	甘肃省	兰州市西固区、嘉峪关市雄关区、武威市凉州区、合作市、金昌市
3	青海省	西宁市城北区
4	宁夏回族自治区	银川市兴庆区
5	山东省	东营市东营区、烟台市芝罘区、邹城市、淄博市
6	河北省	黄骅市、邯郸市丛台区、秦皇岛市北戴河区
7	四川省	成都市锦江区、宜宾市南溪区、宜宾市珙县
8	云南省	保山市、昆明市西山区
9	贵州省	贵阳市白云区
10	黑龙江省	绥芬河市、哈尔滨市南岗等区县
11	辽宁省	鞍山市铁东区
12	湖北省	武汉市东湖新技术开发区
13	山西省	太原市杏花岭区
14	广东省	江门市蓬江区
15	江西省	抚州市东乡区
16	福建省	厦门市

1.3.2　核心问题 1：双治理活动的泛在关联

城市公共安全治理及其大数据治理存在泛在关联性。从城市公共安全治理角度看，其治理目标的实现既需要体制、机制、法制等方面的规制管理，亦依赖物联网、大数据等新型技术支持，实际上，这关联着治理驱动任务的规制和技术需求。例如，城市社区火灾治理中的火灾风险状态（如消防设备状态、火灾风险源等）感知依赖于各项传感设备和技术部署，而火灾风险的研判则更需要相关的体制和机制支持。同样地，城市公共安全大数据治理目标的实现依赖规制管理和技术支持的共同驱动，对规制管理和技术支持的依赖程度亦取决于所关注的治理驱动任务。双治理的泛在关联具体表现为以下几方面。

第一，城市公共安全治理与大数据治理在利益相关者构成上具有相似性，均涉及政府权力部门、公共服务相关业务部门、非政府组织、居民等复杂主体间的交互协同。

第二，城市公共安全治理活动及大数据治理活动存在明显的交互关系，表现为：大数据治理在技术实现（尤其是数据管理）上影响公共安全治理；公共安全治理在规制（如业务合规性）层面影响大数据治理。

第三，公共安全治理与大数据治理活动在目标上具有同一性，均为提升公共安全治理有效性。其中，公共安全治理有效性体现为公共安全管理效果提升和治理相关风险降低。

进一步地，结合前述城市公共安全及其大数据治理模式，分析城市公共安全治理与大数据治理的现实关联交互。一方面，精准化的公共安全治理（包含物联网、人工智能、大数据等关键技术的应用）往往需要多源异构的数据作为数据支撑，这些数据的“聚+通+用”离不开大数据治理的规制约束与技术支持；另一方面，数据共享、数据集成等大数据治理活动往往需要公共安全治理的权力部门提供组织支持，否则会使数据治理陷入空转。在综合公共安全治理和大数据治理现实运行模式的基础上，关注双治理活动在情景、主体、规制、技术、范围、劳动分工等方面的关联，将交互运行的现实框架归纳总结如图 1-4 所示。从图 1-4 可以发现，当前双治理交互体系主要包含如下几个关键组分。

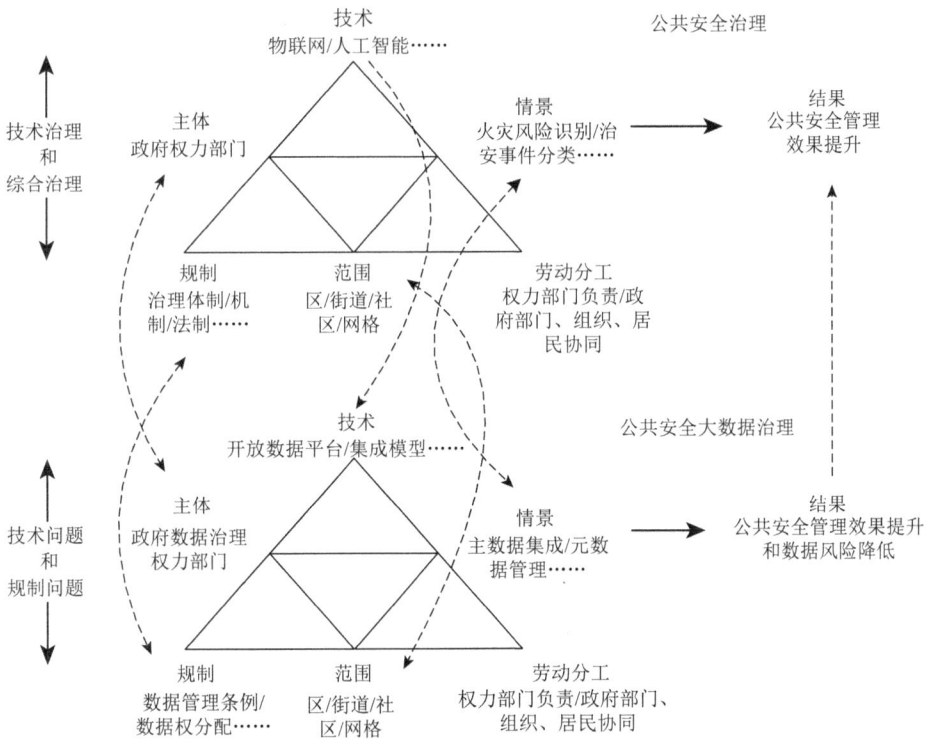

图 1-4　双治理活动的泛在关联交互模式

1. 情景认知交互

针对公共安全治理的具体问题情景，其大数据技术应用通常带来各种大数据治理问题；相对地，规制层数据治理问题亦需政府权力部门协同处理，实际演化为公共安全的综合治理问题。例如，邯郸市丛台区利用视频图像数据实现综合执法事件（如乱堆物料、暴露垃圾等）的自动识别，用于解决巡检效率低下和人手不足的问题。然而，视频数据属于非结构化数据，其主数据集成、结构化分析等离不开数据治理的技术应用；同时，由于视频数据为公安部门专线数据，其共享集成通常需要区级政府的治理协同。

2. 驱动任务交互

双治理涉及规制和技术两个层面的驱动任务。在大数据治理中，数据权分配、数据集成等大数据治理活动受公共安全治理体制、机制和法制的约束。例如，对法律规定不可共享的涉密数据，通常不能参与数据权分配调整。此外，多种多样的大数据治理活动对公共安全治理提出了新的规制和技术需求。例如，针对元数据标准等规制缺失进行新规制的设计与补充，根据大规模数据存储需求采购云存储空间或物理数据中心，等等。

3. 治理评价交互

无论是公共安全治理还是大数据治理，其最终目标是提升现有公共安全管理效果。在这一过程中，公共安全治理及其大数据治理的规制和技术驱动均对目标实现产生影响。因此，在公共安全治理评价领域，已有研究开始将数字化手段应用、数据治理人员素质、数据开放指数等数据治理指标纳入治理绩效分析（王刚等，2016）；同时，在政务大数据治理领域，亦有研究引入了治理体制结构变革、数据共享跨组织协同等安全治理指标。

4. 治理平台交互

在当前，数据共享交换平台、数据资源平台等数据治理平台是多数城市公共安全治理平台的关键组分，为公共安全治理平台提供高质量数据支持。然而，这些大数据治理平台通常仅提供数据清洗、转换、检索等简单治理功能，还未与公共安全治理形成互动，更缺乏动态交互。

1.3.3　核心问题 2：城市公共安全的数据不平衡

在机器学习中，"数据不平衡"是指实际数据中正负样本比例不平衡的情况，这种情况可能导致训练效率低下和简单的负面样本引发整个模型表现下降的问题。在公共安全大数据治理中，这一概念得到拓展，表现为各公共安全部门或组织仅仅拥有部分专属数据，而对其他组织的关联数据掌握较少。精准化治理严重依赖多来源数据的共享与融合分析，涉及多样化的大数据治理问题，例如，数据孤岛与数据融合困难、隐私与数据使用风险担忧、数据质量及其标准化等。如果缺失这些大数据治理问题的有效处理，则跨组织数据共享难以顺利进行，由此形成精准化治理的数据不平衡局面。

在数据不平衡影响下，公共安全大数据治理决策具有高度复杂性，因为它不仅需要考虑数据质量、数据标准等技术层面的问题，还需要考虑数据权属、组织结构、服务流程、规章制度等管理层面的问题（Al-Ruithe et al.，2019；Alhassan et al.，2018）。也正是因为这种复杂性，公共安全治理决策者通常难以清晰明确地理解大数据治理带来的数据价值提升，甚至因为涉及的跨组织协同和授权困难等问题拒绝大数据治理决策（Klievink et al.，2017）。在图 1-3 所示的数据链网络示例中，大数据治理决策既涉及数据权的分配问题，又涉及数据权分配后的流程重构问题，还可能存在数据权分配与已有规章制度的合规性问题。在这种情况下，大数据治理决策看似清晰，却充满未知与困难。

综上，公共安全的精准化治理一方面依赖多源大数据提供决策支持，又面临各组织数据不平衡及其关联的组织、规制、技术等大数据治理问题。本书从双治理关联视角出发，正是为了协同公共安全治理及其大数据治理，调解精准化治理与数据不平衡间存在的矛盾，实现治理有效性提升。此外，本书还考虑随时间推移不断出现的双治理新问题，提出了双治理分析的持续改进方案。

1.3.4　核心问题 3：城市公共安全治理的进程不平衡

不同公共安全治理场景中大数据应用的进程不平衡指的是在不同公共安全治理场景中，利用大数据进行公共安全治理的程度和效果存在差异，进展不一致的情况（范灵俊等，2016）。这种进程不平衡可以有多种原因。

1. 数据获取的难度不同

不同领域或场景中，获取相关数据的难度可能存在差异（张翔，2018；刘叶婷和唐斯斯，2014）。有些领域可能已经建立了完善的数据收集系统，如交通安全领域的交通摄像头和传感器网络；而在其他领域，如网络安全或社交治安，获取相关数据可能相对困难。

2. 数据质量和标准的差异

不同领域或场景中，数据的质量和标准可能存在差异。有些领域的数据可能经过精心筛选和验证，具有较高的质量和可信度；而在其他领域，由于数据来源的多样性和数据质量的不一致性，数据的可信度可能较低，需要更多的处理和分析工作。

3. 技术和人力资源的不平衡

在利用大数据进行公共安全治理时，需要具备相关的技术和人力资源。不同领域或场景中，技术和人力资源的配置可能存在差异，导致在某些领域中的大数据应用进程相对缓慢。

4. 利益相关方的差异

不同领域或场景中，涉及公共安全治理的利益相关方可能存在差异。有些领域的利益相关方可能更加关注公共安全问题，愿意投入资源进行大数据应用；而在其他领域，利益相关方可能对大数据应用的效果不够重视，导致进程不平衡。

针对城市公共安全治理的大数据进程不平衡特点，需要在公共安全大数据治理过程中集成综合治理与大数据治理理论和方法，共同应对进程不平衡带来的各类双治理综合问题，不断提升城市公共安全治理的大数据分析水平。

1.3.5　核心问题4：城市公共安全治理的规制不平衡

城市公共安全治理的规制不平衡指的是在不同公共安全领域或场景中，对于大数据应用在公共安全治理中的监管和规范存在差异和不平衡的情况（马国清，2014）。这种规制不平衡可以有以下原因。

1. 法律法规的滞后性

由于科技发展快速和大数据应用相对较新，相关的法律法规可能滞后于技术的进步。不同领域或场景中，可能缺乏明确的法律框架来规范和监管大数据在公共安全治理中的应用。

2. 隐私和数据保护的不一致性

大数据应用涉及大量的个人和敏感数据，隐私和数据保护成为重要问题。不同领域或场景中，对于隐私和数据保护的要求和标准可能存在差异，导致规制不平衡。

3. 监管主体的分散性

公共安全治理涉及多个部门和机构的合作，不同领域或场景中可能存在多个监管主体,各自负责不同的规范和监管事项。这种分散性可能导致规制的不一致性和不平衡性。

4. 技术创新的挑战

大数据应用的技术创新往往非常迅猛,传统的规制和监管机制可能无法及时适应新兴技术的变化,导致规制的滞后和不平衡。

因此,技术层面的大数据治理往往涉及社会层面的综合治理配合,共同应对规制不平衡带来的双治理合规审计、失规分析(即核心规制缺失)等问题,可能的实现路线包括但不限于建立协同机制、数据共享与整合、建立统一的规范与标准、加强数据安全与隐私保护、强化监管与审查机制、公众参与和透明度等方面。

1.3.6　核心问题 5:城市公共安全治理的组织职能不平衡

加强城市公共安全治理与其大数据治理的协同、推进公共安全双治理,还可以从公共安全治理的组织职能不平衡视角进行理解,即在处理公共安全领域的大数据时,涉及的各个组织在职能分工和责任承担上存在差异和不平衡。这种职能不平衡可以有以下方面。

1. 数据收集与处理

不同组织可能负责不同领域的数据收集和处理工作。例如,公安部门可能负责收集犯罪行为相关的数据,交通部门负责收集交通事故数据。这种分工可能导致不同组织在数据收集和处理方面的职能不平衡。

2. 数据分析与应用

不同组织在数据分析和应用方面的职能也可能存在不平衡。一些组织可能拥有更强的数据分析能力,能够从大数据中提取有用的信息和洞见,而其他组织可能在数据分析和应用方面相对较弱。

3. 数据共享与合作

在公共安全大数据治理中,数据共享和合作是至关重要的。然而,不同组织之间可能存在数据共享的障碍和合作机制的不足,导致数据的孤立和职能不平衡。

4. 监管与规范

公共安全大数据治理需要监管和规范的支持。不同组织可能承担不同的监管职责，但各个组织之间的监管力度和规范水平可能存在差异，导致治理的职能不平衡。

因此，公共安全的大数据治理实际是一项复杂系统工程，涉及不平衡职能组织的协同参与与大数据治理任务划分，这一性质使传统纯技术层面的大数据治理活动不断向包含社会与技术两个层面的双治理活动变迁。

1.4　城市公共安全及其大数据双治理理论基础

1.4.1　双治理的概念界定

针对前述城市公共安全及其大数据治理的交互关联，本章认为在大数据环境下，城市公共安全及其大数据治理都不应只关注自身的效能提升，而应关注公共安全及其大数据效能的共同提升。然而，当前关于公共安全及其大数据治理映射关系及二者共同提升途径尚无理论依据。由此，本章定义城市公共安全及其大数据的双治理（dual-governance of public safety and its big data）这一系统性治理过程，它是指城市系统各主体协调合作，基于公共安全及其大数据治理间的内在映射关系，发现二者存在的问题，从组织激励、规制管理、技术支持等各方面促进二者的共同提升。这里的映射关系包括公共安全治理对公共安全大数据治理的体制、机制与法制影响，以及大数据治理在提升公共安全治理大数据分析水平中的促进作用。

1.4.2　双治理泛在网络系统的系统涌现性理论

城市系统可被描述为一个具有一定规模的、永久的人类聚居地，通常包含城市运行问题、问题应对体系、城市系统主体、城市系统环境等复杂子系统。随着数字政府、智慧城市、政务大数据分析治理等技术不断引入，数字化技术手段已然成为城市系统中不可或缺的子系统。综上，可以识别城市复杂系统的各组分及其关联关系，具体如图 1-5 所示。该复杂系统构成以城市系统运行的问题应对为核心，关注运行问题情景、涉及的城市系统主体、问题应对体系、运用的数字化技术手段以及所处环境约束。下面对各系统构成做进一步阐述。

1. 城市系统运行问题

伴随着我国城市化进程的不断加快，很多城市的城镇化进程在不断加快的同时，涌现出越来越多的城市运行问题。根据对北京、武汉、邯郸、兰州等城市系统的实践调研，识别出常见的城市公共安全治理问题，界定了公共安全治理的问题边界，详见 1.1.3 节。

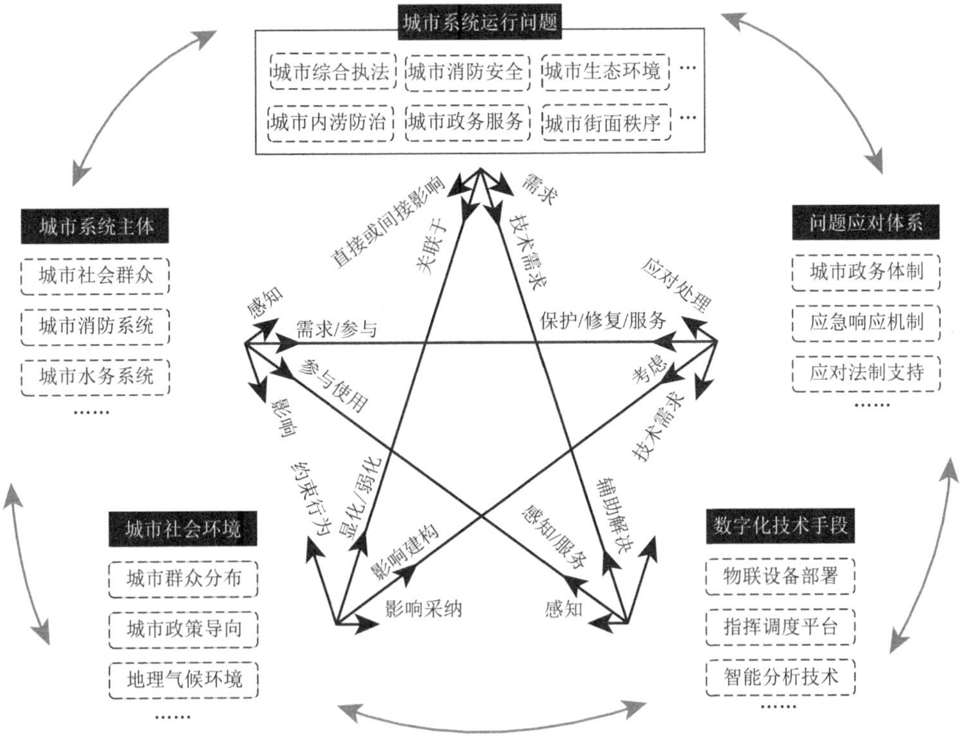

图 1-5　城市复杂系统构成

2. 城市系统主体

一般而言，城市系统主体是指区域范围内从事实践活动的人及其群体。一方面，在城市化高度发展的当下，人们对安全、基础服务等已产生高度依赖；另一方面，随着智能化技术发展，消防、综合执法等很多保障系统已具有主动识别与解决问题的功能。鉴于此，本章研究认为城市系统主体还包括各类提供基本生活保障的系统和基础设施。综上，城市系统主体及其关联亦构成一类复杂系统，如图 1-6 所示。

3. 城市社会环境

城市社会环境指的是城市区域内的社会政治环境、经济环境、法治环境、科技环境、文化环境等宏观因素的综合。在本章中，考虑气候、地势等自然地理环境对公共安全治理决策的影响，亦将其纳入城市社会环境范畴。

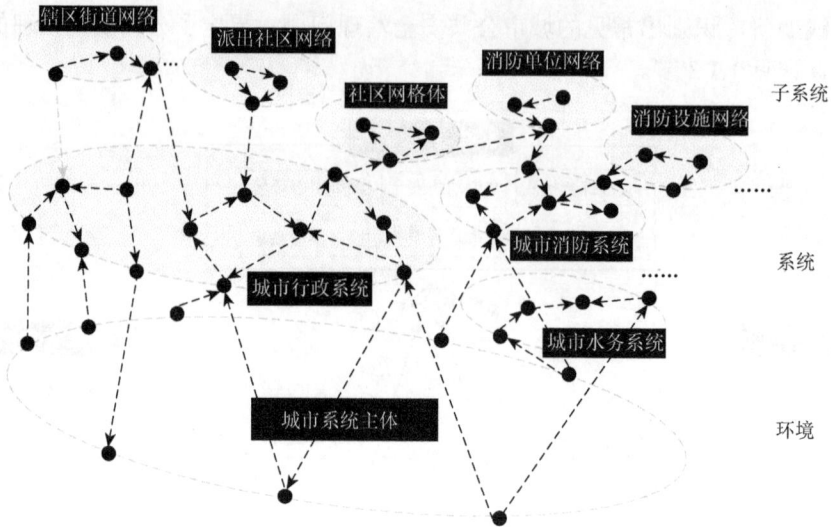

图 1-6　城市系统主体的复杂系统表达

4. 问题应对体系

针对各类公共安全治理问题，城市通常形成了相应的问题应对体系，用于指导各类问题应对。在消防安全、自然灾害防范等重点公共安全治理领域，城市政府及其协同组织往往从体制、机制和法制出发，从制度层面提供问题应对指导。

5. 数字化技术手段

在大数据、物联网、人工智能等技术高度发展的当下，城市政府正越来越多地采用数字化技术手段，以实现高效的问题应对。例如，消防部门构建火灾风险实时监测系统、指挥调度系统等。

由于城市系统具有高度复杂性和动态发展特性，其涌现性相较于一般系统更加明显。涌现性（emergence）通常是指多个要素组成系统后，出现了系统组成前单个要素所不具有的性质。在城市复杂系统中，各类要素的相互作用可能使系统涌现出新的问题和应对实践，带来基层社会系统的不断更新和进化。

1.4.3　双治理泛在网络系统的多层化理论

对涉及多个层次复杂系统要素的理论方法，需要建立不同层次要素间的关联关系以消减系统分析的复杂性，实现这一目标的代表性方法为信息系统领域的多层理论化方法，其核心在于先突破焦点层次的理论建构，再分析其与其他层次的关联关系，逐步完成其他层次的理论建构，具体如图 1-7 所示（Zhang and Gable，

2017）。根据已有文献对多层理论化方法的阐述（Kathuria et al.，2020），将该方法归纳为如下五个关键步骤。

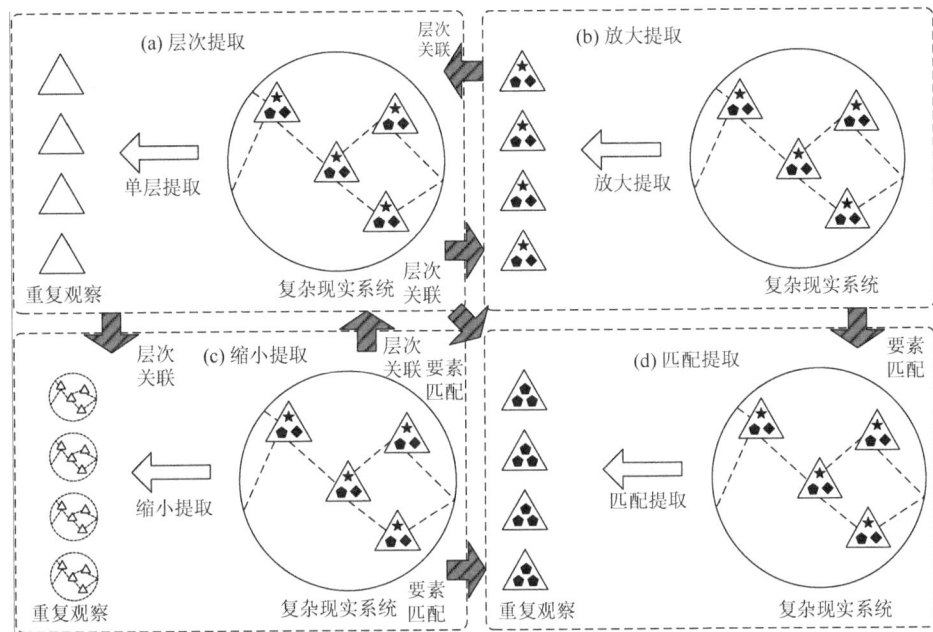

图 1-7　复杂现实系统的分析策略及其关联

第一步：明确焦点层次理论。针对所关注的问题（如火灾风险防控和基层综合执法）而言，需要识别出所关注的核心理论层（如重点关注区级层次的火灾风险防控），为后续将理论拓展到其他层次奠定基础。

第二步：识别候选系统要素。在选定焦点层次理论后，结合系统分析工具厘清系统的构成要素及其关联关系，进而明确系统的工作机理。

第三步：探索"放大"和"缩小"策略。在确定焦点层次的系统构成及系统工作机理后，关注焦点层次与其他层次的关联关系，探索如何根据焦点层次理论建立其他层次的理论。其中，"放大"和"缩小"是常用的两种策略，分别对应更微观层次系统和更宏观层次系统。

第四步：明确"由上至下"或"由下至上"关联。在选择层次化策略后，则根据焦点层次与其他层次的关联关系生成其他层次理论。"由上至下"和"由下至上"关联分别对应"放大"和"缩小"策略。

第五步：匹配系统要素以实现不同侧面的系统分析。在实现不同层次的理论构建后，已基本对系统内要素及其关联有了充足认知。更进一步地，可以由决策者设定层次划分依据，实现不同侧面的系统观测。

1.5 双治理机制构建的总体分析框架

1.5.1 双治理机制结构

本章结合过程管理领域的"前因-行为-后果"（antecedent-behavior-consequence，ABC）理论，从双治理涉及的治理问题发现、路线图设计和持续改进三类核心活动出发，构建双治理的一般机制框架。

ABC模型提出于本体建模领域，它被用来描述对象随时间流逝所经历的出现、变化和转换过程。其中，"前因"描述时间、地点和环境，为采取行动提供情景基础；"行为"描述针对"前因"采取的行动及其关系；"后果"描述"行为"作用于"前因"后的结果，它可被视为新的"前因"用于下一轮分析。ABC模型能够从整体角度引导建模，降低复杂过程的建模难度，本章基于ABC模型来构建双治理机制框架。

本章应用ABC模型来刻画城市公共安全治理及其大数据的双治理活动。首先，需要发现当前城市公共安全大数据双治理存在的问题，即"前因"，包括活动理论刻画的社会和技术两个层面，社会问题又可剖析为组织、规制、技术等不同类型的问题；其次，分别针对社会和技术两方面的问题，设计相应的治理路线（即"行为"）进行解决；最后，重新分析双治理情景，即"后果"，对遗留问题或新的问题，采取新一轮的双治理活动。

由双治理过程的ABC模型可知，城市公共安全服务及其大数据治理涉及三类核心活动，即双治理问题发现、社会和技术不同层面治理路线设计以及治理评价和持续改进。本章针对这三类核心活动，提出治理的问题发现、治理路线图和治理持续改进三类核心机制，由此完成双治理机制的框架构建，如图1-8所示。

1. 治理问题发现机制

治理问题发现机制的目标是帮助决策者从当前双治理情景中发现其存在的问题，为制订治理方案提供现实依据。双治理具有较强的复杂性，使其情景分析与问题发现的难度较大。在本书后续章节中，将基于软件工程等多学科方法提供一套问题发现的可操作模型框架，为解决问题发现过程中的情景信息表达、情景多维度关联等难点提供路线。

2. 治理路线图机制

双治理路线图涉及组织、规制、技术等不同层次的治理机制构建，具体如下。

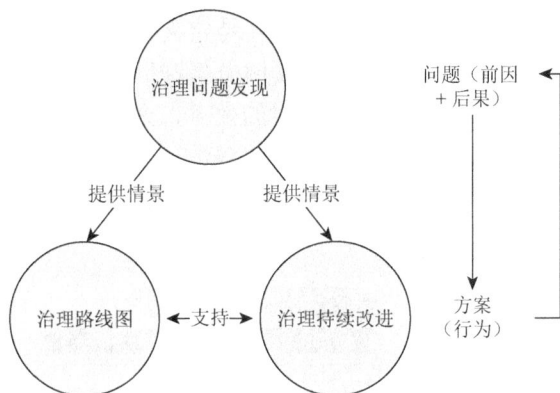

图 1-8　双治理机制框架

首先，双治理的组织运营是在问题发现基础上，帮助决策者制定组织层面的双治理路线。组织层面的双治理问题应对需要综合管理学、行为学、运营管理等视角，制订利益相关方的激励方案，激励各利益相关方以实现双治理有效性的提升。本书将探讨双治理的组织路线图构建依据，并聚焦跨部门的数据供应规划问题，研究双治理组织数据供应规划的超网络模型及其求解方法。

其次，双治理是一项复杂系统工程，需要更加系统、全面、合理的规制体系支持，以保证双治理活动执行的持续稳定。本书针对双治理情景的复杂性与双治理规制体系的不完备问题，分析了双治理合规性核查与双治理失规分析两类治理路线图。

最后，双治理的技术支持是在问题发现基础上，帮助决策者制订技术层面的双治理方案。在技术层面，既需要构建治理方法以提供双治理方案，亦需要建设支持平台以实现双治理方案落地。由于主数据和元数据分别从宏观和微观层次描述了组织的大数据情况，因此，本书重点关注主数据和元数据两个层次的双治理技术支持。

3. 治理持续改进机制

为了及时掌握双治理的开展现状及问题，找到进一步提升双治理能力的方法和途径，需要正确客观地评价双治理水平。本书从双治理成熟度视角出发，提出了双治理的绩效评估方法。此外，治理离不开政策制定与成果标准化，需要分别设计相关的治理方案以促成双治理的持续改进。

1.5.2　双治理机制构建的智能化工具支持体系

由前述双治理概念及现实运行框架可知，双治理共涉及三类核心活动，即双治理问题发现、双治理路线图分析、双治理持续改进分析。本书从情景视角出发研究治理问题发现，并关注双治理活动间的映射关系，将双治理关联映射嵌入双治理分析框架中。同时，最佳实践凝练针对特定问题情景的成功案例、技术、方法、过程、活动、机制等，有效的最佳实践分析帮助决策者直接利用历史经验解决现实问题，极大地提升双治理问题应对的效率，亦将其纳入双治理分析关键活动。本书系统考虑不同层次、粒度和类型的双治理分析问题，采用多层理论化方法处理复杂系统中的多样化要素及其复杂关联，由此构建双治理分析的智能化工具支持体系，如图 1-9 所示。

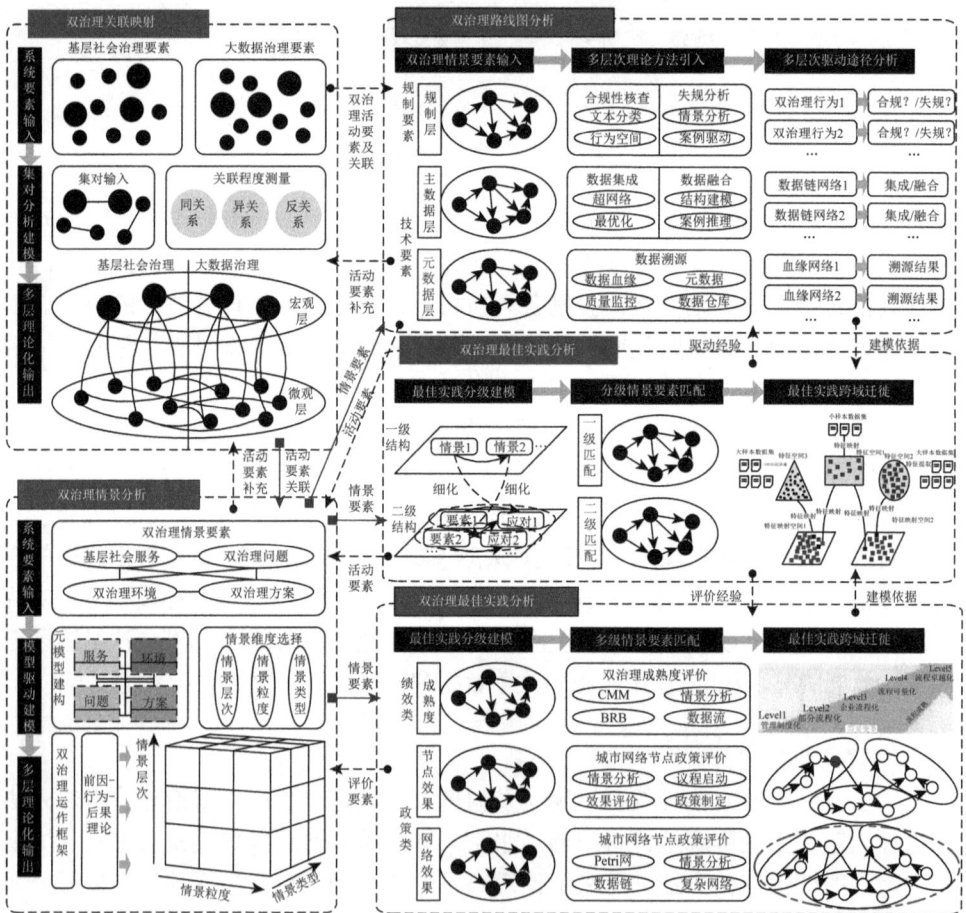

图 1-9 双治理机制的智能化工具支持体系

扫一扫见彩图

⟶ 代表双治理分析中的关键关联关系；┈┈▶ 代表双治理分析中的一般关联关系；图中 CMM 代表能力成熟度模型（capacity maturity model）；图中 BRB 代表置信规则库（belief-rule base）

1.6　本　章　小　结

　　在大数据环境下，城市公共安全及其大数据治理都不应只关注自身的效能提升，而应关注公共安全及其大数据效能的共同提升，双治理是这一复杂系统工程的综合体现。本章从双治理活动的泛在关联出发，在全面梳理城市公共安全治理实践存在的数据不平衡、进程不平衡、规制不平衡和组织职能不平衡等四类实践问题基础上，结合系统涌现性理论和多层化理论构建了包含治理问题发现、治理路线图和治理持续改进在内的双治理机制框架与智能化工具支持体系，为双治理机制构建分析提供理论引领。

参 考 文 献

陈雪龙，卢丹，代鹏. 2017. 基于粒计算的非常规突发事件情景层次模型[J]. 中国管理科学，25（1）：129-138.

段尧清，尚婷，周密. 2020. 我国政务大数据政策扩散特征与主题分析[J]. 图书情报工作，64（13）：133-139.

范灵俊，洪学海，黄晁，等. 2016. 政府大数据治理的挑战及对策[J]. 大数据，2（3）：27-38.

国务院. 2022. 国务院关于印发"十四五"国家应急体系规划的通知[EB/OL]. http://www.gov.cn/zhengce/content/2022-02/14/content_5673424.htm[2022-02-15].

贾楠，陈永强，郭旦怀，等. 2019. 社区风险防范的三角形模型构建及应用[J]. 系统工程理论与实践，39（11）：2855-2864.

刘素霞，梅强，陈雨峰，等. 2016. 安全生产市场化服务供求演化路径[J]. 系统工程，34（4）：41-49.

刘叶婷，唐斯斯. 2014. 大数据对政府治理的影响及挑战[J]. 电子政务，（6）：20-29.

刘奕，张宇栋，张辉，等. 2021. 面向2035年的灾害事故智慧应急科技发展战略研究[J]. 中国工程科学，23（4）：117-125.

马国清. 2014. 财务腐败视角的中国预算管理失规研究[J]. 经济研究导刊，（33）：71-72.

庞素琳. 2015. 巨灾风险大数据处理应急分类、分解、分拣算法与应用[J]. 系统工程理论与实践，35（3）：743-750.

王刚，汪杨，王珏，等. 2016. 基于证据分组合成的企业数据治理评价研究[J]. 系统工程理论与实践，36（6）：1505-1516.

尹裴，王洪伟. 2016. 面向产品特征的中文在线评论情感分类：以本体建模为方法[J]. 系统管理学报，25（1）：103-114.

张翔. 2018. "复式转型"：地方政府大数据治理改革的逻辑分析[J]. 中国行政管理，（12）：37-41.

Alhassan I，Sammon D，Daly M. 2016. Data governance activities：an analysis of the literature[J]. Journal of Decision Systems，25（sup1）：64-75.

Alhassan I，Sammon D，Daly M. 2018. Data governance activities：a comparison between scientific and practice-oriented literature[J]. Journal of Enterprise Information Management，31（2）：300-316.

Al-Ruithe M，Benkhelifa E，Hameed K. 2019. A systematic literature review of data governance and cloud data governance[J]. Personal and Ubiquitous Computing，23（5）：839-859.

Artyushina A. 2020. Is civic data governance the key to democratic smart cities？The role of the urban data trust in Sidewalk Toronto[J]. Telematics and Informatics，55：101456.

Chen H C，Chiang R H L，Storey V C. 2012. Business intelligence and analytics：from big data to big impact[J]. MIS

Quarterly，36（4）：1165-1188.

Doan A，Ramakrishnan R，Halevy A Y. 2011. Crowdsourcing systems on the world-wide web[J]. Communications of the ACM，54（4）：86-96.

El-Basyouny K，El-Bassiouni M Y. 2013. Modeling and analyzing traffic safety perceptions：an application to the speed limit reduction pilot project in Edmonton，Alberta[J]. Accident Analysis & Prevention，51：156-167.

Fang J，Hu J M，Shi X W，et al. 2019. Assessing disaster impacts and response using social media data in China：a case study of 2016 Wuhan rainstorm[J]. International Journal of Disaster Risk Reduction，34：275-282.

Ghose A，Han S P. 2014. Estimating demand for mobile applications in the new economy[J]. Management Science，60（6）：1470-1488.

Hey T，Gannon D，Pinkelman J. 2012. The future of data-intensive science[J]. Computer，45（5）：81-82.

Janssen M，Brous P，Estevez E，et al. 2020. Data governance：organizing data for trustworthy artificial intelligence[J]. Government Information Quarterly，37（3）：101493.

Kathuria A，Karhade P P，Konsynski B R. 2020. In the realm of hungry ghosts：multi-level theory for supplier participation on digital platforms[J]. Journal of Management Information Systems，37（2）：396-430.

Klievink B，Romijn B J，Cunningham S，et al. 2017. Big data in the public sector：uncertainties and readiness[J]. Information Systems Frontiers，19（2）：267-283.

Lee A J T，Chen Y A，Ip W C. 2009. Mining frequent trajectory patterns in spatial-temporal databases[J]. Information Sciences，179（13）：2218-2231.

Lin T，Liu X F，Song J C，et al. 2018. Urban waterlogging risk assessment based on Internet open data：a case study in China[J]. Habitat International，71：88-96.

Provost F，Martens D，Murray A. 2015. Finding similar mobile consumers with a privacy-friendly geosocial design[J]. Information Systems Research，26（2）：243-265.

Saghafian S，Hopp W J，van Oyen M P，et al. 2012. Patient streaming as a mechanism for improving responsiveness in emergency departments[J]. Operations Research，60（5）：1080-1097.

Wang J，Cai J P，Yue X H，et al. 2021. Pre-positioning and real-time disaster response operations：optimization with mobile phone location data[J]. Transportation Research Part E：Logistics and Transportation Review，150：102344.

Wei F，Lovegrove G. 2013. An empirical tool to evaluate the safety of cyclists：community based，macro-level collision prediction models using negative binomial regression[J]. Accident Analysis & Prevention，61：129-137.

Yu F，Li X Y，Han X S. 2018. Risk response for urban water supply network using case-based reasoning during a natural disaster[J]. Safety Science，106：121-139.

Zhang M，Gable G G. 2017. A systematic framework for multilevel theorizing in information systems research[J]. Information Systems Research，28（2）：203-224.

Zhao J，Chevalier F，Collins C，et al. 2012. Facilitating discourse analysis with interactive visualization[J]. IEEE Transactions on Visualization and Computer Graphics，18（12）：2639-2648.

第2章　城市公共安全大数据双治理的集对分析方法

2.1　双治理的集对分析问题

2.1.1　公共安全治理决策中的大数据治理支持

以实现公共安全治理决策的技术治理为目标，需要建立与之匹配的大数据治理分析模式。随着大数据治理理念在公共部门中的影响力不断增强，电子治理的概念被提出。一方面，它强调城市政府需要通过ICT[①]的不断深入使用来提高治理能力；另一方面，它强调治理理念的内涵是善治（孟庆国，2012），与电子政务所关注的基层政府集权式管理理念不同。治理本身的含义是指导并约束一个群体的集体活动的正式/非正式过程和制度（Rhodes，1996），它更加突出集体性、协作性和责任意识。电子治理和大数据治理的理念强调社会公共事务治理是整个社会群体的任务，基层政府不应该扮演集权领导者角色，而应该探寻更加民主性的治理方式，鼓励多主体的参与，并建立完善的协作治理机制。相比于电子政务，电子治理和大数据治理已逐渐成为各国城市政府发展的新理念（王浦劬和杨凤春，2005；杨国栋和吴江，2017）。

2.1.2　大数据治理决策中的公共安全治理支持

为了帮助决策者有效开展大数据治理决策以及提升公共安全治理效果，学者对大数据治理的决策理论与方法做了大量研究。较早地，Soares（2013）提出了一个通用的大数据治理框架，认为大数据治理决策应从数据类型、信息治理准则（如组织、流程重构、数据质量等）和应用场景三个方面开展。基于此，学者们针对公共安全治理存在的突出问题提出了相应的大数据治理解决方案。Cumbie 和 Sankar（2012）针对灾后恢复中的信息共享问题，构建了包含四个治理阶段的大数据治理组织架构与治理机制。Silva 等（2016）针对大数据风险管理问题，结合灰色关联分析以及失效模式与影响分析提出了一种大数据治理的风险评估模型。

---

① ICT 的全称为 information and communication technology，中文译为信息与通信技术。

更进一步地，Abraham 等（2019）对大数据治理框架进行扩展，将大数据治理的决定因素与效果评价纳入决策，并将大数据治理的运作机制划分为三类，即结构化机制（包括组织和权力分配）、过程化机制（如合规性控制和绩效评估）和协作化机制（如培训、通信等）。该框架基本涵盖了各类大数据治理研究，呈现了不同视角下的大数据治理决策方案。

2.1.3 双治理的集对分析问题提出

城市公共安全治理及其大数据治理具有较强的关联性，表现为公共安全治理的精准化对大数据治理的需求，以及大数据治理问题应对的组织和规制作用。已有研究虽然仅关注其中某一类治理，却在决策分析和成熟度评价分析等方面越来越多地考虑另一类治理活动的影响或参与。

然而，已有研究仍偏重于单一的公共安全治理与单一的大数据治理研究，较少关注二者关联映射及对公共安全治理的影响。本书认为，在大数据等新技术环境下，城市公共安全治理及大数据治理都不应只关注自身的效能提升，而应关注双治理效能的共同提升。具体而言，需要进一步从要素层面分析双治理的关联映射，在此基础上厘清双治理复杂情景要素及其关联。实际上，双治理在治理的目标、问题情景、应对实践、治理评价等方面具有极强的关联性，本书认为需要从要素层面深入探讨双治理映射。

集对分析（set pair analysis）是处理系统确定性与不确定性相互作用的数学理论，由中国学者赵克勤于 1989 年提出，其主要的数学工具是联系数。集对分析是在一定的问题背景下，对集对中两个集合的确定性与不确定性以及确定性与不确定性的相互作用所进行的一种系统和数学分析。通常包括对集对中两个集合的特性、关系、结构、状态、趋势以及相互联系模式所进行的分析；这种分析一般通过建立所论两个集合的联系数进行，有时也可以不借助联系数进行分析。

公共安全治理与公共安全大数据治理活动间具有不可分割的关系，可以用集对分析中的两个相关作用的集合来解释。在本章中，集对分析被用来建立双治理活动间的要素映射，为研究双治理分析方法奠定基础。

考虑双治理分析构建过程中涌现出的新治理要素及其关联关系，需要设计双治理要素集对的调整方案，即以由理论推导生成的要素关联模型为指导，结合现实环境约束，对集对及其中要素进行增加、删减或调整，生成具有高度适应性的要素关联模型。为实现这一目标，需要根据现实环境由要素关联模型直接生成集对调整方案。鉴于扎根理论在分析经验资料中的优势，本章基于扎根理论建立现实环境与要素关联模型间的映射，为集对调整提供决策支持。

2.2　双治理的要素集合构建

2.2.1　双治理要素的层次划分

双治理关联映射的多层次分析模式与相关的多源知识资源共同构建知识资源平台，为双治理关联映射分析提供支持。在本章研究中，双治理关联映射的层次化分析基于集对分析进行，其基本原理是：针对特定层次（场景无关或场景相关）的双治理要素，结合已有理论和实践建立公共安全治理与大数据治理要素关联的要素集对，再根据集对分析中的联系数算法评价要素集对的关联程度，由此生成双治理要素的关联映射模型，这一过程如图 2-1 所示。

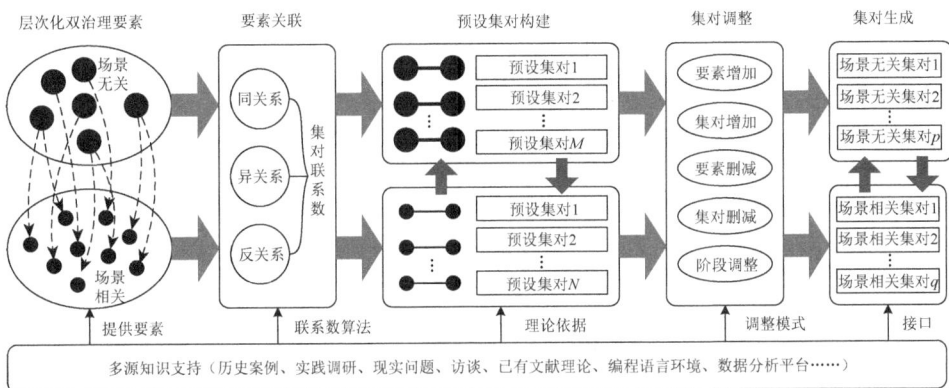

图 2-1　双治理关联映射的多层次分析

在上述过程中，考虑双治理分析构建过程中涌现出的新治理要素及其关联关系，提出了要素集对的调整方案，即以根据理论推导生成的要素关联模型为指导，结合现实环境约束，对集对及其中要素进行增加、删减或调整，以生成具有高度适应性的要素关联模型。

1. 场景无关层

在场景无关层，双治理要素反映城市公共安全治理及其大数据治理需考虑的一般要素，即要素大类。由于本节关注的是两类治理间的关联交互，因而主要提炼反映二者交互关系的要素。依据前述两类治理交互的现实运行框架，可以识别出城市公共安全大数据双治理的宏观要素主要包括数据、活动、成果三个维度。

2. 场景相关层

场景相关要素反映在具体公共安全场景，城市公共安全治理及其大数据治理涉及的多种细化要素，即要素小类，是前述场景无关层要素在具体公共安全场景中的具体化。

2.2.2　场景无关层的双治理要素集合构建

在场景无关层，本章按照"风险-活动-目标"三维框架来解释双治理的机制关联，即城市公共安全治理引发的问题要素变动与大数据治理引发的问题要素变动存在关联映射。

从不同维度要素问题的构成视角出发，分析双治理机制的关联。依据前述问题维度框架，可以识别出城市公共安全治理与大数据治理的构成层要素主要包括活动维度要素、数据维度要素和成果维度要素三类。

1. 数据维度要素和成果维度要素

从城市公共安全治理看，大数据应用带来数据维度要素（如数据可获得性和数据质量）的增加和成果维度要素（如时效性、准确性等）的减少；以大数据治理问题应对为目标，大数据治理机制应用带来前述数据维度要素的减少。换句话说，公共安全治理和大数据治理在数据维度要素的变化上是关联交互的：公共安全治理的大数据应用带来了新的大数据需求，而这些需求又通过部署大数据治理机制得以满足。

2. 活动维度要素

活动要素反映双治理应对，公共安全治理的大数据应用与大数据治理机制的部署均可带来组织、规制、政策、技术等各类活动要素的更新，双治理带来的活动要素变化是相互关联的。例如，火灾隐患识别的智能化技术应用带来技术要素更新，但实际存在数据可获得性的问题，该问题通过大数据治理的数据确权得到解决，表现为组织要素的更新，这就产生了技术要素与组织要素的关联映射。当公共安全治理引发的活动要素更新较多时，对应的双治理活动要素关联可能更加复杂。

根据第 1 章问题质量屋，将双治理的活动要素细化，如表 2-1 所示。

表 2-1　公共安全治理与大数据治理的活动要素

要素类别	公共安全治理的活动要素	大数据治理的活动要素
组织类活动要素	多行政层级联动（SA_1） 统一指挥（SA_2） 网格化管理（SA_3）	组织成熟度（BA_1） 数据共享（BA_2） 高质量数据共享（BA_3）
流程类活动要素	多部门协同（SA_4） 大数据分析（SA_5）	大数据使用（BA_4） 数据更新（BA_5）

要素类别	公共安全治理的活动要素	大数据治理的活动要素
规制类活动要素	服务绩效评价（SA_6） 服务效果（SA_7）	政策支持（BA_6） 数据标准（BA_7）
技术类活动要素	风险动态感知（SA_8） 多源数据集成（SA_9）	数据安全（BA_8） 基础设施建设（BA_9）

注：$SA_1, SA_2, \cdots, SA_9$ 为公共安全治理的活动要素，$BA_1, BA_2, \cdots, BA_9$ 为大数据治理的活动要素

2.2.3　场景相关层的双治理要素集合构建

考虑到在同一时间节点，不同城市公共安全领域的双治理要素关联具有异质性（如邯郸市丛台区在火灾风险防控、综合执法等领域的治理成效显著，双治理间的要素关联更为紧密），本部分以社区防火为例开展集对分析。

场景相关层要素关联呈现社区火灾风险防控的细化部署，包括：第一，社区火灾风险防控中具体问题（如火灾风险识别流程问题）的特征（如数据链网络、流程结构、数据所有方与使用方等）与大数据治理相关联；第二，对特定治理应对方案（如数据集成、流程调整），双治理活动的协同体现为主体（主导方与协同方）、行动、资源、组织等多个方面，两类治理间的关联分析依赖对这些细化要素的精确刻画；第三，针对火灾风险防控，两类治理在成果方面的关联具象化为评价主体、评价指标、评价模型等子要素的映射关系。同样地，为开展集对分析，首先需要界定各类要素关联的评估指标，用于测算场景相关层要素集对的联系数。

1. 数据类要素关联的评估指标选择

数据类要素关联程度体现为要素分析的知识依赖，本节将其作为数据类要素关联的评估指标。例如，若要界定火灾风险识别中的流程冗余问题，需要分析数据治理所关注的数据链网络，以及每一数据链的数据输入输出、数据所有方与使用方等。

2. 活动类要素关联的评估指标选择

活动类要素的关联主要体现为各类要素的相似度，表述为要素在何种程度上是相同的。例如，邯郸市丛台区区级政府利用视频设备识别消防隐患，其中的视频数据接入为大数据治理活动，二者在应对主体和行动上均具有相似性。

3. 成果类要素关联的评估指标选择

成果类要素的关联从评价目标、评价指标、评价主体、评价模型等评价知识要素的相似性来考虑。例如，对火灾风险防控的评价指标中涉及数据集成、数据开放，与大数据治理评价相关，由此可分析二者在指标上的相似性。

　　值得注意的是，场景相关层面的要素关联更为复杂，可能涉及不同类别双治理要素的关联情况。例如，对火灾风险状态感知问题，涉及硬件设备和数据接入两部分特征。其中，数据接入涉及主数据层面的云服务和元数据布局，这就构成了从数据类要素到活动类要素的关联映射。再如，火灾风险防控的技术治理涉及多源数据融合，其中，数据接入涉及数据确权和相关规制补充等规制层数据治理活动，数据融合涉及数据集成的主数据层数据治理活动，而数据结构涉及元数据管理和数据血缘构建等元数据层数据治理活动。

2.3　双治理要素关联的集对分析原理

2.3.1　城市公共安全治理与大数据治理的问题关联

　　城市公共安全治理与大数据治理问题的关联，体现为"公共安全治理问题→大数据分析的应用需求→大数据治理问题"的映射路径，如图 2-2 所示。本章从三维度问题框架中各要素变化来解释两类治理的问题关联，具体而言主要包括以下内容。

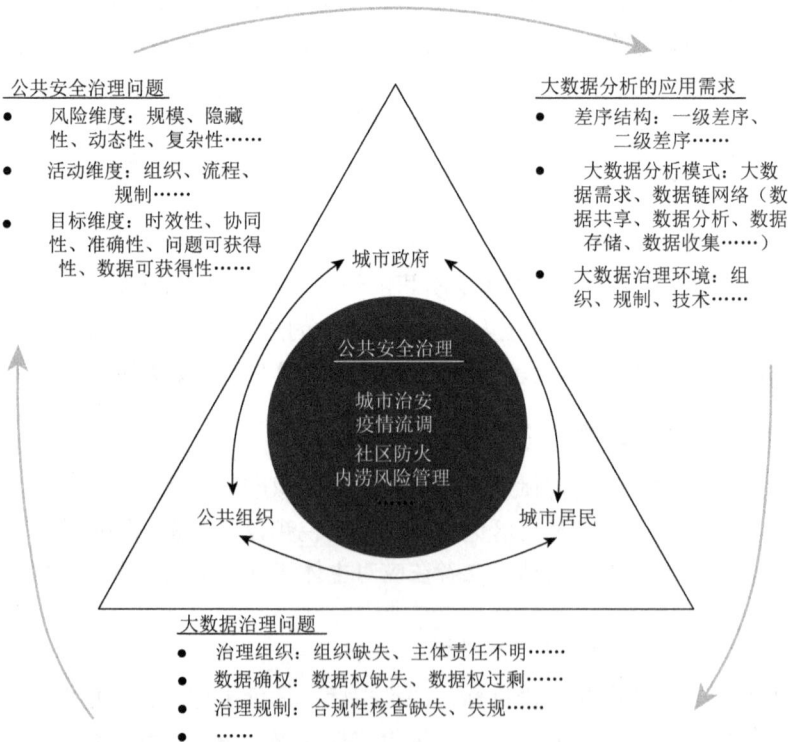

图 2-2　城市公共安全治理与大数据治理的问题关联

1. 公共安全治理问题应对与大数据应用

城市公共安全治理问题的应对产生了大数据分析应用的需求，如部署网格化技术来识别社区火灾隐患。在这一过程中，一方面，大数据分析应用预期解决公共安全治理问题，带来活动维的要素改变（可能涉及组织、流程、技术等）；另一方面，大数据分析应用依赖各方数据，带来目标维的要素改变（涉及数据可获得性、数据质量、数据安全等）。

2. 公共安全治理目标更新与大数据治理问题涌现

公共安全治理中目标维的要素改变带来了各项数据需求，需溯源与认知背后存在的大数据治理问题，可通过更新活动要素表达这些问题。例如，数据可得性需求可溯源数据权不可得问题、数据采集设施缺失问题等。

2.3.2　基于集对分析理论的要素关联构建

1. 总体方案

公共安全治理活动及公共安全大数据治理活动是相互关联的，双治理即是在识别二者关联关系的基础上促进二者协同。根据集对分析理论，在分析特定治理活动时，需要用至少两个要素集合进行描述，分别描述其自身的主导作用以及其他治理活动的协同作用。例如，在分析公共安全治理活动时，规制层治理活动的实现需要技术层治理活动的协同。

治理要素集对可以简记为 ESP（element set pair）。为方便起见，采用大写字母 E 表示活动集对。设定要素集对 E 是公共安全治理要素集合 A 与大数据治理要素 B 组成的，用方程表示该要素集对为 $E = (A, B)$。公共安全治理 A 与大数据治理要素 B 的关联程度可量化为要素 A 与要素 B 的重复子要素数与两类要素总数的比例。此外，两类要素的关联程度还可通过要素相似度、要素相互依赖程度等定性指标进行测量。

双治理映射的集对分析包括预设集对构建和集对调整两个主要阶段。在预设集对构建阶段，根据已有理论和实践，结合集对分析理论生成常规情况下的要素集对；在集对调整阶段，则考虑不同公共安全场景双治理的差异性，基于扎根理论对集对中的要素及集对本身进行调整。

2. 基本流程

根据集对分析理论，结合公共安全治理及其大数据治理要素的特性，提出双治理映射的集对分析流程，包括如下关键步骤。

第一，特性分析。找出两个要素集合各自具有哪些要素特征。

第二，关系分析。分为相对确定的关系分析和不确定关系分析，其中相对确定的关系分析又分为：同关系分析，即分析哪些特性为两个要素集合共同具有（或在哪些特性上协同或统一）；反关系分析，即分析两个要素集合在哪些特性上相互对立。鉴于要素集合间关系仅为协同支持和不协同支持，因此反关系在双治理集对分析中暂不予考虑。不确定关系分析也称异关系分析，分析两个要素集合在哪些特性上既不协同统一也不相互对立。

第三，用联系数刻画同异反的程度及其联系，基本公式如下：

$$U = A + Bi \tag{2-1}$$

其中，A 为属于同关系的特性个数；B 为属于异关系的特性个数；U 为联系数，A、B 统称为 U 的联系分量，分别称为同分量、异分量；令 $A + B = N$，则称 N 为联系数 U 的联系范数；i 为 B 的系数，一般在 $[0, 1]$ 区间内取值。用 N 除式（2-1）两边，并令 $\mu = U/N$，$a = A/N$，$b = B/N$，则得

$$\mu = a + bi \tag{2-2}$$

其中，μ 为联系度；a 和 b 分别为协同性测度（简称协同度）和差异性测度（简称差异度），a 和 bi 分别为联系数 μ 的同部和异部。

第四，对建立的联系数作适当的运算。

第五，不确定性分析。通过对联系数中不确定取值的 i 作取值分析，检验计算结果的稳定性，如有波动，则给出波动范围和波动规律。

2.4　场景无关层的双治理集对分析

2.4.1　安全治理对大数据治理影响的集对分析

1. 数据和成果维度的要素集对分析

大数据应用带来数据维度要素（如数据可获得性和数据质量）的增加和成果维度要素（如时效性、准确性等）的减少。

2. 活动维度的要素集对分析

公共安全治理的大数据分析模式应用带来各类大数据治理问题，其解决需要从组织、流程、规制、技术等不同层次开展大数据治理活动。利用集对分析的联系数衡量公共安全治理活动要素对大数据治理活动要素的影响，结果如表 2-2 所示。由结果可知，各类安全治理活动要素均对大数据治理产生影响，反映出数据驱动下安全治理的问题解决对数据治理的强需求。具体而言：第一，组织类安全治理活动要素对数据共享、数据更新和数据标准的影响显著，可解释为公共安全

治理精细化产生多元化的大数据需求;第二,流程类活动要素(多部门协同应对和大数据分析流程)对组织、流程、规制和技术类大数据治理均有较高要求,这是因为安全治理流程直接体现大数据及其数据链关系网络,衍生出全方位的大数据治理问题;第三,规制类活动要素反映数据驱动下的安全治理评价,故对数据共享、大数据使用和更新等反映数据供应的要素影响更显著;第四,技术类活动要素反映具体安全治理分析任务,其影响针对性较强,例如,风险动态感知对基础设施建设与数据共享更新的影响较强,多源数据集成则与数据标准与基础设施等影响集成效果的要素关联性更为显著。

表 2-2 安全治理对大数据治理影响的活动要素集对分析结果

活动要素	BA_1	BA_2	BA_3	BA_4	BA_5	BA_6	BA_7	BA_8	BA_9
SA_1	0.4 + 0.6i	**0.7 + 0.3i**	**0.6 + 0.4i**	0.2 + 0.8i	**0.8 + 0.2i**	0.2 + 0.8i	**0.7 + 0.3i**	0.3 + 0.7i	0.4 + 0.6i
SA_2	0.4 + 0.6i	**0.8 + 0.2i**	**0.8 + 0.2i**	0.2 + 0.8i	**0.7 + 0.3i**	0.3 + 0.7i	**0.7 + 0.3i**	0.3 + 0.7i	**0.8 + 0.2i**
SA_3	0.3 + 0.7i	**0.8 + 0.2i**	**0.8 + 0.2i**	**0.6 + 0.4i**	**0.7 + 0.3i**	0.3 + 0.7i	**0.7 + 0.3i**	0.4 + 0.6i	0.3 + 0.7i
SA_4	0.3 + 0.7i	**0.7 + 0.3i**	**0.7 + 0.3i**	0.3 + 0.7i	0.4 + 0.6i	**0.8 + 0.2i**	**0.8 + 0.2i**	**0.7 + 0.3i**	**0.6 + 0.4i**
SA_5	**0.7 + 0.3i**	**0.8 + 0.2i**	**0.8 + 0.2i**	**0.7 + 0.3i**	0.4 + 0.6i	**0.7 + 0.3i**	0.3 + 0.7i	**0.7 + 0.3i**	**0.6 + 0.4i**
SA_6	**0.7 + 0.3i**	**0.7 + 0.3i**	**0.7 + 0.3i**	**0.6 + 0.4i**	0.4 + 0.6i	0.4 + 0.6i	0.3 + 0.7i	0.4 + 0.6i	0.4 + 0.6i
SA_7	0.4 + 0.6i	**0.8 + 0.2i**	**0.8 + 0.2i**	**0.8 + 0.2i**	**0.6 + 0.4i**	0.4 + 0.6i	**0.6 + 0.4i**	0.4 + 0.6i	**0.6 + 0.4i**
SA_8	0.4 + 0.6i	**0.6 + 0.4i**	0.3 + 0.7i	0.2 + 0.8i	**0.8 + 0.2i**	0.3 + 0.7i	0.3 + 0.7i	0.3 + 0.7i	**0.8 + 0.2i**
SA_9	0.3 + 0.7i	0.4 + 0.6i	**0.8 + 0.2i**	0.3 + 0.7i	0.4 + 0.6i	0.3 + 0.7i	**0.6 + 0.4i**	**0.7 + 0.3i**	**0.8 + 0.2i**

注:产生显著影响的要素已加粗

2.4.2 大数据治理对安全治理影响的集对分析

1. 数据和成果维度的要素集对分析

以大数据治理问题应对为目标,大数据治理机制应用带来数据维度要素(反映数据维度问题)的减少;此外,数据要素的减少有助于带动成果维度要素(反映成果维度问题)的进一步减少,从而提升公共安全治理水平。

2. 活动维度的要素集对分析

大数据治理活动提升安全治理效能,这反映为安全治理问题经过大数据分析得到解决。利用集对分析的联系数衡量大数据治理活动要素对社区防火安全治理活动要素的影响,结果如表 2-3 所示。由结果可知,大数据治理活动对数据驱动安全治理问题解决具有全面支持作用,具体而言:第一,组织建设和数据共享等组织类大数据治理活动对安全治理组织和流程管理有显著影响,这反映出大数据治理组织在协同解决数据层面问题中的关键作用;第二,大数据使用主要支持安全治理的流程、规制和技术类活动，这体现了大数据分析模式下安全治理的决策和评价机制在调整；第三，数据更新是安全治理组织和流程管理中的关键因素，这反映了相关治理活动对治理时效性的高要求；第四，规制类大数据治理活动的影响主要体现为规范数据标准在大数据分析中的重要作用；第五，基础设施建设对除规制类活动以及多源数据集成外的其他安全治理均具有显著影响，体现出大数据分析模式实现的技术需求。

表 2-3　　大数据治理对安全治理影响的活动要素集对分析结果

活动要素	SA_1	SA_2	SA_3	SA_4	SA_5	SA_6	SA_7	SA_8	SA_9
BA_1	**0.8 + 0.2i**	**0.6 + 0.4i**	0.2 + 0.8i	0.3 + 0.7i	0.4 + 0.6i	**0.6 + 0.4i**	**0.6 + 0.4i**	**0.8 + 0.2i**	**0.9 + 0.1i**
BA_2	**0.8 + 0.2i**	**0.7 + 0.3i**	0.3 + 0.7i	**0.7 + 0.3i**	**0.7 + 0.3i**	0.4 + 0.6i	0.4 + 0.6i	0.3 + 0.7i	**0.8 + 0.2i**
BA_3	**0.7 + 0.3i**	**0.7 + 0.3i**	**0.6 + 0.4i**	**0.6 + 0.4i**	**0.6 + 0.4i**	0.4 + 0.6i	0.4 + 0.6i	0.3 + 0.7i	**0.8 + 0.2i**
BA_4	0.3 + 0.7i	0.3 + 0.7i	0.4 + 0.6i	**0.8 + 0.2i**	**0.7 + 0.3i**	**0.6 + 0.4i**	**0.6 + 0.4i**	**0.8 + 0.2i**	**0.8 + 0.2i**
BA_5	**0.8 + 0.2i**	**0.6 + 0.4i**	**0.8 + 0.2i**	**0.8 + 0.2i**	**0.6 + 0.4i**	0.3 + 0.7i	0.3 + 0.7i	**0.8 + 0.2i**	0.4 + 0.6i
BA_6	0.3 + 0.7i	0.3 + 0.7i	0.4 + 0.6i	0.4 + 0.6i	**0.6 + 0.4i**	0.3 + 0.7i	0.3 + 0.7i	**0.8 + 0.2i**	**0.6 + 0.4i**
BA_7	**0.6 + 0.4i**	**0.6 + 0.4i**	**0.6 + 0.4i**	**0.7 + 0.3i**	0.4 + 0.6i	0.3 + 0.7i	0.2 + 0.8i	0.2 + 0.8i	**0.6 + 0.4i**
BA_8	0.3 + 0.7i	0.4 + 0.6i	0.3 + 0.7i	**0.8 + 0.2i**	**0.8 + 0.2i**	0.2 + 0.8i	0.2 + 0.8i	0.2 + 0.8i	0.2 + 0.8i
BA_9	**0.6 + 0.4i**	**0.8 + 0.2i**	**0.6 + 0.4i**	**0.7 + 0.3i**	**0.7 + 0.3i**	0.3 + 0.7i	0.3 + 0.7i	**0.8 + 0.2i**	0.4 + 0.6i

注：产生显著影响的要素已加粗

2.5　场景相关层的双治理集对分析

根据所构建的场景相关层要素集对，关注其子要素间的关联关系，分别邀请专家对子要素关联进行联系数打分，得到的（部分）结果如表 2-4 所示。

表 2-4　　场景相关层要素关联评估指标的联系数（部分）

评估主体	流程冗余与数据链网络	两类治理的问题应对主体	两类治理的问题应对行动	两类治理的评价指标	两类治理的评价主体
	Y_1	Y_2	Y_2	Y_3	Y_3
S_1	0.75 + 0.25i	0.65 + 0.35i	0.85 + 0.15i	0.45 + 0.55i	0.35 + 0.65i
S_2	0.65 + 0.35i	0.55 + 0.45i	0.45 + 0.55i	0.75 + 0.25i	0.85 + 0.15i
S_3	0.50 + 0.50i	0.70 + 0.30i	0.60 + 0.40i	0.80 + 0.20i	0.60 + 0.40i
S_4	0.80 + 0.20i	0.85 + 0.15i	0.75 + 0.25i	0.60 + 0.45i	0.70 + 0.30i
S_5	0.65 + 0.35i	0.55 + 0.45i	0.65 + 0.35i	0.65 + 0.35i	0.85 + 0.15i
S_6	0.45 + 0.55i	0.85 + 0.15i	0.75 + 0.25i	0.45 + 0.55i	0.55 + 0.45i

续表

评估主体	流程冗余与数据链网络	两类治理的问题应对主体	两类治理的问题应对行动	两类治理的评价指标	两类治理的评价主体
	Y_1	Y_2	Y_2	Y_3	Y_3
S_7	$0.90 + 0.10i$	$0.95 + 0.05i$	$0.70 + 0.20i$	$0.85 + 0.15i$	$0.80 + 0.70i$
S_8	$0.75 + 0.25i$	$0.75 + 0.25i$	$0.85 + 0.15i$	$0.75 + 0.25i$	$0.75 + 0.25i$
S_9	$0.55 + 0.45i$	$0.75 + 0.25i$	$0.75 + 0.25i$	$0.75 + 0.25i$	$0.45 + 0.55i$
S_{10}	$0.55 + 0.45i$	$0.65 + 0.35i$	$0.55 + 0.45i$	$0.65 + 0.35i$	$0.85 + 0.15i$
平均	$0.73 + 0.28i$	$0.85 + 0.25i$	$0.80 + 0.20i$	$0.70 + 0.30i$	$0.72 + 0.28i$

注：Y_1 代表"要素分析的知识依赖"、Y_2 代表"各类要素的相似度"、Y_3 代表"评价知识要素的相似性"

　　在联系数得分的基础上，采用多属性决策的加权平均方法对 10 位决策者和专家的观点进行综合。由决策者设定联系度阈值为 0.5，异部系数 $i = 0.5$，最终得到微观要素间的集对分析结果如图 2-3 所示。

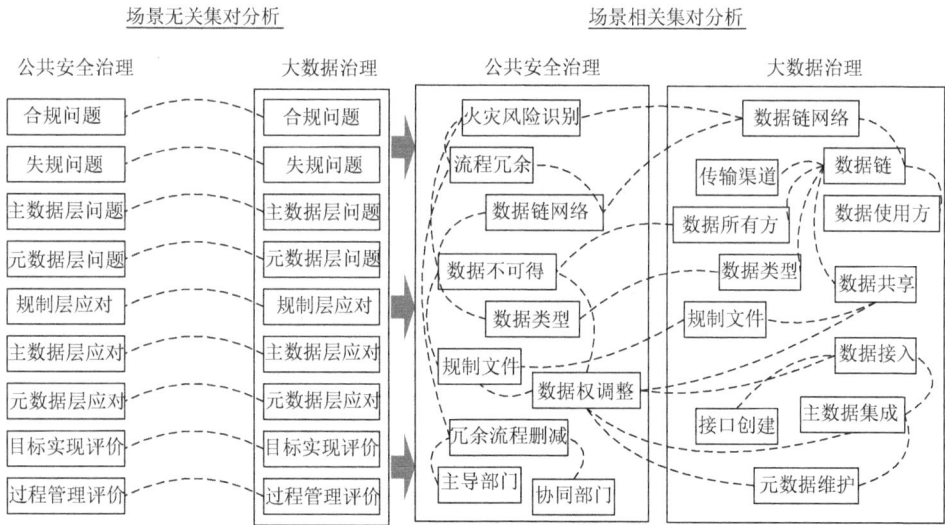

图 2-3　集对分析结果（部分）

2.6　用例分析：基于扎根理论的关联调整

　　前述集对分析给出了分析双治理映射的一般要素及其关联关系，本节关注这些结论在现实应用中是否有效。在具体操作上，通过扎根理论结合深度访谈进行数据的收集、处理和分析。

2.6.1 用例选择和数据收集

邯郸市丛台区始建于 1980 年，因"武灵丛台"坐落辖区而得名。丛台区位于河北省南部，邯郸市城市北部偏东，东同经开区接壤，西与复兴区相望，西北与武安市接壤，北与永年区相接，南到和平路与邯山区交界。丛台区是邯郸市主城区的核心区，辖人民路、四季青、中华、和平、联纺西、丛台东、丛台西、联纺东、柳林桥、光明桥、东柳 11 个街道办事处，苏曹、三陵、南吕固、兼庄 4 个乡，黄粱梦 1 个镇。共有 74 个行政村，114 个社区居委会，总面积 192.33 平方公里，常住人口 65 万人。近年来，随着经济社会的快速发展，土地、资源、人口、环境等问题和矛盾日益突出，给社会管理和公共安全治理带来巨大压力。

丛台区新时代社会治理中心于 2019 年 12 月建成投入使用。该中心以数据资源的整合共享为核心，以现代信息技术的深度应用为载体，构建感知全方位、管理全覆盖、服务全过程的新时代社会治理平台，从数据分析城市运行状况，从平台统一指挥调度资源，从而实现数字丛台"资源整合化、治理精准化、居民共治化、城市智能化、管理高效化"的目标，科学推进社会治理体系和治理能力现代化建设。目前，丛台区新时代社会治理中心已整合市长热线、民呼中心、数字城管、空指中心、应急管理、消防救援等服务资源，让网络连接人民、让信息服务群众，更好地打通基层治理最后一公里。

本章研究通过开放式问卷对丛台区新时代社会治理中心行政管理人员、技术人员、数字化项目工作人员、相协同的其他政府部门工作人员进行深度访谈获得第一手数据资料。最终共选择 32 个访谈对象，其中丛台区新时代社会治理中心行政管理人员 15 名，占比 46.88%；数字化项目工作人员 11 名，占比 34.38%；相协同的其他政府部门工作人员 6 名，占比 18.75%。每次访谈时间为 30～120 分钟，采用访谈记录表记录关键语句。扎根理论访谈的主要问题有：城市公共安全治理（关注火灾风险防控）有哪些？信息化建设主要解决公共安全治理中的哪些问题？信息化建设过程中遇到的数据管理问题有哪些？如何认知这些数据管理问题以及采取了哪些措施？

2.6.2 基于扎根理论的双治理关联分析结果

本部分基于扎根理论分析调研资料，具体结果如下。

第一，开放编码。开放编码是指将原始资料记录逐级缩编，用概念和范畴正确反映资料内容，并把资料记录以及抽象出来的概念打破、揉碎并重新集成的过程。表 2-5 展示了研究得到的若干治理要素、访谈语句和初始概念，为简化表述，每类要素仅随机选取 1 条对应语句。

表 2-5　开放编码分析举例

活动要素	原始语句（初始概念）
合规性核查	有的时候希望集成居民轨迹数据，但受到民政部门法律规制约束（合规）
失规分析	很多时候真的希望有一些法律规制支持数据共享（法律；规制缺失）
技术问题	领导希望能够清楚地知道数据在各部门的流动（数据链网络；血缘）
主数据管理	综合执法、丛台通这些 App 的集成需要创建接口（数据集成；接口）
元数据管理	我们提供了一套元数据方案，避免了数据重复录入（元数据）
规制应对	丛台区出台了一系列办法，协同各方实现高效治理（协同；规制）
治理评价	丛台区会对各街区、社区网格员和监督员的工作进行考核（评价）

第二，主轴编码。主轴编码的任务在于根据不同范畴之间的相互关系和逻辑次序形成主范畴，以构建围绕对应范畴之"轴"的密集关系网络。具体可按照 Strauss 和 Corbin（1990）提出的"条件→行动→结果"三部曲形成主范畴的典范模式。具体而言，针对社区防火安全治理和大数据治理分别得到了 10 类主范畴，这 10 类主范畴除了集对分析部分提到的 9 类要素外，还包括数据链要素，它在安全治理中描述各类活动的大数据解决方案、在大数据治理中则描述治理问题的对象。具体而言，数据链包含数据输入、数据输出、数据链类型（数据共享链、数据收集链等）、数据链实现时间等具体描述特征。值得注意的是，数据链及其关联关系描述的是针对安全治理问题的大数据分析解决方案，它在实践过程中通过迁移其他地方经验或自我探索开发获得。

第三，选择编码。选择编码是指明确资料的故事线，验证范畴之间的关系，并把概念化尚未发展完备的范畴补充完整的过程。围绕核心范畴"城市公共安全治理及其大数据治理关联关系"的故事线为：安全治理问题（safety governance problem）→大数据分析支持（big data analytic support）→大数据治理活动（big data governance activity）→问题解决（problem solving），简称 SBBP 模型。

以 SBBP 故事线为基础，最终建立公共安全治理及其大数据治理要素的关联模型，蕴含的基本关系准则为：安全治理问题建构、大数据分析支持、大数据治理活动、安全治理问题解决四个关键环节对治理成效存在显著影响；四个环节的影响机理各不相同。其中，安全治理问题建构及其解决是内驱动力，大数据分析及其治理是安全治理问题解决的路径。

对照集对分析结果和扎根理论分析结果可知，由已有理论和专家知识得到的要素关联模型具有指导意义，但不是完全不变的。在实际分析双治理过程中，需要结合实际情况进行集对调整。

2.7　本 章 小 结

　　本章利用集对分析建立双治理活动间的要素映射，为研究双治理分析方法奠定基础。首先，针对场景无关和场景相关两个层次，分别构建双治理的活动要素集合；其次，根据双治理之间的关联关系，基于集对分析理论阐述了双治理要素关联映射分析原理；再次，分别从场景无关层和场景相关层出发，厘清了双治理要素集对关系；最后，结合邯郸丛台区火灾风险防控的实际案例，分析集对分析方法的合理性，同时研究了基于扎根理论的双治理要素集对调整方案。双治理集对分析为后续的情景模型构建及应用提供了知识基础。其中，双治理情景描述的是特定时刻公共安全治理或安全大数据治理所处状态，它反映特定阶段的双治理问题，为采取相应双治理活动提供决策支持。

参 考 文 献

孟庆国. 2012. 政府 2.0——电子政务服务创新的趋势[J]. 电子政务，（11）：2-7.

王浦劬，杨凤春. 2005. 电子治理：电子政务发展的新趋向[J]. 中国行政管理，（1）：75-77.

杨国栋，吴江. 2017. 电子治理的概念特征、价值定位与发展趋向[J]. 上海行政学院学报，18（3）：64-70.

Abraham R，Schneider J，vom Brocke J. 2019. Data governance: a conceptual framework，structured review，and research agenda[J]. International Journal of Information Management，49：424-438.

Cumbie B A，Sankar C S. 2012. Choice of governance mechanisms to promote information sharing via boundary objects in the disaster recovery process[J]. Information Systems Frontiers，14（5）：1079-1094.

Rhodes R A W. 1996. The new governance: governing without government[J]. Political Studies，44（4）：652-667.

Silva M M，Poleto T，Silva L C E，et al. 2016. A grey theory based approach to big data risk management using FMEA[J]. Mathematical Problems in Engineering，（1）：1-15.

Soares S. 2013. Big Data Governance: An Emerging Imperative[M]. Boise: MC Press.

Strauss A，Corbin J M. 1990. Basics of Qualitative Research: Grounded Theory Procedures and Techniques[M]. Thousand Oaks: Sage Publications Inc.

第3章 城市公共安全大数据双治理的全情景分析方法

3.1 双治理的情景要素框架

3.1.1 双治理情景的概念界定

在特定时空下,关注城市公共安全治理及支持决策的大数据,通过公共安全治理与大数据治理关联关系映射,可以精心地构建这个双领域的系统快照。这就是双治理情景的基本概念。情景认知面向特定公共安全治理领域,分析安全治理问题及其关联的大数据治理问题,同时考虑双治理实践带来的治理效果提升与实践成本,为决策者制定与部署双治理决策提供持续、全面、精准化的数据、信息和知识支持。具体而言,双治理的情景概念可被分解为如下三个关键部分。

1. 城市公共安全治理情景

城市公共安全治理情景包含城市公共安全、公共安全治理以及上述二者的治理情景。城市公共安全治理情景是双治理关注的核心,其支持发现治理领域存在的核心治理问题,借此挖掘由大数据支持获得解决问题的分析模式。本书从活动、数据、成果三个维度界定公共安全治理的问题,相应的治理情景分析亦围绕这三个核心情景类别展开。

2. 城市公共安全治理的大数据情景

城市公共安全治理包含三方面的大数据情景,即城市公共安全大数据情景(包括其中的小数据和案例)、公共安全治理大数据情景(包括其中的小数据和案例)、反映上述二者的大数据情景(包括其中的小数据和案例)。值得注意的是,城市公共安全治理的大数据、小数据与案例是并存的,需要通过综合分析这些大数据情景,发现治理领域存在的数据不平衡、共享不充分、技术应用未达标等大数据治理问题,为大数据驱动决策提供有力支持。

3. 城市公共安全治理及其大数据的关联情景

正如本书第1章所述,城市公共安全治理及其大数据的治理问题和机制是相互关联的。相应地，其在治理的情景空间中亦是紧密联系的。城市公共安全治理及其大数据的关联情景由反映关联的各类数据和案例构成，该类情景是由安全治理问题分析相关联大数据治理问题，进而实现双治理全情景分析的关键。

3.1.2　双治理的基础情景要素

情景是对双治理可能存在情况的详细描述，它帮助聚焦影响双治理决策及其执行的因素，即情景要素（Qie and Rong，2022）。通过厘清这些情景要素间的复杂交互，可以提升决策者对决策方案及其效果的理解，进而帮助采取不同决策方案以适应多样化的决策情景。由城市公共安全治理的问题边界，可以识别出双治理至少需要考虑与治理活动、数据、成果相关的三个维度情景；同时，需要综合考虑双治理的三类子情景，即安全治理、大数据治理以及二者关联。

1. 活动类情景要素

城市公共安全及其大数据双治理通常涵盖组织、流程、规制、技术等不同层面的活动（郑大庆等，2017），它们共同作用于安全治理，支持成果的获得。双治理活动情景要素用于描述上述四类活动的状态，包括组织层面的双治理组织架构、主体责任等，流程层面的双治理流程活动、活动关联、活动组织等，规制层面的双治理条例、政策、办法等，以及技术层面的数据集成、动态感知等。

由图 3-1 可知，双治理活动要素包含安全治理活动要素、大数据治理活动要素及两类治理活动要素间的关联映射。两类活动要素具有应用场景依赖性，即在不同场景下两类治理活动要素及其关联映射关系有差异。在本书第 2 章中，以社区防火为例详细阐述了九类活动要素间的集对映射关系，这些要素及其描述信息为情景要素框架构建提供支持。

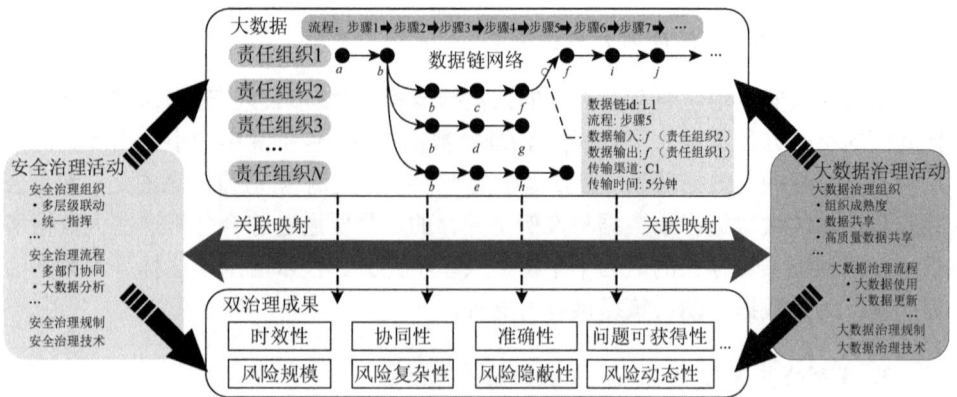

图 3-1　以数据链网络为核心的基础情景要素框架

2. 数据类情景要素

在大数据视角下，双治理关注数据不平衡、数据质量、数据安全等各类大数据治理问题，这些问题的发现和解决需要关注各类大数据（包括其中的小数据和案例）的情景信息，亦需要分析反映数据间关联的情景信息，其与数据共享、数据转换、数据分析等关键流程相对应。在信息管理领域，数据及其关联构成的网络被称为数据链网络（Janssen et al.，2020），本书以数据链网络作为大数据情景分析的核心对象。

在城市公共安全及其大数据治理的情景分析中，数据链网络的情景信息有差异，这一差异是发现大数据治理问题的关键。具体而言，公共安全治理情景中的数据链网络是一类规划网络，是大数据支持获取的服务问题求解模式，其状态实际上反映的是需求；大数据情景中的数据链网络是一类现实网络，其携带的是网络实际状态，反映的是供应。

由图 3-1 可知，数据情景要素以公共安全数据链网络为核心对象，分别从安全治理、大数据治理以及两类治理的关联视角进行数据链网络描述。由前可知，安全治理侧重于描述期望应用的大数据分析模式，其数据情景要素为规划状态（张梦茜和王超，2020）；大数据治理则关注现有数据链网络的真实状态，如数据共享是否充分、数据质量实际状况等（范灵俊等，2016）。因此，以安全治理提供的规划数据链网络为模板，各类情景要素包含规划与现实的双重属性，分别反映安全治理及大数据治理情景。

3. 成果类情景要素

城市公共安全治理的成果维度通常包括风险动态管理下的治理时效性、多方参与下的治理协同性、治理准确性、问题可获得性（即决策者能有效识别治理存在的问题）等（赵发珍等，2020），成果维度的问题发现需要对上述情景要素的状态与阈值信息进行分析综合。在本书中，城市公共安全治理与其大数据治理的成果类情景要素在两类治理中是相互关联的，共同反映安全治理的效果提升。

由图 3-1 可知，成果情景要素用于反映治理目标的实现情况，包含治理目标属性及其描述性信息。其中，治理目标属性由效果指标（如时效性、协同性、准确性、问题可获得性等）以及风险指标（如风险规模、风险复杂性、风险动态性及风险隐蔽性等）构成，目标属性的描述性信息则用于对这些关键属性进行测量，如时效性可通过平均分析耗时、数据更新时长等具体指标进行量化评价。

结合上述情景要素及其关联关系，本书构建如图 3-1 所示双治理的情景要素框架，这些要素以数据链网络为核心，反映双治理的现实状态。

3.1.3　双治理的决策情景要素

由于情景的作用是支持双治理问题发现、实践部署等决策功能，因此除了数据、活动、成果等反映双治理状态的情景要素外，还需要聚焦反映决策的情景要素，本书将其统称为决策情景要素。在双治理决策中，需考虑如下情景要素。

1. 双治理的问题情景要素

直接影响双治理决策的是对决策中存在问题的认知，问题不同、采取的决策实践方案可能截然不同。值得注意的是，双治理问题（如数据权不可得、流程冗余、标准缺失等）来源于数据链网络自身特征和状态，其识别不能脱离所关注的数据链网络及其双治理环境。

2. 双治理的实践情景要素

与一般决策不同，决策者对双治理的价值认知存在缺失且对双治理实践方案带来的成本（如治理流程变更、跨组织协同和授权等）较为敏感。在这种情况下，双治理实践方案亦成为一类重要的情景要素，在双治理决策中应明确实践方案带来的服务效果提升以及所需成本。此外，实践方案的制订需面向公共安全数据链网络及存在的双治理问题，且受双治理环境制约。

3. 双治理的环境情景要素

伴随数据链网络产生的情景要素，是各类双治理环境，如规制要求、组织结构、可用技术、预算支持等，这些要素影响数据链网络相关的情景要素状态，还对问题发现与实践应用有约束作用（Abraham et al.，2019）。

3.2　双治理的情景元模型

随着越来越多的大数据项目及其数据链被引入城市公共安全治理，双治理的复杂性也随之增加。虽然已有研究从组织架构、过程控制和多方协同等方面提供了多种可用的双治理方案，一个缺少关注的重要问题是如何帮助决策者认知当前双治理存在的问题以及双治理实践的价值（Liu et al.，2022）。双治理存在的问题（及相应的治理实践）与公共安全治理效果之间缺少直接关联，造成这些问题经常被决策者认为是模糊甚至不明确的，进而被认知为无价值的。换言之，决策者难以从数据链网络中溯源与认知其存在的双治理问题并采取针对性方案。以大数据治理为例，Benfeldt 等（2019）指出决策者对数据及数据治理的价值认知是大数据治理研究需要解决的关键问题。除此之外，双治理的具体问题还与城市（内外部）组织环境、技术环境和规制环境关联，这进一步增加了双治理问题认知的复杂性（Abraham et al.，2019）。例如，很多大数据治理规范对数据权力分配有明确规定。若在规制下大数据治理难以更改数据权分配以促进安全治理效果提升，则大数据治理在数据权方面的问题被认为不显著；反之，则认为数据权问题显著。在这种情况下，双治理决策需要厘清包括大数据治理潜在问题、针对性方案、公共安全治理（及其数据链网络）与环境在内的多样化要素（如组织、技术、规制）及其关联关系，它们均影响决策者对双治理的价值认知，因此对双治理决策产生影响。本书将这些影响双治理决策的要素及其关联关系构成的系统称为双治理的决策情景，即双治理决策须围绕情景分析开展。

3.2.1　双治理情景分析的模型支持

1. 双治理的柔性情景建模

情景模型支持将问题识别、方案部署、任务分配等治理决策功能嵌入情景表达，并以模型蕴含知识的通用性表达作为模型构建目标，已被越来越多地应用于情景分析（Evora et al.，2015；Mundi et al.，2013）。模型集成分析最初提出于软件工程领域，其基本原理是设计元模型（代表特定领域知识的通用模型），用于配置软件系统设计过程中的大量工具、过程和内容，以促进软件系统的快速开发（Bagheri and Ghorbani，2010）。在基于情景的决策中，模型集成分析通过部署各类情景元模型及其在特定应用场景下的实例化，揭示复杂情景要素及其关联关系，进而实现不同场景下情景模型间的映射以及相关决策系统的快速设计与开发（Lycett et al.，2007）。其中，情景元模型的构建方法有多种，较为常见的方法有统一建模语言（unified modeling language，UML）、元对象设施（meta-object facility，MOF）和公共仓库元模型（common warehouse metamodel，CWM）（Othman and Beydoun，2013）。基于其上述优势，本书以模型为支持进行双治理的情景认知分析。在情景元建模方法方面，选取 MOF 的四层次元模型建模架构，支持不同实例化程度的情景认知。

传统的模型集成分析方法假设情景要素实例（如数据链网络和环境细节）可以从现实世界中直接获得（Othman and Beydoun，2013；Hernández et al.，2015）。然而，由于双治理情景的复杂性，某些实例只能通过与其他情景要素的关联来生成。例如，双治理问题的识别基于数据链网络状态以及相关的组织、基础设施和规制环境；双治理实践方案是根据确定的治理问题，在特定数据链网络状态和环境因素的约束下设计的（König，2021）。在这种情况下，由于缺乏有效的情景要素实例化机制，很可能导致情景实例缺失，从而影响情景模型的应用效果。为了实现情景模型实例的合理有序生成，本书基于 ABC 理论（Zhang et al.，2013）和双治理构建体系的成果设计了一种实例化机制。实例化过程分为三个阶段：前期输入、实践方案输入和实践效果评估。

　　2. 双治理的情景建模方法原理

　　双治理情景模型提供了治理的切入点，可以在友好的环境中，使双治理更便捷。双治理实践者需尽量减少伴随安全治理与其大数据治理而产生的各种决策不确定性。本书所提方法以情景决策理论为指导：在双治理组织制定与执行决策时，有组织地呈现关键情景信息以发现关键治理问题是至关重要的，特别是当组织缺乏领域知识时。双治理涉及多种情景要素，传统情景建模方法灵活性（柔性）差，成本高。因此，本书提出了一种基于模型集成分析的方法，利用领域知识构建双治理决策分析的情景元模型。进一步地，现实场景的具体情景模型可以以相对较低的成本、灵活地从元模型中获得。

　　本书所提出的情景建模架构基于对象管理组（Gargantini et al.，2009）提供的MOF 工具的元建模框架开发，包括情景元建模、情景模型实例化和模型应用（即双治理决策），如图 3-2 所示。其中，情景模型实例化与双治理决策密切相关：情景模型的实例化输出双治理决策所需的关键决策信息；双治理决策提供了模型实例化逻辑，对于情景实例的有序生成具有重要意义。

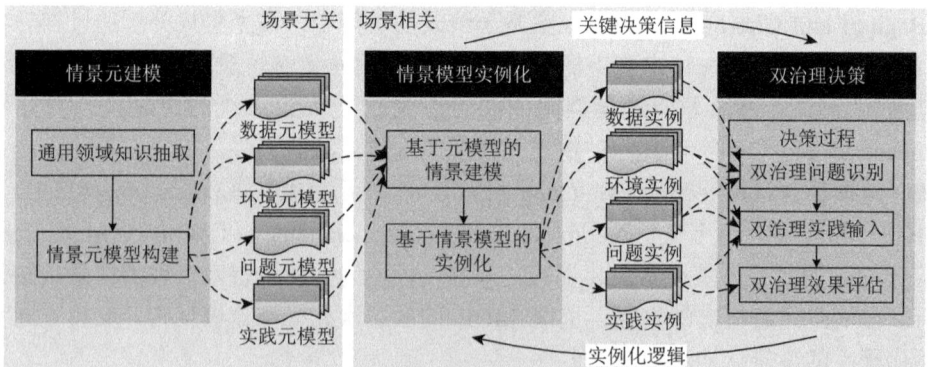

图 3-2　双治理的情景建模架构

3.2.2　双治理的情景元模型构建

　　在本节中，概要了双治理情景元模型的构建过程，分析讨论了所构建的情景元模型。双治理情景元模型的构建是基于对象管理组织（Object Management

Group）提供的 MOF 的四层次元模型框架。四个层次分别被标注为 M3-层、M2-层、M1-层和 M0-层。具体如下所述。

M3-层，为框架顶层，该层定义元模型（即情景元模型）通用类别，如公共安全数据链网络、问题、环境、实践等情景要素。

M2-层。以 M3-层提供的通用元模型为语言，构建具体情景元模型，如公共安全数据链网络中的数据链、数据链功能目标、数据链任务及其主导组织等。

M1-层。以 M2-层提供的具体元模型为语言，构建特定领域的情景元模型，这里的领域指代公共安全治理的任务场景，如传染病传播分析、火灾风险监控等。

M0-层。其是 M1-层情景元模型在现实世界中的实例化，如武汉市传染病传播分析的双治理情景元模型。

在上述四层次模型中，M2-层模型是关键，它涵盖了各类具体化情景要素及其关联关系，能够普遍适用于各公共安全治理领域的情景认知与决策。由此，本书重点关注 M2-层的情景元模型构建。根据已有文献（Othman and Beydoun，2013），M2-层模型有四条有效性评价规则，分别是：第一，所构建模型涵盖的要素及其关联关系与跨领域基准知识有较高的一致性；第二，要素间有较好的独立性；第三，能够描绘出或根据统计分析量化要素的相对重要性；第四，提供一个好的故事线，即能够让用户理解模型如此构建的原因以及使用的方式。

为创建情景元模型，本书采用基于智能体建模语言（agent modeling language，AML）的元模型构建方式（Beydoun et al.，2009），具体步骤为：第一，从可得的双治理情景元模型（或其他相关模型如双治理框架模型和双治理影响因素模型）中抽取共性情景要素；第二，整理、列出候选情景要素；第三，消减情景要素间的语义差异；第四，确定情景要素间的关联关系。在元模型构建前，根据接受度（引用次数）、发表刊物影响力（影响因子）和适用性（模型应用范围）三个维度选择具有较高借鉴价值的双治理情景元模型及其他相关模型。随后，利用 NVivo 软件的框架分析功能对已有模型中的情景要素进行编码和归类。要素间语义差异的消减是指当存在多个具有相似语义的情景要素时，对其进行归纳、凝练和再编码，最终展示于所构建的情景元模型中。由于双治理情景元模型的复杂性，在构建时采用先局部、再整体的建模思路，即先按情景要素大类构建数据、问题、环境和实践四类子模型，再构建集成情景元模型。

图 3-3 至图 3-6 中展示了最终生成的各类情景子模型，图 3-7 则展示了集成情景元模型，模型涵盖了代表双治理领域语义的情景要素及其关联关系。接下来将对各情景子模型及集成模型进行详细分析。

1. 双治理情景元模型的数据子模型

如图 3-3 所示，数据子模型中的核心类是数据链（data link），它代表了数据类情景要素的数据链对象。数据链与安全治理流程一一对应，所有关键的服务类情景要素均围绕数据链要素作用。这些关键情景要素包括数据输入、数据输出、数据链目标、数据链任务、渠道、紧前数据链、预期时间和治理效果。"数据输入""数据输出"以及"紧前数据链"构成了公共安全治理领域的数据链网络。"数据链任务"代表数据收集、共享、分析等任务，其来源于"数据链目标"，由特定"组织"完成。"渠道"定义了"数据链任务"的完成渠道，如平台、电话、社交媒体等。"预期时间"代表完成一次"数据链任务"所需预估时间，它反映了公共安全治理的效率，是衡量安全治理效果的重要指标。"数据使用方"定义"数据输入"和"数据输出"的数据使用方，由此确定了数据在各组织间的流动。"治理效果"定义了治理效果的评价指标，用于后续对双治理问题及双治理决策方案价值的认知。

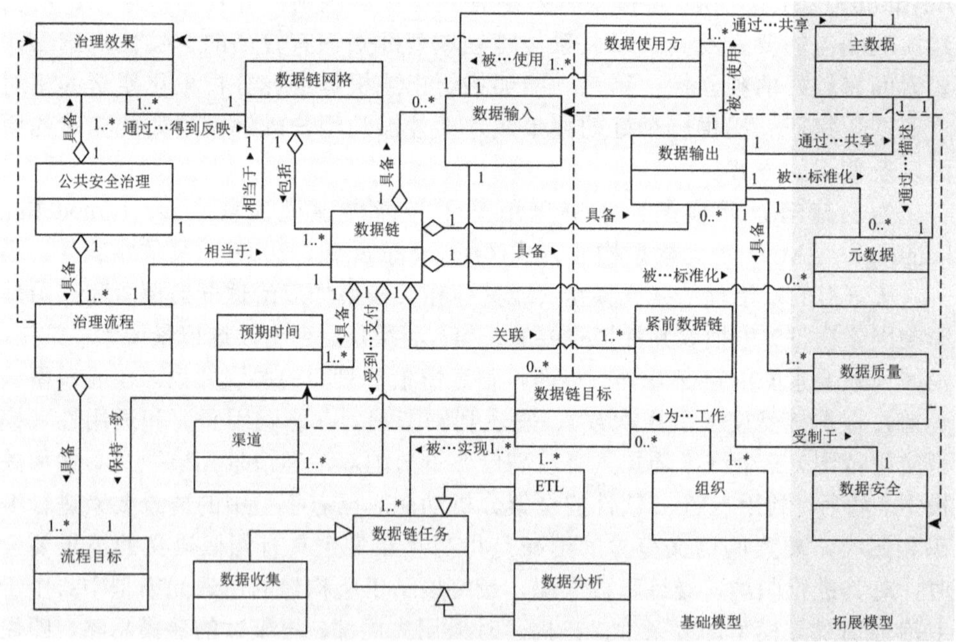

图 3-3　双治理情景元模型的数据子模型

①ETL 是英文 extract-transform-load 的缩写，即数据的抽取、转换和加载；②图中方框元素均包含两个矩形，其中上方矩形代表情景要素，下方矩形代表情景要素的实例，此处为概念模型，故下方矩形置空；菱形为 AML 中的聚合关系（前者为后者的一个属性或构成），三角形箭头为 AML 中的继承关系（前者为后者的一个子类），虚线箭头为 AML 中的依赖关系（前者依赖后者的取值或状态）；③1（1..*）指一个情景要素集合中的对象对应另一个集合中的一个或多个对象（如一个数据链网络可以包含一条或多条数据链），1（0..*）指一个情景要素集合中的对象对应另一个集合中的零个或多个对象

本书重点关注双治理的组织和流程问题，由此构建了图 3-3 中数据子模型的基础模型部分。在更广泛的应用中，将涉及其他双治理问题（如主数据、元数据、数据质量和数据安全等），本书将其作为数据子模型的拓展模型部分展示。

2. 双治理情景元模型的问题子模型

问题子模型的构建依赖于涉及的具体双治理问题及问题特征。因此，在构建该类子模型前，首先结合已有双治理情景模型和领域知识提炼了典型的双治理问题。以大数据治理为例，共涉及治理组织、数据确权、服务流程、治理规制、数据质量、元数据标准、数据安全、数据生命周期、数据存储和基础设施等 9 个大类问题和 19 个细化问题，典型治理问题的数据链网络结构如表 3-1 所示。

表 3-1 典型大数据治理问题的数据链网络结构和说明

问题类型	数据链网络结构	说明	实例
数据权不可得	(a)	数据项 a 的跨组织数据共享花费的时间（即 t_1）显著高于预期（即 T），这影响了公共安全服务的效率	由于数据没有被有效共享，公民不得不前往不同部门获取服务
	(b)	存在不止一次数据共享，意味着组织间交流花费过多时间，这导致安全服务低效	由于数据权不可得，安全服务需要其他部门协同。例如，由于数据权限不足，英国医疗健康部门需要咨询内政部以确认外国人是否有获取医疗服务的资格
流程冗余	(c)	两个数据项（a 和 b）间有超过不止一条关联路径，每条路径由一条或多条数据链实现，这将导致资源浪费	区域火灾隐患在不同方法下的重复分析，如： 1.城市政府分析城市范围火灾隐患并将结果共享给区域政府 2.区域政府直接分析区域火灾隐患
	(d)	存在多种获取数据项 b 的方式，每种方式由若干数据链实现，且不同方式是彼此独立的	政府部门有多种分析暴雨内涝风险的方式，如： 1.通过朴素贝叶斯方法推导可能的情景 2.从社交媒体平台（如微博）中获取实时状态

由于涉及治理问题的多样性和复杂性，需要针对具体问题构建相应的问题子模型。在本书中，重点讨论数据权不可得和流程冗余两类代表性的大数据治理问题，构建的问题子模型如图3-4所示。

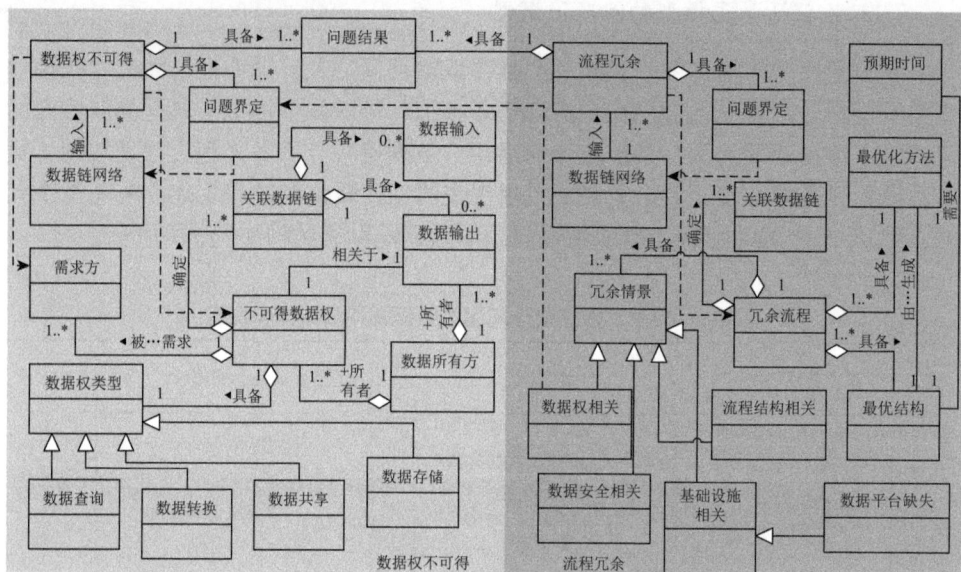

图3-4　双治理情景元模型的问题子模型

①图中方框元素均包含两个矩形，其中上方矩形代表情景要素，下方矩形代表情景要素的实例，此处为概念模型，故下方矩形置空；菱形为AML中的聚合关系（前者为后者的一个属性/构成），三角形箭头为AML中的继承关系（前者为后者的一个子类），虚线箭头为AML中的依赖关系（前者依赖后者的取值或状态）；②1（1..*）指一个情景要素集合中的对象对应另一个集合中的一个或多个对象，1（0..*）指一个情景要素集合中的对象对应另一个集合中的零个或多个对象

在图3-4中，左半部分代表"数据权不可得"对应问题子模型，右半部分代表"流程冗余"对应问题子模型。其中，"数据权不可得"的核心要素类是"不可得数据权"，代表经过识别得到的缺失数据权，其他问题类情景要素描述该缺失数据权的特征。这些关键要素包括关联数据链、问题界定、需求方、数据权类型和数据所有方。"关联数据链"定义了受到数据权缺失影响的数据链，它属于"数据链"类。"数据权类型"代表缺失的具体数据权类型，如数据查询、数据转换、数据共享、数据存储等。"数据所有方"定义了缺失数据权的所有方；与之相对的是缺失数据权的需求方，由"需求方"描述。"问题界定"是问题识别的关键，需在该要素中嵌入一个问题识别机制。

"流程冗余"的核心要素类是"冗余流程"，代表经过识别得到的冗余流程，其他问题类情景要素描述该冗余流程的特征。这些关键要素包括关联数据链、问题界定、最优化方法、最优结构和冗余情景。"关联数据链"定义了冗余过程对应的数据链，亦属于"数据链"类。"冗余情景"代表具体的过程冗余情景，包括数据权相关、数据安全相关、基础设施相关以及流程结构相关等。"最优结构"是指数据链网络的最优结构，它由特定"最优化方法"生成，如图论算法。"问题界定"定义"流程冗余"的问题识别机制。

值得注意的是，双治理问题的部分情景要素还与组织、规制、基础设施等环境要素相关，这些关联关系将在下文进行阐述。

3. 双治理情景元模型的环境子模型

以大数据治理为例，如图 3-5 中间部分所示，环境子模型中的核心类是"环境"，它代表大数据治理环境总体。具体而言，大数据治理环境分为组织环境、规制环境和基础设施环境，分别由组织环境、规制和基础设施描述。"组织环境"由组织结构（包括主导组织和数据治理队伍）及数据权属两部分构成。其中，"主导组织"代表公共安全治理的主导组织，它决定是否开展大数据治理以提升公共安全治理效果；"数据治理队伍"负责识别大数据治理问题以及为"主导组织"提供

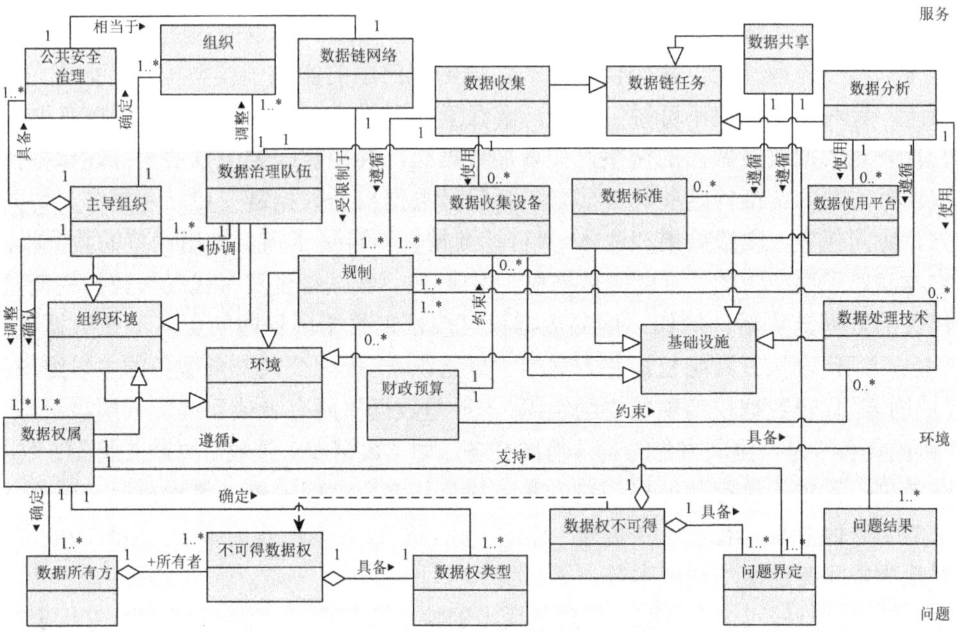

图 3-5　双治理情景元模型的环境子模型

①图中方框元素均包含两个矩形，其中上方矩形代表情景要素，下方矩形代表情景要素的实例，此处为概念模型，故下方矩形置空；菱形为 AML 中的聚合关系（前者为后者的一个属性或构成），三角形箭头为 AML 中的继承关系（前者为后者的一个子类），虚线箭头为 AML 中的依赖关系（前者依赖后者的取值或状态）；②1（1..*）指一个情景要素集合中的对象对应另一个集合中的一个或多个对象，1（0..*）指一个情景要素集合中的对象对应另一个集合中的零个或多个对象

大数据治理实践方案；"数据权属"描述数据链网络的数据权分配，其遵循"规制"及组织决策。"基础设施"包括数据收集设备、数据使用平台和数据处理技术等硬基础设施以及数据标准等软基础设施。

　　环境类情景要素在很大程度上决定数据类情景要素的状态。如图 3-5 上半部分所示：第一，公共安全治理的流程（数据类要素）由主导组织（环境类要素）确定，各流程的完成组织由数据治理队伍协同服务主导组织确定；第二，数据链网络的构成受到规制条例约束，即各条数据链需接受合规性审查；第三，数据收集、共享和分析等任务受到规制条例、基础设施的约束，例如，不同组织间的共享数据需满足各项数据标准，否则可能因数据标准冲突而影响数据分析效果。

　　环境类情景要素与问题类情景要素亦存在不可分割的关联。如图 3-5 下半部分所示，数据权分配辅助"数据权不可得"问题识别，帮助识别缺失数据权的具体特征，如数据归属和数据权类型。其他大数据治理问题认知亦与大数据治理环境在不同程度上相关，要素间关联关系的构建依赖对具体问题的剖析。

4. 双治理情景元模型的实践子模型

　　双治理的实践子模型构建通常针对具体治理问题。本章关注的是"数据权不可得"和"流程冗余"两类代表性大数据治理问题的实践子模型构建。如图 3-6 所示，针对"数据权不可得"问题，实践子模型的核心要素类是"数据权变更"，它代表对数据权属做出的调整，如增加数据权，其他实践类情景要素描述该数据权调整方案的特征。这些关键要素包括目标数据权、数据链变更、主导方、协同方、协同任务、实践效果和成本。"目标数据权"定义了需要做出调整的数据权，它与问题子模型中的"不可得数据权"相对应；"数据链变更"代表与数据权调整相关的数据链更新，例如，增加数据权可能带来数据项目间的更多潜在数据链；"主导方"代表执行数据权调整方案的主导组织，一般是公共安全服务的主导组织；"协同方"代表数据权调整的协同组织，一般是数据权所有者或更高行政层级组织；"协同任务"是"协同方"的具体协同任务，如（数据权）授权、财政支持等；"实践效果"界定了执行数据权调整方案后的公共安全治理效果，包含指标和评估方法两个具体要素；相应地，"成本"界定了执行实践方案所需成本，包括时间成本、财政成本和跨组织沟通成本等。

　　针对"流程冗余"问题，实践子模型的核心要素类是"流程变更"，它代表对公共安全治理流程做出的调整，如流程删减等，其他实践类情景要素描述"流程变更"的具体情况。这些关键要素包括目标流程、数据链变更、主导方、协同方、实践效果以及成本。其中，"目标流程"定义了需要做出调整的治理流程，它与问题子模型中的"冗余流程"相对应；"数据链变更"代表流程调整对应的数据链更新；其他要素作用与前述"数据权不可得"问题的情景要素类似。

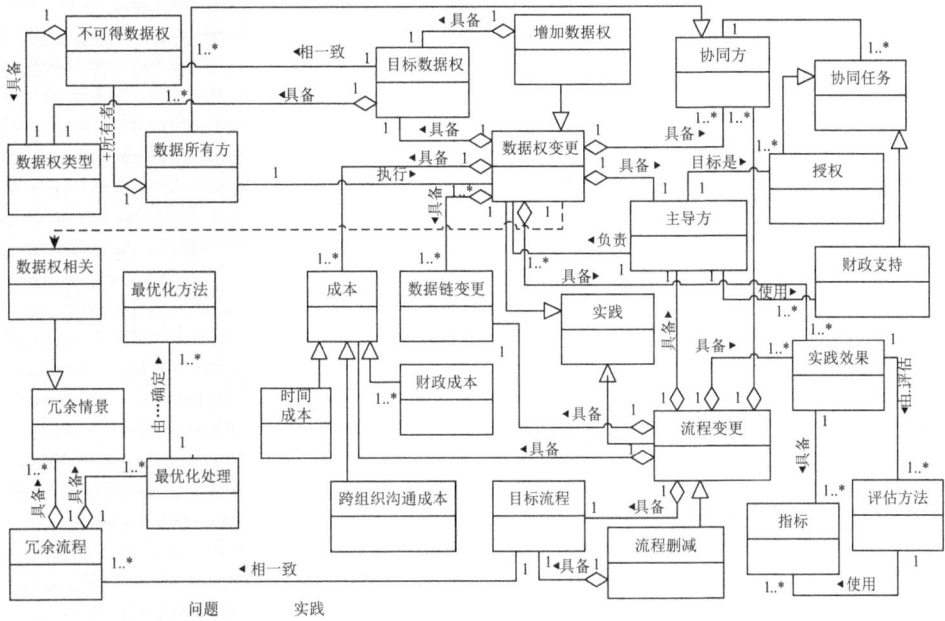

图 3-6　双治理情景元模型的实践子模型

①图中方框元素均包含两个矩形，其中上方矩形代表情景要素，下方矩形代表情景要素的实例，此处为概念模型，故下方矩形置空；菱形为 AML 中的聚合关系（前者为后者的一个属性或构成），三角形箭头为 AML 中的继承关系（前者为后者的一个子类），虚线箭头为 AML 中的依赖关系（前者依赖后者的取值或状态）；②1（1..*）指一个情景要素集合中的对象对应另一个集合中的一个或多个对象，1（0..*）指一个情景要素集合中的对象对应另一个集合中的零个或多个对象

　　值得注意的是，数据权分配的调整需要与流程调整相配合。例如，增加数据权不直接改变数据链网络及治理效果，而是带来数据项目间潜在数据链的增加，治理效果的提升需要重新设计数据链连接方式。在这种情况下，数据项目间存在多个数据链，需要删减或合并流程以生成最优数据链网络。因此，增加数据权的实践方案同时涉及了"数据权不可得"和"流程冗余"两类问题的处理。

　　5. 双治理情景元模型的子模型集成

　　综合上述情景子模型及其要素关联关系，生成双治理决策的集成情景模型如图 3-7 所示。在图 3-7 中，左上、右上、左下和右下分别表示数据子模型、环境子模型、问题子模型和实践子模型中的关键情景要素及其关联关系。其中，数据子模型与问题子模型和环境子模型之间的要素关联关系已在本节第 2 和 3 部分阐述，实践子模型与问题子模型之间的要素关联关系亦在第 4 部分阐述，本部分重点分析实践子模型与数据子模型以及环境子模型的要素关联关系。

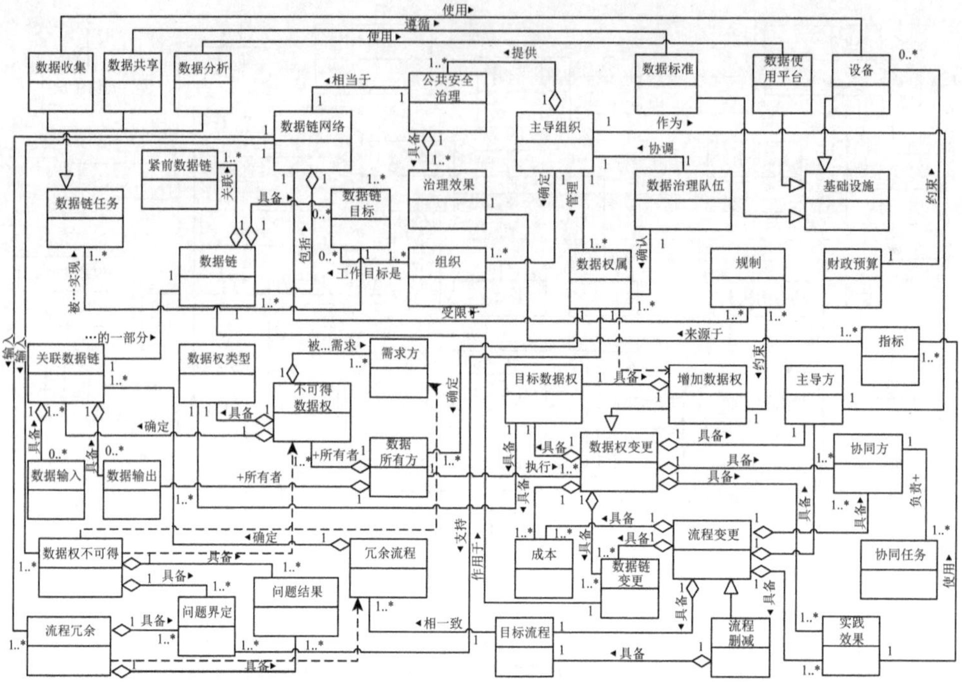

图 3-7　双治理情景元模型的集成模型

①图中方框元素均包含两个矩形，其中上方矩形代表情景要素，下方矩形代表情景要素的实例，此处为概念模型，故下方矩形留空；菱形为 AML 中的聚合关系（前者为后者的一个属性或构成），三角形箭头为 AML 中的继承关系（前者为后者的一个子类），虚线箭头为 AML 中的依赖关系（前者依赖后者的取值或状态）；②1（1..*）指一个情景要素集合中的对象对应另一个集合中的一个或多个对象，1（0..*）指一个情景要素集合中的对象对应另一个集合中的零个或多个对象

　　一方面，实践类情景要素要适用于目标公共安全治理流程及其数据链网络，这体现为：第一，双治理实践通过调整数据链网络中的数据链及其连接关系发挥作用；第二，双治理决策实践的效果评价指标与安全治理的效果评价指标相一致，即决策实践的效果可理解为数据链网络数据链调整带来的治理效果提升。

　　另一方面，实践类情景要素受组织、规制、基础设施等双治理环境约束。在图 3-7 所示"数据权不可得"的决策实践中，数据权的增加应符合双治理组织的规制要求；同时，决策实践的主导方通常由公共安全治理的主导组织担任，数据治理队伍协同拟定与落实实践方案。

3.2.3　双治理情景元模型的实例化机制

　　本书基于 ABC 理论（Zhang et al.，2013）以及双治理构建体系，从影响因素

（包括治理领域数据链网络、双治理问题和双治理环境）输入、双治理实践方案设计和实践方案效果分析三个阶段出发，设计了情景模型的实例化机制，如图 3-8 所示。该实例化机制包含四个基本步骤，分别是数据和环境输入、双治理问题识别、双治理实践导入以及实践方案评估和选择。

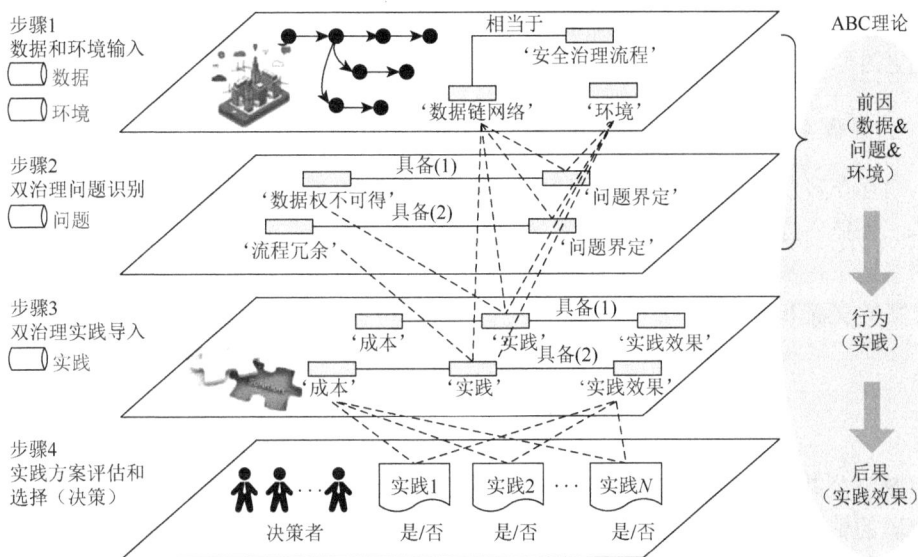

图 3-8　情景模型的实例化机制

1. 步骤 1：数据和环境输入

双治理问题识别与实践方案设计均以特定治理领域数据链网络为对象，且受双治理环境制约。相应地，问题类与实践类情景要素的实例化依赖于数据类与环境类情景要素的实例化结果。因此，情景模型实例化开始于对数据和环境类子模型的实例化。该步骤的关键是将公共安全治理流程结构化为数据链网络形式，再针对数据链网络中各数据链特征收集相关要素（如数据输入和输出）的状态数据。

2. 步骤 2：双治理问题识别

该步骤的目的是根据公共安全治理数据链网络以及相关双治理环境，识别当前公共安全治理存在的双治理问题，由此完成问题子模型的实例化。驱动问题识别的核心是嵌入在问题子模型中的"问题识别"机制，它能够根据数据链网络结构判断特定双治理问题是否存在，并根据环境要素状态修正问题识别结果。本章针对两类代表性问题"数据权不可得"和"流程冗余"构建了相应的问题识别机制。

3. 步骤3：双治理实践导入

在双治理决策中，实践方案是核心，其带来的治理效果提升与成本直接影响决策结果。实践导入针对特定数据链网络对象及其双治理问题，受双治理环境制约，决定了实践子模型的实例化需在数据、环境和问题三类子模型实例化之后进行。在设计实践方案时，首先应讨论可能的数据链网络变更方案，再分析实现该数据链网络变更的可行性，包括具体任务、组织支持（包括主导方和协同方）和环境约束。

4. 步骤4：实践方案评估和选择

当存在多个双治理实践方案时，由决策者根据各实践方案的应用效果和所需成本，评估各方案价值，由此选择最佳方案用于改进公共安全治理。在实践子模型的支持下，决策者和各利益相关方可以详细认知实践方案的各项特征，便于实践方案的交流和落实。

3.3　双治理的全情景框架

城市公共安全服务是复杂系统，其涉及的双治理问题必然是系统性问题。双治理的情景描述信息零散地分布在不同层级的组织、不同类型的部门中，且情景信息的粒度大小不一，需综合起来以支持系统性认知。由此，本书以全景式管理为指导，提出公共安全及其大数据双治理的三维情景是系统化的双治理情景，即在某一时间范围内，关于一个城市行政区域范围内相关数据链网络的跨层次、异类型、多粒度治理情景的综合，目的是提高双治理问题的认知能力。由这一定义可知，本章将双治理情景划分为情景层次、情景类型和情景粒度三个维度，不同层次、粒度和类型的情景信息相互关联，共同构成双治理的三维情景框架，如图3-9所示。

3.3.1　双治理的情景层次

在城市公共安全治理和大数据治理的问题应对过程中，组织体制多采用层次架构，不同层次的双治理工作的侧重点、途径和方法有差异（陈雪龙等，2017），这在数据空间上反映为涉及的数据链及其关联特征差异。当前，双治理的指挥权正在逐渐分散下移，意味着社区管理者甚至居民自身更多地参与到双治理中（李安楠等，2017）。一方面，伴随这一过程，数据获取、处理、共享与存储方式发生变化，相应的双治理情景显现出层次化特征。例如，城区与街道层的双治理涉及跨部门的主数据整合，社区层的双治理侧重于信息实时性、准确性等质量问题。

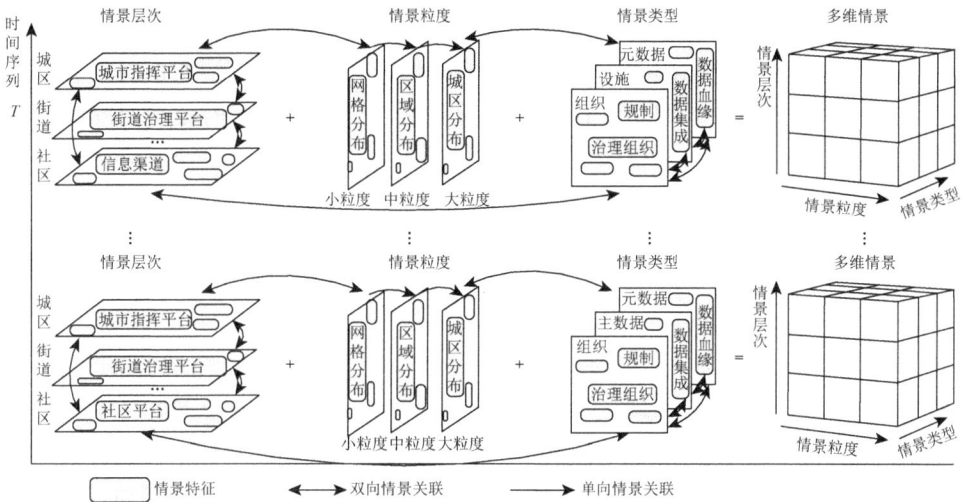

图 3-9　双治理的三维情景框架

另一方面，各层次双治理情景不是独立的，而是相互影响的，这反映为双治理分析中的数据整合。综上，将双治理的情景层次定义为同一行政层级的各情景要素及其关联关系构成的情景截面，涉及的情景要素服务于该行政层级的双治理问题应对。

3.3.2　双治理的情景类型

双治理的问题界定是建立在特定准则基础上的，即不同准则下的双治理存在差异，这些准则构成了双治理的情景类型。以公共安全大数据治理为例，数据实时性、准确性等反映数据质量问题，数据所有方、使用方等侧重于数据隐私中的权属分析。根据 Soares（2013）提出的大数据治理框架以及后文所述情景元模型，双治理问题划分的准则包括数据确权、流程、数据质量等八类。本书研究所提情景类型是指双治理情景隶属的问题划分准则。在结构化情景要素时，一般根据关注的问题选择 1～2 个情景类型；选择的情景类型过多将增加情景分析的复杂性，造成问题认知困难。

3.3.3　双治理的情景粒度

双治理的情景粒度是关于特定类双治理情景信息的粗糙程度，双治理情景数据在不同情景粒度下表现为不同的形态（如大粒度级的数据链网络、小粒度级的数据链甚至构成数据链的数据输入/输出），通过不同的情景特征来描述。在统一的情景粒度下，各情景要素及其关联关系构成的情景截面被称为情景粒层。不同的情景粒层具有较强的关联关系。在结构化情景要素时，往往根据分析阶段选择相应的情景粒度，例如，在情景分析前期，需要对治理问题有宏观上的认知，此时选择较大的情景粒度；随着分析的不断深入，可以选择中情景粒度或小情景粒度。

3.4　双治理的情景嵌套

有效的问题发现依赖全面系统的情景关联分析。双治理问题发现通常应包含两类情景关联：一是不同层次、粒度、类型的情景嵌套，分析情景嵌套关系有助于发现系统性的治理问题；二是服务治理情景与大数据治理情景的情景关联，帮助确定服务治理问题相关联的大数据治理问题。由第 2 章可知，本书通过建立公共安全治理及大数据治理要素间的关联映射，初步实现了两类治理问题的关联分析。因此，本节将重点分析不同层次、粒度和类型的系统性治理问题的发现，即情景嵌套结构的构建、分析与应用。

3.4.1　以数据链为核心的情景要素结构表达

在大数据驱动的公共安全治理中，各类大数据及其数据链是关注的核心。一方面，安全治理问题最终通过挖掘大数据分析模式得到解决，而大数据分析模式通常可表征为数据链及其关联关系构成的数据链网络；另一方面，通过规划数据链与现实数据链状态特征的比对分析，可以帮助推导与安全治理问题关联的大数据治理问题，实现系统性的问题识别与应对。

1. 情景要素的数据链基本特征表达

数据类情景要素本身即以数据链为核心进行表达，故该类情景要素的特征作为情景嵌套部分情景要素的基本特征。数据链的特征有两方面：第一是安全治理（大数据分析模式）中规划的数据链特征；第二是实际的数据链情况，二者差异导出数据不平衡等大数据治理问题。此处基本特征构建以安全治理中规划的数据链为对象，在下面的"数据类情景要素的特征关联"处再补充实际数据链特征。

2. 多维度情景要素的特征关联

数据、活动、成果等情景要素均与数据链存在关联关系，这种关系帮助建立以数据为核心的情景要素统一表达，如图 3-10 所示，具体如下。

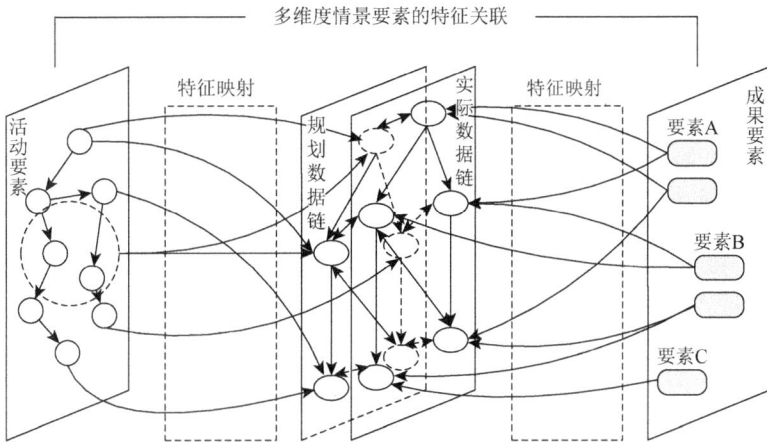

图 3-10　多维度情景要素的特征关联

第一，数据类情景要素的特征关联。**数据类情景要素以数据链为对象进行特征构建与表达**，涵盖规划数据链特征和实际数据链的各类特征。其中，规划数据链特征来源于安全治理问题应对的大数据分析模式，实际数据链特征来源于实际大数据治理的具体实践。

第二，活动类情景要素的特征关联。通过厘清数据链功能实现的组织、规制、流程、技术等活动支持，建立各类活动要素与数据链间的映射关系，实现活动类情景要素与数据链的特征关联。

第三，成果类情景要素的特征关联。成果指标等情景要素与数据链特征存在关联映射，嵌入映射关系以实现特征关联。

3. 情景要素的类图表达

在前述情景元模型的基础上，嵌入与数据链要素关联的数据、活动和成果特征，利用软件工程中的类图建立情景要素各特征的关联关系，实现上述情景要素的结构化表达，如图 3-11 所示。

4. 情景要素的知识元表达

双治理的情景信息是治理问题发现的关键知识要素，从知识视角表达情景要素对问题发现的智能化方法设计与评价具有重要价值，本章由此建立双治理情景要素的知识元表达方式，作为类图表达的补充。设情景要素的论域为 E，论域 E 可表示如下：

$$E = \{e_1, e_2, \cdots, e_n\}, n > 0$$
$$\forall i, j \in \{1, 2, \cdots, n\}, e_i \neq e_j \tag{3-1}$$

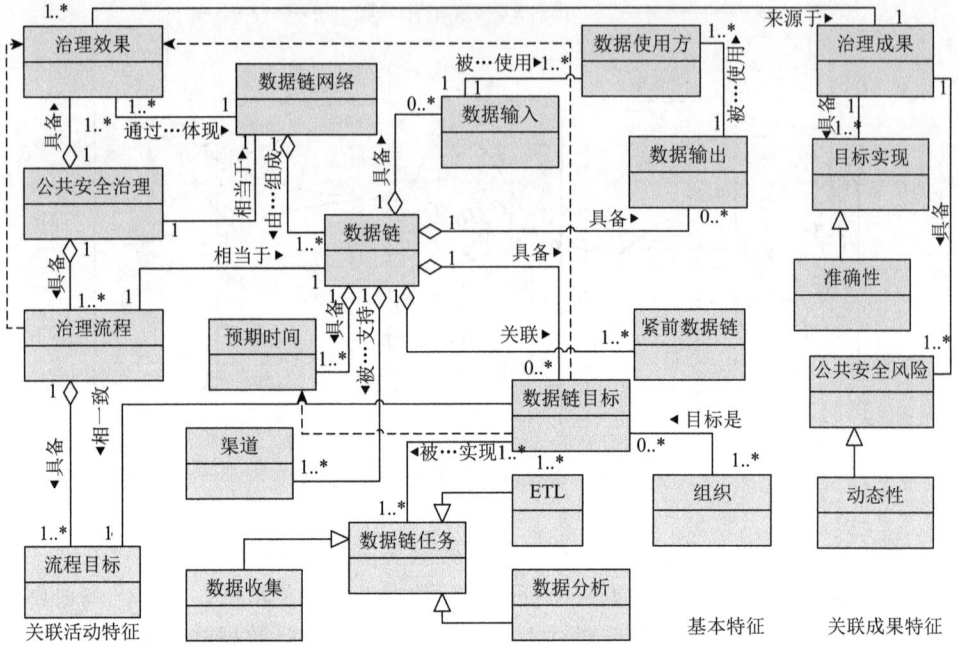

图 3-11　双治理情景要素的类图表达

①图中方框元素均包含两个矩形，其中上方矩形代表情景要素，下方矩形代表情景要素的实例，此处为概念模型，故下方矩形置空；菱形为 AML 中的聚合关系（前者为后者的一个属性或构成），三角形箭头为 AML 中的继承关系（前者为后者的一个子类），虚线箭头为 AML 中的依赖关系（前者依赖后者的取值或状态）；②1（1..*）指一个情景要素集合中的对象对应另一个集合中的一个或多个对象（如一个数据链网络可以包含一条或多条数据链），1（0..*）指一个情景要素集合中的对象对应另一个集合中的零个或多个对象

其中，e_i 为情景要素。在特定情景层次、情景类型或情景粒层中，情景要素为构成该情景截面的不可再分或无须再分的基本单元。例如，在内涝风险评估中，数据类情景要素在主数据级包括居民情况、排水情况、降雨情况、地面高程等各类数据间的数据链，它们隶属不同管理部门，确定了物理边界，故作为情景的基本构成单元。从情景要素的特征及特征间的关系两方面描述情景要素，构造情景要素的形式化表述如下：

$$e_i = (t, S_i, R_i), e_i \in E \tag{3-2}$$

$$S_i = S_i^p \bigcup S_i^s \bigcup S_i^e \tag{3-3}$$

$$R_i \subseteq S_i \times S_i \tag{3-4}$$

$$s = (d_s, o_s, f_s), s \in S_i \tag{3-5}$$

$$r = \left(S_r^I, S_r^O, f_r \right), r \in R_i, S_r^I \in S_i, S_r^O \in S_i \tag{3-6}$$

其中，t 为时间戳。情景要素状态特征取值具有时效性，不同时刻的取值往往不同，特征关系亦有可能变化；S_i 为情景要素特征集，数据 S_i^p、活动 S_i^s 和成果 S_i^e 共同构成了双治理情景要素的基本特征，被称为情景要素特征，简称情景特征。

第一，数据类特征集 S_i^p。数据类特征是反映数据链当前状态及存在问题的特征，这些特征是问题发现的重要依据。根据已有大数据治理的理论文献（孟小峰和张啸剑，2015）和实际调研，将与大数据治理相关联的问题归类为数据确权、流程、数据质量等八类，分别对应不同的数据类特征，详见本书第 1 章。

第二，活动类特征集 S_i^s。活动类特征是反映服务治理活动与大数据治理活动的特征，与双治理的活动要素相对应。例如，对排水管网数据到渍水分布数据的数据链而言，其功能实现涉及数据共享和分析平台等大数据治理活动，亦涉及多部门协同、规制等服务治理活动。此外，活动类特征需考虑各类组织、规制、流程、技术等各类环境。其中，组织环境特征侧重于描述组织架构和责任划分等对两类治理的影响；技术环境特征则关注现有大数据管理技术水平与问题特征的关联，如针对提出的隐私管理办法，是否有相应的隐私保护技术作为支持。

第三，成果类特征集 S_i^e。成果类特征与双治理的成果类要素相对应，包括时效性、协同性、准确性等治理绩效指标以及风险动态性、复杂性等风险指标。

在情景要素特征的表达中，d_s 是状态特征的数据类型，o_s 是特征取值，f_s 是状态特征取值的计算函数或规则，如居民移动轨迹的更新频率随时间变化。

R_i 是情景要素特征的关联关系集。S^I 是输入特征集，S^O 是输出特征集。一般而言，输入特征为状态特征或策略特征，输出特征为状态特征。f_r 是输入特征与输出特征的转换关系，可表述为 $S_r^O = f_r(S_r^I)$。

3.4.2　基于数据链关联的基本情景嵌套结构

在同一层次内部，情景要素是相互关联的，其他层次的情景要素通过特征取值的关联关系映射到本层情景，就像"镶嵌"在本层情景中一样。在计算机科学领域，当某一数据的数据项是具有相同结构的其他数据时，称这种复合结构为数据的嵌套结构（Leon-Novelo et al.，2010）。双治理的情景要素特征集合本质上是一类信息集，当本层次的情景要素特征关联了其他层次的情景要素特征时，就构成了情景要素特征的嵌套结构。与数据嵌套不同的是，情景嵌套不仅是结构上的关联，还是取值上的映射，即存在嵌套函数，建立了不同层次情景要素特征的取值关系。通过文献和实践案例分析（Silva et al.，2016），根据不同层次数据链间的关联特征，可以把不同层次的情景嵌套结构划分为四类，分别为自下而上的集成嵌套、聚合嵌套，以及自上而下的反馈嵌套、扩散嵌套，各类嵌套如图 3-12 所示。

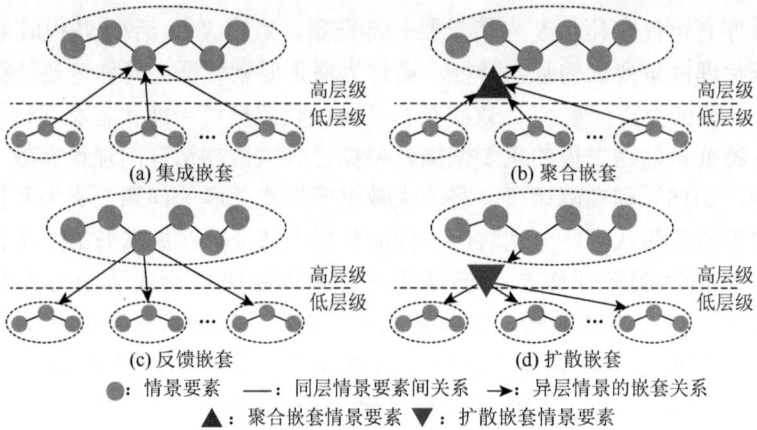

图 3-12　情景嵌套结构示意图

1. 数据分散上行与集成嵌套

高层级的行政单位经常需要集成来自不同低层级单位的数据以实现更加精准的分析。例如，在暴雨来临之际，市区级行政单位需要协同社区持续更新辖区内受灾和应急准备等数据，提高暴雨情景研判和应急响应的时效性与准确性。在跨层次数据的同步共享下，低层级的数据分散上行至高层级，形成安全服务数据链的跨层级关联。由于双治理的情景要素以数据链为核心，不同层级的情景要素特征相互关联，构成了情景的集成嵌套结构，其类图表达如图 3-13 所示。

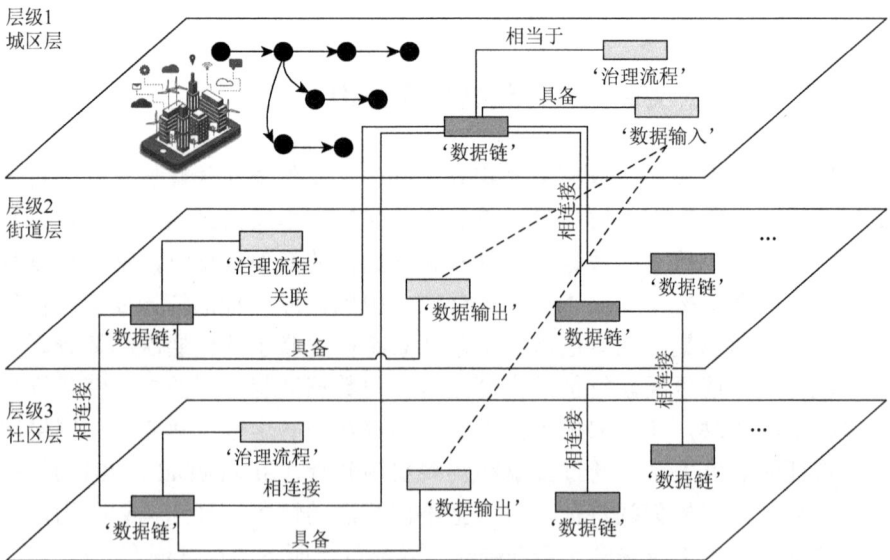

图 3-13　情景集成嵌套的类图表达

在集成嵌套中,高层次的情景要素特征与一个或多个低层次的情景要素特征相关联。集成嵌套的知识元表述如下:对高层级情景特征 $s_h^{l_i}$ 和低层级的情景特征 $s_1^{l_w}, s_2^{l_w}, \cdots, s_k^{l_w}$, 集成嵌套可表达为 $s_1^{l_w} \wedge s_2^{l_w} \wedge \cdots \wedge s_k^{l_w} \to s_h^{l_i}, s_h^{l_i} \in S_m^{l_i}, s_1^{l_w}, s_2^{l_w}, \cdots, s_k^{l_w} \in S_n^{l_w}$。其中, $S_m^{l_i}$ 和 $S_n^{l_w}$ 分别是情景要素 $e_m^{l_i}$ 和 $e_n^{l_w}$ 的特征集合。

2. 数据关联上行与聚合嵌套

在低层级数据集成的基础上, 高层级行政单位有时需要对集成的数据进行计算、聚类、关联等深度分析, 为本层级的公共安全治理提供更为直接的大数据支持。例如, 根据各社区的人口数量更新数据生成实时人口热力, 服务于城区级的治安力量动态分配。此时, 低层级的数据关联上行至高层级, 由此构成关联情景的聚合嵌套结构, 其类图表达如图 3-14 所示。与集成嵌套不同的是, 聚合嵌套增加了"聚合数据链"及其情景特征, 用于表达与数据计算、聚类、关联等深度分析相关的情景信息。

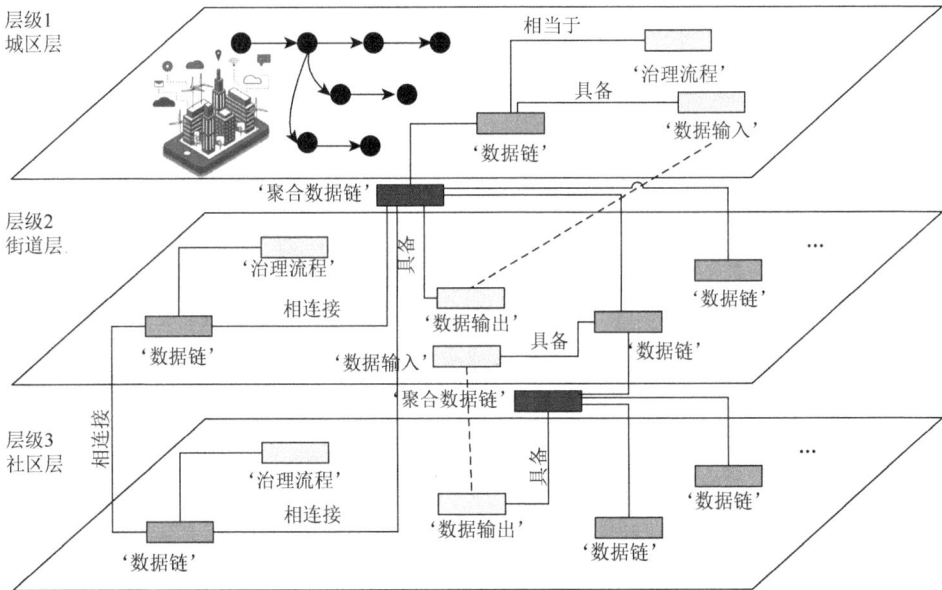

图 3-14　情景聚合嵌套的类图表达

在聚合嵌套中, 高层次的情景要素特征往往与多个低层次的情景要素特征相关联。知识元表述如下:对高层级情景特征 $s_h^{l_i}$ 和低层级的情景特征 $s_1^{l_w}, s_2^{l_w}, \cdots, s_k^{l_w}$, 情景聚合嵌套可表达为 $s_1^{l_w} \oplus s_2^{l_w} \oplus \cdots \oplus s_k^{l_w} \to s_h^{l_i}, s_h^{l_i} \in S_m^{l_i}, s_1^{l_w}, s_2^{l_w}, \cdots, s_k^{l_w} \in S_n^{l_w}$。其中, $S_m^{l_i}$ 和 $S_n^{l_w}$ 分别是情景要素 $e_m^{l_i}$ 和 $e_n^{l_w}$ 的特征集合。

3. 数据分散下行与反馈嵌套

高层级行政单位在汇聚各方数据的同时，需要向低层级单位及时反馈公共安全治理所需的关键信息和知识，减少各低层级单位在服务过程中的信息不对称和知识鸿沟。例如，根据天津港"8·12"瑞海公司危险品仓库特别重大火灾爆炸事故调查报告，基层部门对危化品生产、储存、使用、经营、运输和进出口等环节涉及的数据不能有效共享，基层行政单位难以实现对危化品全时段、全流程和全覆盖的监管，使得众多火灾隐患难以得到有效识别与处理。在跨层次数据的同步共享下，高层级的数据分散下行至低层级，由此构成了情景的反馈嵌套结构，其类图表达如图 3-15 所示。

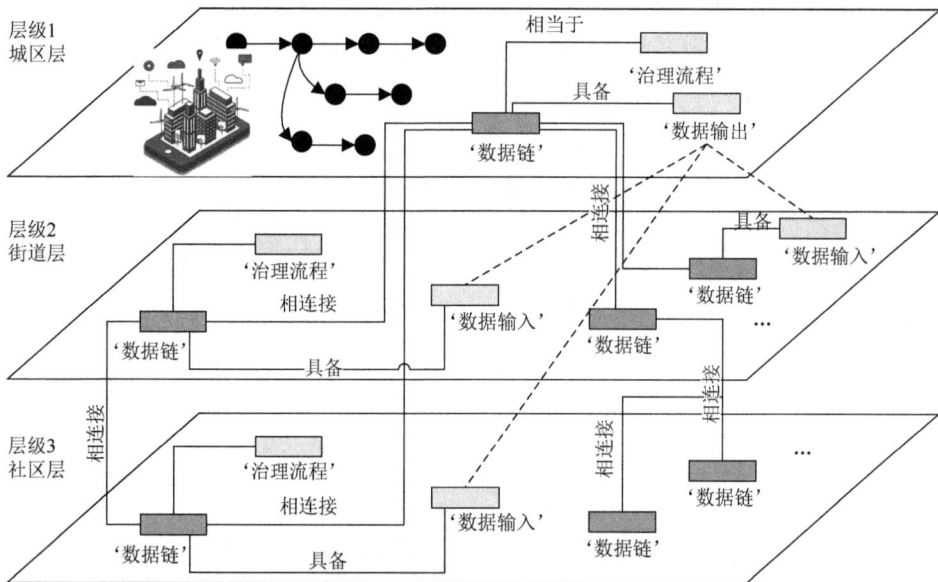

图 3-15　情景反馈嵌套的类图表达

在反馈嵌套中，高层次的情景要素特征与一个或多个低层次的情景要素特征相关联。知识元表述如下：对高层级情景特征 $s_h^{l_i}$ 和低层级的情景特征 $s_1^{l_w}, s_2^{l_w}, \cdots, s_k^{l_w}$，双治理情景的反馈嵌套可表达为 $s_1^{l_w} \vee s_2^{l_w} \vee \cdots \vee s_k^{l_w} \to s_h^{l_i}, s_h^{l_i} \in S_m^{l_i}, s_1^{l_w}, s_2^{l_w}, \cdots, s_k^{l_w} \in S_n^{l_w}$。其中，$S_m^{l_i}$ 和 $S_n^{l_w}$ 分别是情景要素 $e_m^{l_i}$ 和 $e_n^{l_w}$ 的特征集合。

4. 数据关联下行与扩散嵌套

与聚合嵌套相对应，高层级行政单位在向低层级单位共享数据前，经常需要对数据进行预处理或运算等操作，实现精准、有效的数据共享。例如，在城市内涝防控中，城区级管理者向社区或居民共享内涝风险数据时，应根据社区或居民的地理空间位置，对城区级数据进行空间分析，为社区或居民提供精准的周边信息。此时，高层级的数据关联下行至低层级，由此构成关联情景的扩散嵌套结构，其类图表达如图 3-16 所示。与反馈嵌套不同的是，扩散嵌套增加了"扩散数据链"及其情景特征，用于表达与数据降维、空间分析、脱敏处理等操作相关的情景信息。

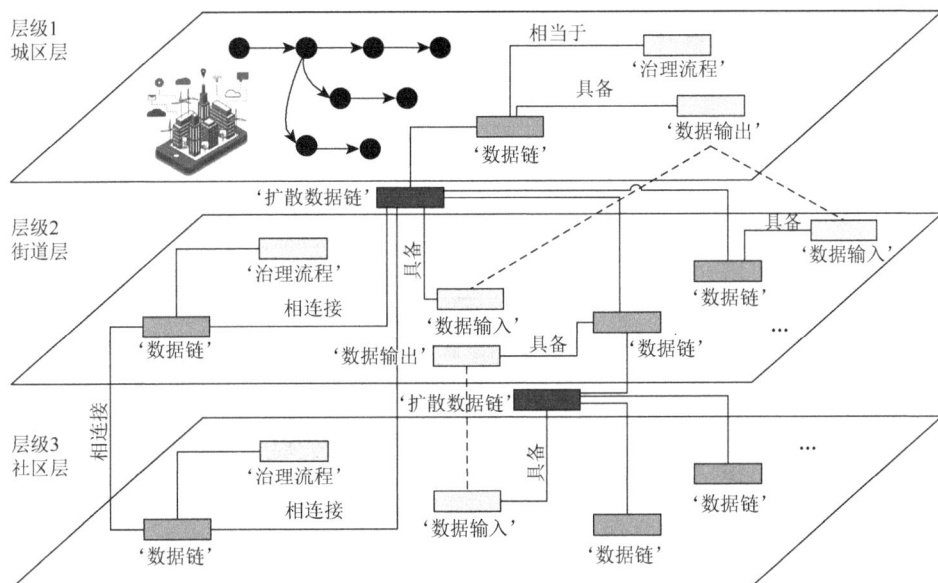

图 3-16　情景扩散嵌套的类图表达

3.4.3　跨层次情景的扩展嵌套结构

前述基本嵌套结构是以数据链关联为依据的，实际上不同层次的组织、规制、流程、案例等情景均相互关联，本书将其作为扩展嵌套结构的要素。

1. 组织情景嵌套

在组织视角下，不同层级的数据链关联通过组织协同实现，涉及组织结构、职责、数据权属等组织类情景特征及其关联关系，构成双治理的组织情景嵌套结构，如图 3-17 所示。

2. 规制情景嵌套

在政策规制方面，低层级行政单位往往同时受到高层级以及本层级的规制约

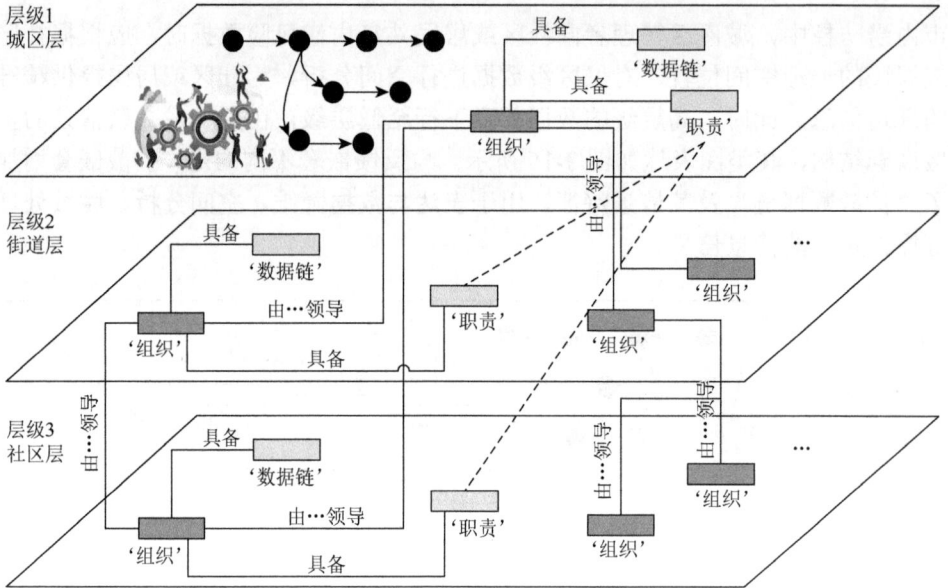

图 3-17　组织情景嵌套的类图表达

束，高层级行政单位的规制制定亦以低层级规制为知识支持，构成双治理的规制情景嵌套结构，如图 3-18 所示。

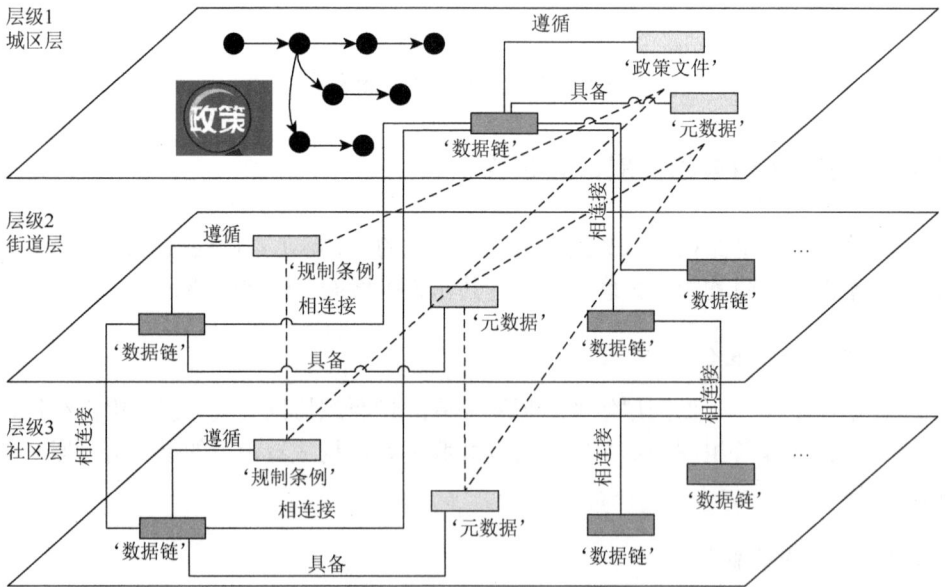

图 3-18　规制情景嵌套的类图表达

3. 流程情景嵌套

在大数据驱动的公共安全治理决策中，数据链与治理流程相对应，是治理流程在数据空间的映射。因此，不同层级组织间的数据链关联可被表达为流程关联网络，涉及的情景要素及关联构成双治理的流程情景嵌套结构，如图 3-19 所示。

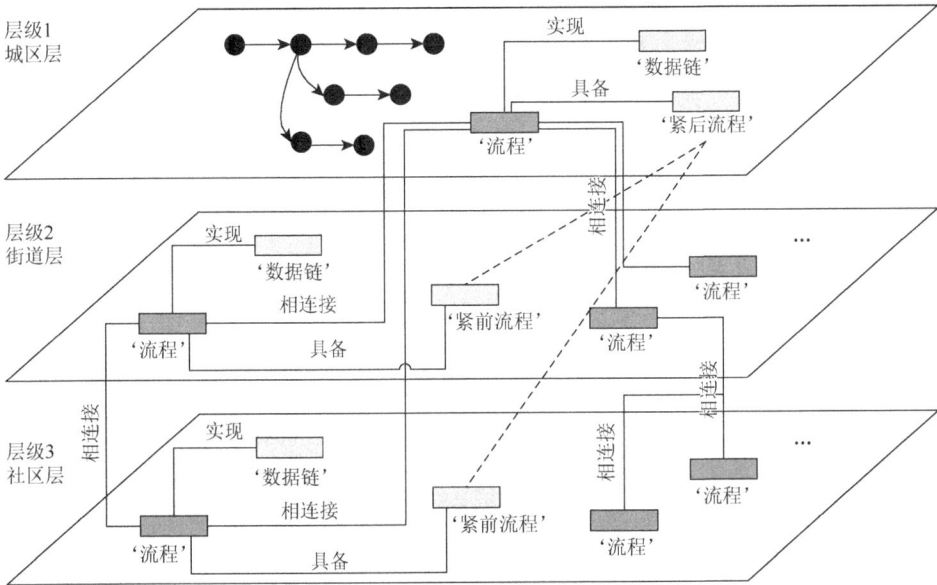

图 3-19　流程情景嵌套的类图表达

4. 技术情景嵌套

数据链的功能实现依赖数据分析平台、数据标准、数据安全技术等软硬基础设施，数据链的跨层级关联带来这些基础设施的关联与协同工作，需考虑兼容、标准构建等技术内容，涉及的情景特征及关联构成了双治理的技术情景嵌套结构，如图 3-20 所示。

3.5　双治理的全情景分析

城区、街道、社区等不同层级的公共安全治理问题高度相互映射关联，其在情景空间中反映为情景的嵌套结构。情景嵌套分析可支持发现双治理的系统性问题。本书全情景分析的基本逻辑是：首先，将情景要素结构化，它由以数据链为核心的数据、活动、成果三类情景要素特征及其关联关系构成；其次，根据不同

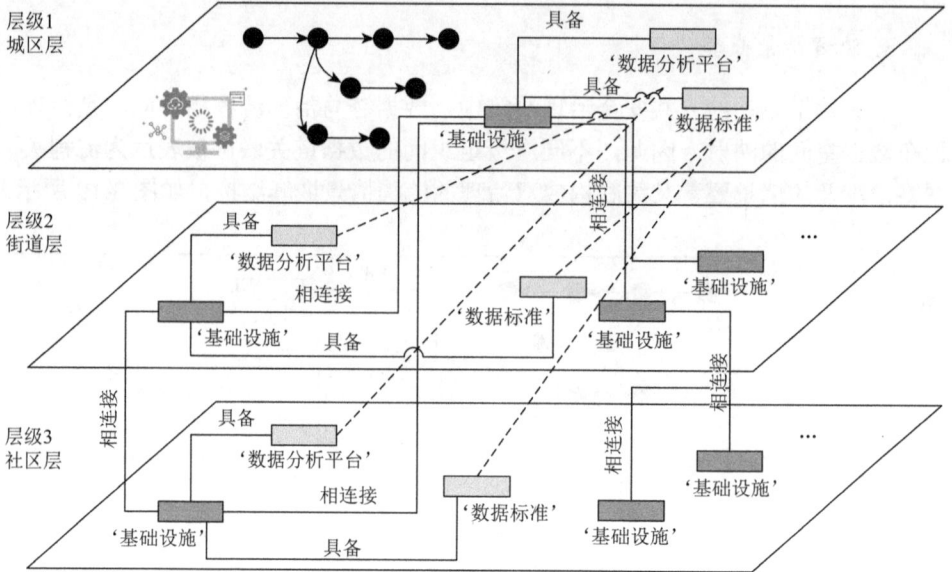

图 3-20　技术情景嵌套的类图表达

层次情景特征关联的一般特点，建立跨层次的情景嵌套结构；再次，选定情景类型与粒度以约简情景要素特征，基于情景嵌套结构建立跨层次情景要素间的关联模式，构建情景全景模型；最后，依托全景模型，结合实时现实数据，生成实例化的情景全景，这一过程如图 3-21 所示。注意到，情景要素特征的选定依赖于情景类型和粒度。例如，若以数据质量为情景类型，则情景要素特征为数据准确性、容错性及数据血缘等。因此，在构建全景模型时需要选定情景类型和情景粒度。其中，情景类型的选择与双治理的问题关注有关，如数据确权、治理流程等；情景粒度的选择与可获取情景特征的精度与分析成本有关，需妥善处理二者平衡。

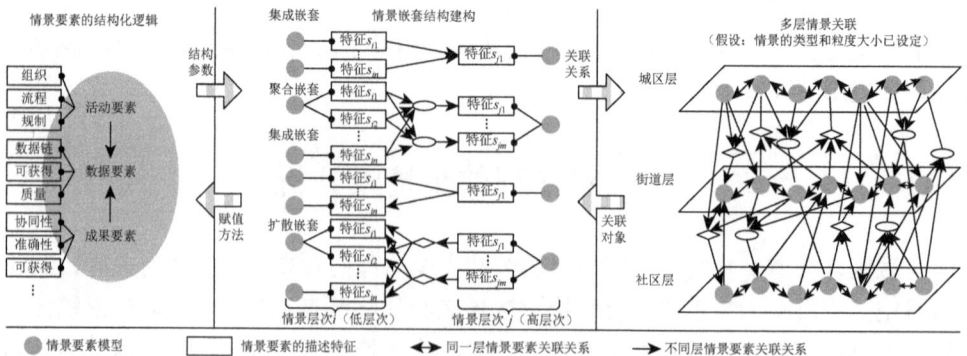

图 3-21　双治理的全情景分析逻辑

3.5.1　情景全景模型构建

基于情景嵌套建立不同情景层次的情景要素关联关系，基于组织、规制、流程和技术等不同层次的治理理论与现实案例建立不同类型和粒度的情景要素的关联关系，可完成双治理的情景全景模型建构，全景模型的形式化表述如下：

$$FS = (SL, R^{SL}, SS, R^{SS}, SG, R^{SG}) \tag{3-7}$$

$$sl_k = (E^{l_k}, R^{l_k}) \in SL, r^{l_k} = \left(S^I_{r(l_k)}, S^O_{r(l_k)}, f_{r(l_k)}\right) \in R^{l_k} \tag{3-8}$$

$$ss_k = (E^{s_k}, R^{s_k}) \in SS, r^{s_k} = \left(S^I_{r(s_k)}, S^O_{r(s_k)}, f_{r(s_k)}\right) \in R^{s_k} \tag{3-9}$$

$$sg_k = (E^{g_k}, R^{g_k}) \in SG, r^{g_k} = \left(S^I_{r(g_k)}, S^O_{r(g_k)}, f_{r(g_k)}\right) \in R^{g_k} \tag{3-10}$$

其中，$SL = \{sl_k | k = 1, 2, \cdots, n^l\}$ 为情景层次集合，n^l 为情景层次数；$R^{SL} = \left\{R^{SL}_{t.m} | t \neq m\right\}$ 为不同层次情景要素的嵌套关系集，$t, m \in \{1, 2, \cdots, n^l\}$；$SS = \{ss_k | k = 1, 2, \cdots, n^s\}$ 表示情景类型集合，n^s 为情景尺面数；$R^{SS} = \left\{R^{SS}_{t.m} | t \neq m\right\}$ 为不同类型情景要素特征间的取值关系集，$t, m \in \{1, 2, \cdots, n^s\}$；$SG = \{sg_k | k = 1, 2, \cdots, n^g\}$ 为情景粒层集合，n^g 为情景粒层数；$R^{SG} = \left\{R^{SG}_{t.m} | t \neq m\right\}$ 为不同粒度情景要素特征间的取值关系集，$t, m \in \{1, 2, \cdots, n^g\}$。本章重点关注多层情景关联，根据问题需求选定情景类型和粒度，将相应的情景要素均归入相应情景层次中，则全景模型简化如下：

$$\overline{FS} = \left(\overline{SL}, \overline{R}^{SL}\right) \tag{3-11}$$

$$\overline{sl}_k = \left(\overline{E}^{l_k}, \overline{R}^{l_k}\right) \in \overline{SL}, \tilde{r}^{l_k} = \left(\overline{S}^I_{r(l_k)}, \overline{S}^O_{r(l_k)}, \overline{f}_{r(l_k)}\right) \in \overline{R}^{l_k} \tag{3-12}$$

对 $\forall \overline{sl}_t, \overline{sl}_m \in \overline{SL}, t \neq m, t, m \in \{city, community, resident\}$，有

$$\overline{R}^{SL}_{t.m} = \left\{\overline{R}^{t,m}_k | k = 1, 2, \cdots, |\overline{E}^{l_m}|\right\} \tag{3-13}$$

其中，$\overline{R}^{t,m}_k$ 表示 l_t 层情景嵌套到 l_m 层情景要素 $\tilde{e}^{l_m}_k$ 时的具体嵌套关系集；$|\overline{E}^{l_m}|$ 表示 l_m 层情景要素数量。

$$\overline{R}^{t,m}_k = \left\{\tilde{r}^{t,m}_{k'} | k' = 1, 2, \cdots, n\right\} \tag{3-14}$$

式（3-14）说明，情景要素 $\tilde{e}^{l_m}_k$ 有 n 个特征与 t 层情景要素特征存在嵌套关系。至此，双治理的情景全景模型构建完成。

3.5.2 情景全景的生成算法

在双治理的问题识别中，不是所有的情景信息都可直接获取。由情景的嵌套关系可知，为确定所有的情景特征取值，很多时候需要获取其他层次的情景信息。为了生成完整的情景全景，本部分以情景全景模型为依托，给出双治理的情景全景生成算法。算法的本质是根据情景嵌套建立起的情景要素特征关联，基于可直接获取的情景信息依次推导待生成的情景信息，这一过程如图 3-22 所示，算法的输入与输出如下。

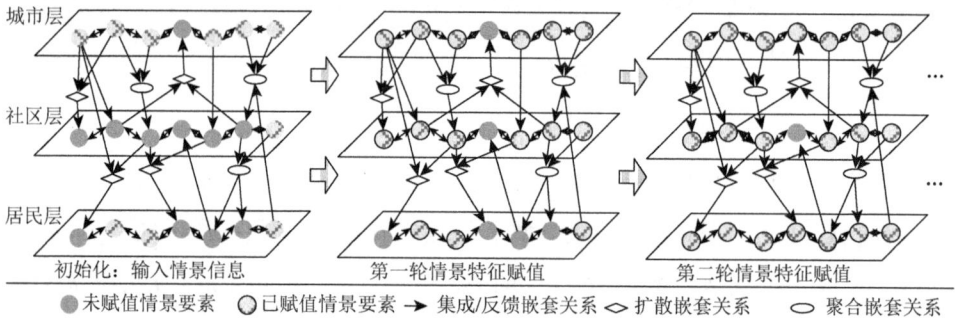

图 3-22　情景全景算法运行示例

第一，算法输入：情景全景模型 $\overline{FS} = \left(\overline{SL}, \overline{R}^{SL} \right)$ 与可直接获取的情景特征取值集 $O^* = \bigcup\limits_{i=1}^{n^l} O^{*(l_i)}$。$n^l$ 为情景层次的数量，$O^{*(l_i)} = \left\{ o_1^{*(l_i)}, o_2^{*(l_i)}, \cdots, o_m^{*(l_i)} \right\}$，$m$ 是 l_i 层情景中取值可直接获取的情景特征数量。

第二，算法输出：双治理的情景全景。将双治理情景全景的生成算法以类 C 语言伪代码的形式表述如下。

void Fullview-Generation（）{

init FS（）; count = 0; //输入情景全景模型；赋值次数初始化

initialvalue（$\bigcup\limits_{i=1}^{n^l} \overline{E}^{l_i}$, O^*）; //为可直接获取的情景要素特征赋值

while（valuecheck（$\bigcup\limits_{i=1}^{n^l} \overline{E}^{l_i}$））{//检查情景要素是否全部赋值成功

count = count + 1;

if（count＞Th）{//设置循环赋值次数，超出阈值 Th 次，说明嵌套链可能存在断裂

```
break；
end
}
for（i = 1；i< = n^l；i + +）{//指针移动到情景层次 l_i
```

$for（k = 1；k< = |\overline{E}^{l_i}|；k + +）\{//$指针移动到情景层次 l_i 中的情景要素 $\tilde{e}_k^{l_i}$

$while（t<>i）\{//$由第 t 层情景到第 i 层情景的嵌套关系对第 i 层情景赋值

$for（k' = 1；k'< = |\overline{R}_k^{t,i}|；k' + +）\{//$指针移动到情景要素 $\tilde{e}_k^{l_i}$ 的第 k' 个嵌套关系

$if（emptycheck（\tilde{r}_{k'}^{t,i}））\{//$判断输入特征取值是否为空

```
break；
endif
```

$revalue（\tilde{r}_{k'}^{t,i}，S_r^I,S_r^O,f_r）；//$若输入特征取值均为非空，则执行赋值

```
}
} end
} end
} end
} end
} end
}
```

3.6　双治理的全情景分析用例

3.6.1　城区层元情景分析

在内涝灾害应对中，对城市范围内内涝风险的动态分析是采取及时有效应急措施的关键。快速的城市化和工业发展使濮阳不透水区域急速增加，极易发生城市内涝灾害。为了更加有效地应对内涝，濮阳市华龙区政府设立了区应急指挥中心，建立了内涝风险分析的大数据平台，通过汇聚气象、水文、交通、电信等领域大数据实现内涝风险全方位检测。具体而言，华龙区内涝风险分析分为两方面：第一，根据降雨量、排水系统、地形地貌等数据生成辖区渍水分布，结合人口热力数据分析行人受困风险；第二，结合实时交通流和道路渍水情况，分析辖区各路段的车辆受困风险。进而，区应急指挥中心会将风险信息及时公布，引导其调整出行计划。这一治理流程如图 3-23 所示。

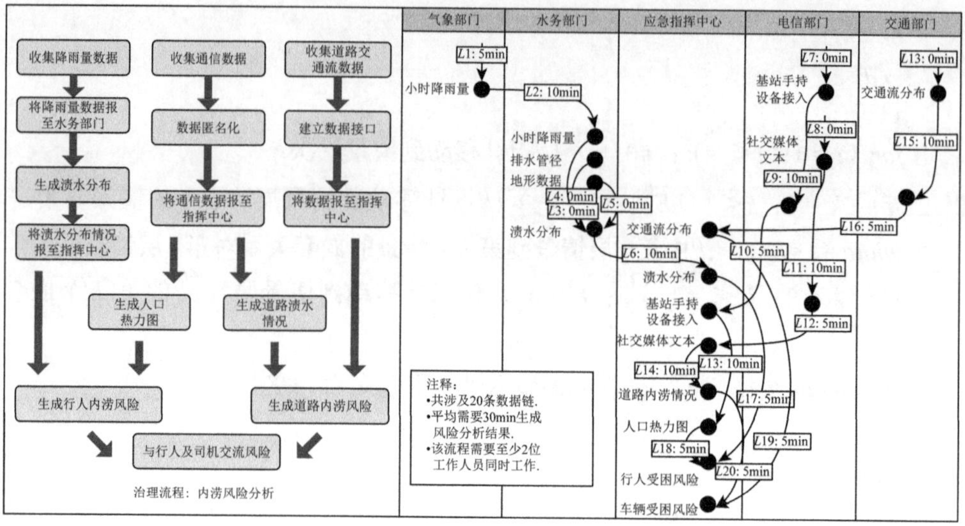

图 3-23　濮阳内涝风险分析的数据链关系图

　　由于涉及多个阶段的风险计算与分析，该场景中数据链网络的数据链多样且连接复杂，极易发生流程冗余，造成大数据分析的工作效率低下。利用情景模型辅助该治理领域的大数据治理决策。首先，确认内涝风险分析数据链网络及大数据治理环境相关的情景要素状态，生成实例化的数据元模型与环境元模型，结果如图 3-24 所示。

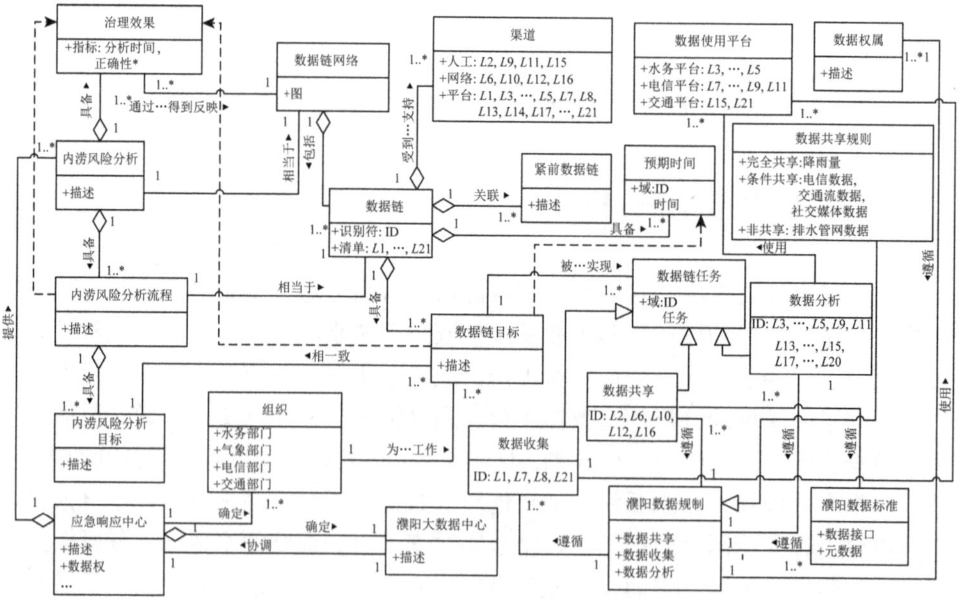

图 3-24　濮阳内涝风险分析的实例化数据子模型和环境子模型

该治理过程数据链网络仍涉及多部门的数据交互，理想的方式应是结合调整数据权分配和流程重构实现流程优化。然而，在此用例中规制环境对大数据治理决策起到约束作用：《濮阳市政务数据共享安全管理暂行办法》中规定了各类数据共享规则，包括开放共享、条件共享与不可共享三类。在内涝风险分析中，排水管网数据为不可共享，即数据链 *L3*～*L5* 仅可由水务部门通过水务平台完成；电信、社交媒体与交通流数据均为条件共享数据，电信和社交媒体数据的共享需经过匿名化处理（对应数据链 *L9*），交通流数据仅可在内涝应急时期共享；降雨量数据是开放共享的，即水务部门可以直接通过网络获取降雨量数据，而不需要通过气象部门共享。在这些规则约束下，除降雨量数据外，各部门数据的数据权分配已基本固定，难以通过调整数据权来优化治理。

1. 结果 1：大数据治理问题识别

同样，基于实例化的数据和环境元模型所提供的数据链网络相关信息，识别濮阳市内涝风险分析中的"流程冗余"问题，并实例化相应的问题元模型，如图3-25 所示。该治理中的"流程冗余"问题包括以下几个方面。首先，降雨量数据是开放共享的，水务部门可以直接查询。然而，该类数据目前却由气象部门查询，然后与水务部门共享，这不必要地增加了治理分析时间。其次数据共享前电信和社交媒体数据的匿名化与内涝风险分析无关，却浪费了大量治理分析时间。

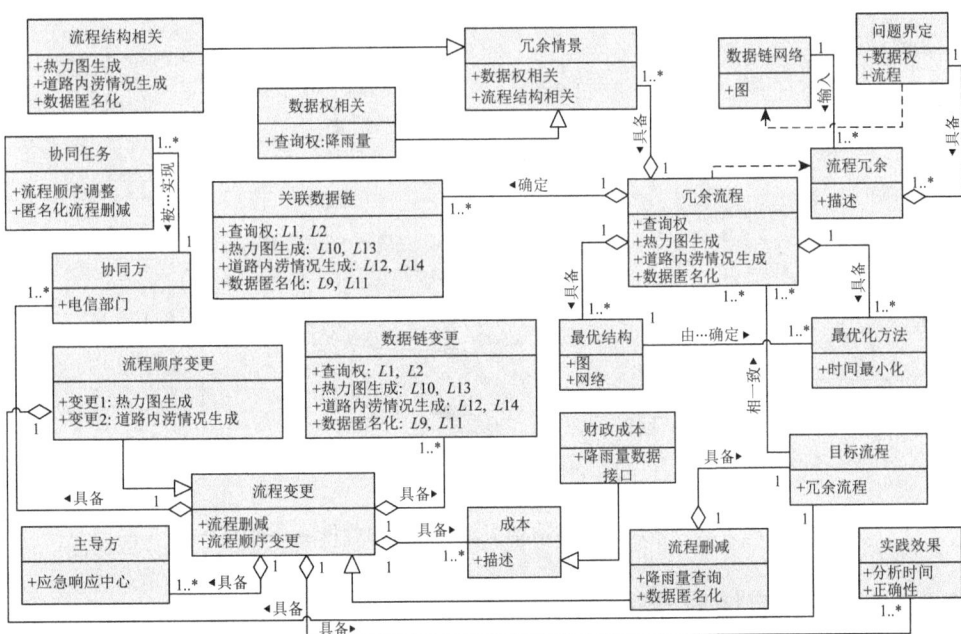

图 3-25　濮阳内涝风险分析的实例化问题子模型和方案子模型

2. 结果 2：大数据治理实践方案输入

针对"流程冗余"问题，设计了一个参考实践方案（图 3-25），该实践方案包括以下要点：第一，删减气象部门的降雨量数据收集与共享数据链，由水务部门直接负责数据收集；第二，人口热力图及道路内涝情况生成改为由电信部门直接负责，随后将生成结果共享给应急指挥中心。由于人口热力图及道路内涝情况不涉及公民信息，因此不需要匿名，这有助于节省服务时间。在上述过程中，已经根据实例化的环境元模型提供的场景信息考虑了规则的约束。

3. 结果 3：大数据治理实践评估和选择

基于实例化的实践元模型所提供的信息，生成所设计实践方案的治理效果改进和潜在成本报告，如图 3-26 所示。经过治理流程重构，内涝风险分析的平均时间由 30 分钟缩短至 20 分钟，缩短了 33.3%。在内涝灾害的应急响应中，每一分钟都是至关重要的，该实践方案大大提高了应急响应效率，体现了大数据治理的巨大价值。就成本而言，该实践方案的实施仅涉及水务部门的降雨量数据接口构建以及电信部门的治理流程调整。此外，数据链网络中的冗余流程（降雨量数据共享以及电信数据匿名处理）得以删减，节省了相应的财政和沟通成本。

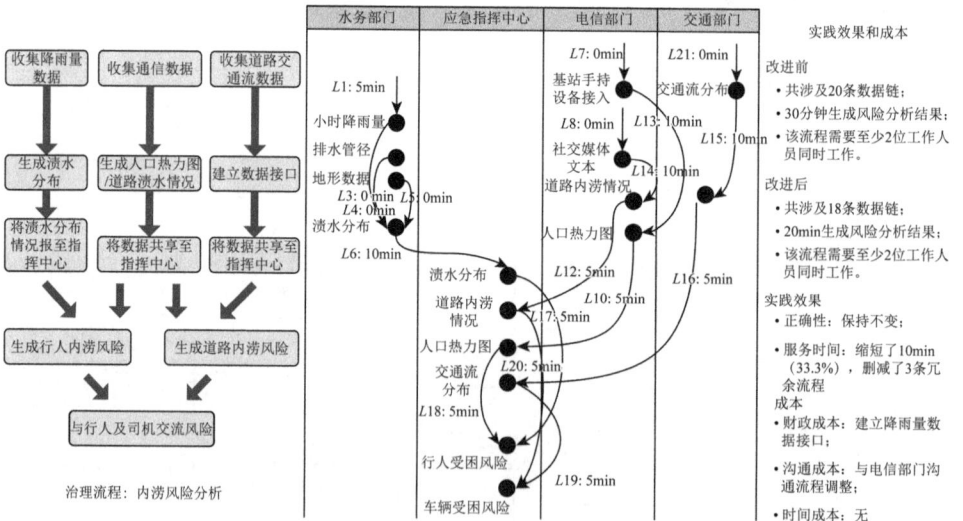

图 3-26　采用大数据治理实践前后的内涝风险分析效果

3.6.2　系统性全情景分析

2021 年 7 月 17 日至 23 日，河南中北部出现大范围暴雨内涝，共造成河南全省 16 个市 150 个县（市、区）1478.6 万人受灾，直接经济损失 1200.6 亿元；全省因灾死亡失踪 398 人，其中郑州 380 人，新乡 10 人，平顶山、驻马店、洛阳各 2 人，鹤壁、漯河各 1 人，严峻的暴雨内涝形势引起河南省各级领导的高度重视和社会的广泛关注。在暴雨事件过后，为了建立更加有效的内涝防治模式，提高内涝灾害的预防和应对能力，濮阳市华龙区政府在已有区级平台基础上，统筹建设城区、街道、社区三级大数据平台，同时将气象、民政、水务等不同部门的数据集成到平台中，打通城区、街道和社区层级的数据屏障，真正实现共建共治共享。本章重点关注暴雨发生时的内涝风险分析，在这一分析过程中，三个层级的内涝大数据分析模式及数据链网络如图 3-27 所示。

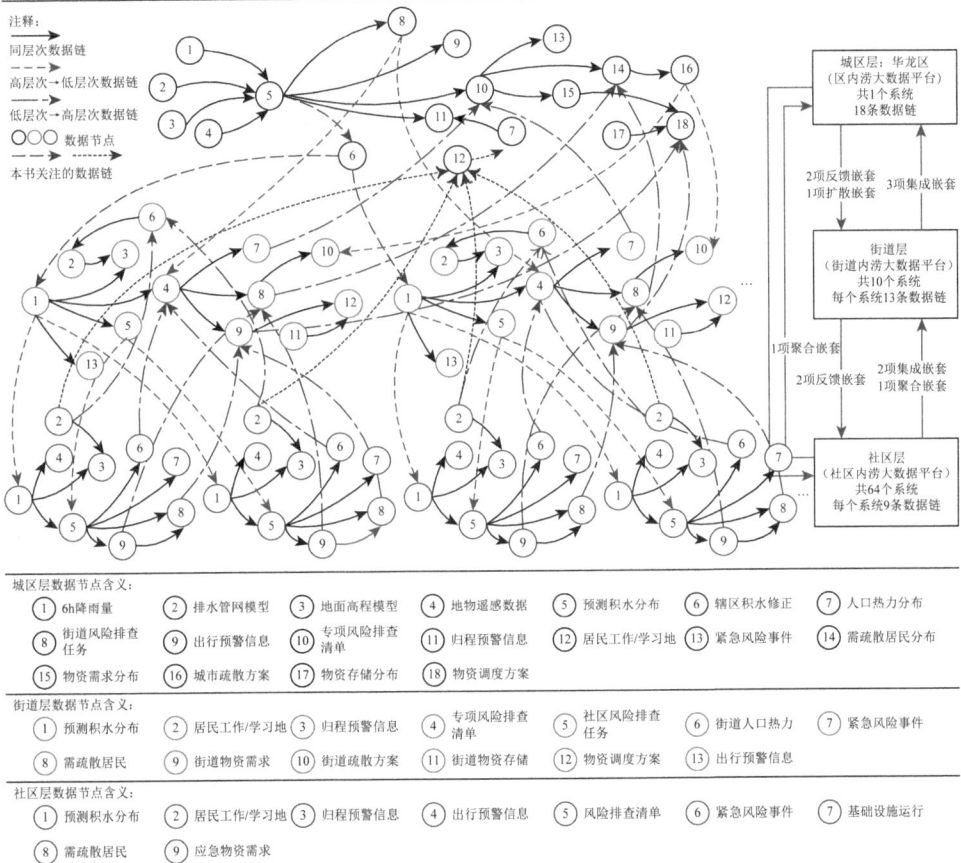

图 3-27　河南濮阳市华龙区内涝风险分析的数据链网络

城区级：濮阳市华龙区区级内涝大数据平台。华龙区内涝大数据平台主要涉及两类串行的大数据分析模型，分别为辖区积水分布预测模型以及居民出行预警模型。其中，积水分布预测模型聚合了 6h 降雨量、排水系统、地面高程数据（采用 12m 精度数字高程模型）、地物遥感（涵盖水系、水库、绿地、道路）等多源数据，运用降雨径流模型（rainfall-runoff model）与机器学习模型的集成模型，能够快速准确地生成华龙区 1382 个地理网格的暴雨积水分布；居民出行预警模型包含出行预警与归程预警两部分，其中出行预警信息根据积水分布确定，归程预警则需根据实时人口热力数据动态精准推送预警信息，涉及对全区人口数据（由各社区负责推送）的聚合与深度分析，其数据质量直接影响预警的有效性。除了两类典型的大数据分析模型，区级内涝大数据平台还包括了辅助应急指挥调度的数字化功能，主要是居民应急疏散、应急物资调度、紧急事件处置、街道任务分配等。

街道级：濮阳市华龙区 10 个街道的内涝大数据平台。在华龙区政府的统一布局下，辖区内的 10 个下属街道均搭建了与区级贯通的内涝大数据平台，起到在城区层与社区层间联动的承上启下作用。街道级平台的内涝大数据分析功能与城区层有类似之处，主要是街道积水分布预测、居民出行预警、应急疏散、物资调度、紧急事件处置和社区任务分配。值得注意的是，一方面，街道并不具备调度气象、排水、地物遥感等数据的合规性与数据分析能力，积水分布预测数据主要来源于华龙区平台的数据反馈；另一方面，街道层与城区层和社区层均具有频繁的数据交互。例如，街道层需要处置来自管属社区的紧急风险事件，对难以有效处置的重大事件需上报至城区级大数据平台。

社区级：濮阳市华龙区 64 个社区的内涝大数据平台。在华龙区各街道的统筹安排下，各街道总计 64 个社区亦构建了与区级以及街道级贯通的内涝大数据平台，形成"区-街道-社区"三级内涝防控大数据联动。在这一联动体中，社区起到神经末梢的作用，其作为内涝防控的最基本单元，一方面根据街道反馈的积水分布预测数据，做好辖区内的居民出行预警、风险排查和灾情（包括紧急风险事件、基础设施运行情况、应急疏散与物资需求等）上报等工作；另一方面为城区层和街道层提供辖区内的人口数据，支持高层级进行人口热力分析与内涝风险监测预警。

1. 不同层次的情景嵌套结构构建

本部分面向濮阳市华龙区内涝风险分析的三级数据链网络，根据多层情景嵌套的设计原理完成多层级大数据治理的情景建模，实现内涝大数据治理的全情景生成。

第一步：不同层级的元情景构建。按照以数据链为核心要素的元情景表达，可以构建不同层级的元情景结构。以中原路街道某社区的数据链"DL1202"为例，其元情景结构可参照图 3-28 示例。由于篇幅所限，图 3-28 仅展示了关键情景要素特征及其关联。在不考虑不同层级的情景嵌套时，可根据元情景结构实现该社区的内涝大数据治理分析，具体步骤如下。

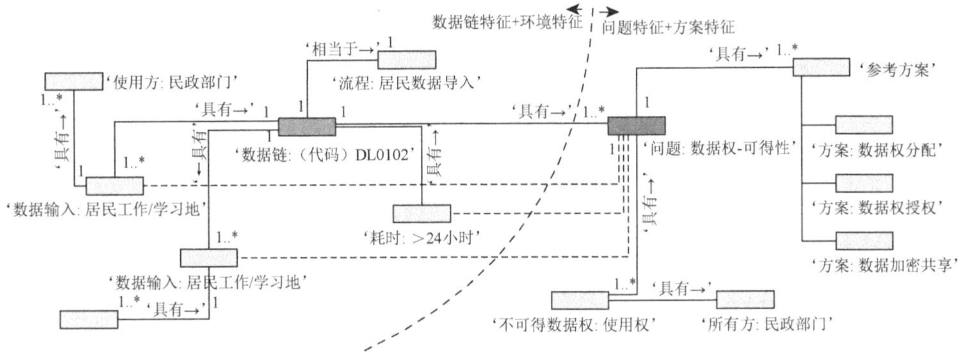

图 3-28　中原路街道某社区的治理元情景片段

（1）数据链网络和环境输入。当仅考虑本层级情景时，收集与数据链网络和治理环境相关的现实情景信息，对各数据链及其关联情况进行系统建模，同时为治理问题发现和方案制订提供分析依据。例如，在图 3-28 的片段示例中，可观测得到与数据链"DL1202"相关的流程含义、数据输入/输出、执行耗时等信息，利用这些信息能够初步分析出该数据链可能存在流程低效（分析耗时过长）、数据权（涉及多方数据共享）等问题。

（2）大数据治理问题发现。根据输入的数据链网络和环境方面情景特征，可利用嵌入的问题诊断模型实现治理问题的精准发现。其中，问题诊断模型是一类预先封装好的智能化分类模型，其根据实例化的数据链网络特征和环境特征完成问题的自动分类。由于治理问题的多样性，嵌入的问题诊断模型亦有多个。典型大数据治理问题的数据链网络特征可参见表 3-1 的阐释。在图 3-28 中的示例中，根据元情景结构中嵌入的问题诊断模型，识别出该数据链存在的数据权可得性问题。

（3）治理方案提示与制订。根据识别出的数据权可得性问题，元情景模型还关联了可供参考的问题解决实践方案。在图 3-28 的示例中，展示了"数据权分配"（由高层级利益相关方部署数据权分配）、"数据权授权"（直接由数据权所有方提供授权）和"数据加密共享"（涉及数据加密技术和共享协议规制的组合应用）三类历史实践方案。在此基础上，可嵌入与各方案相关的效果与成本指标，供决策者参照与制订最终治理实践方案。

第二步：跨层级的情景嵌套模型。在各层级构建的元情景表达基础上，根据跨层级数据链网络特征建立情景关联的嵌套结构。本部分重点关注从社区层→城区层的聚合嵌套以及从城区层→街道层的扩散嵌套，具体涉及的数据链如图 3-27 所示。两项情景嵌套模型的构建结果分别如图 3-29 和图 3-30 所示。

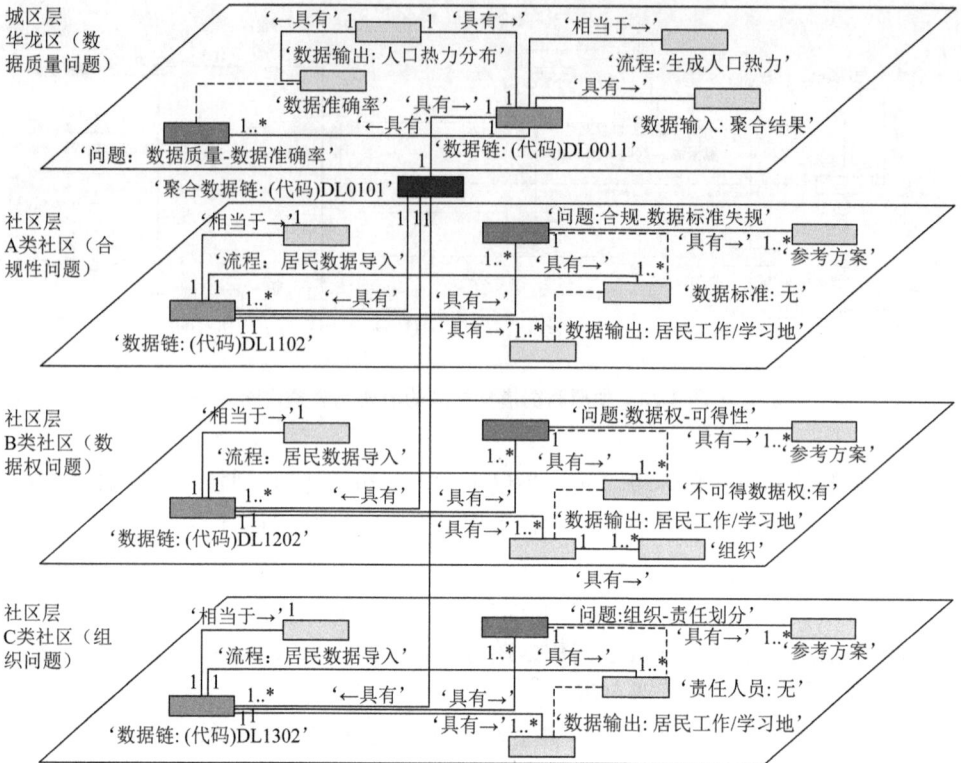

图 3-29　社区层→城区层的情景聚合嵌套视图

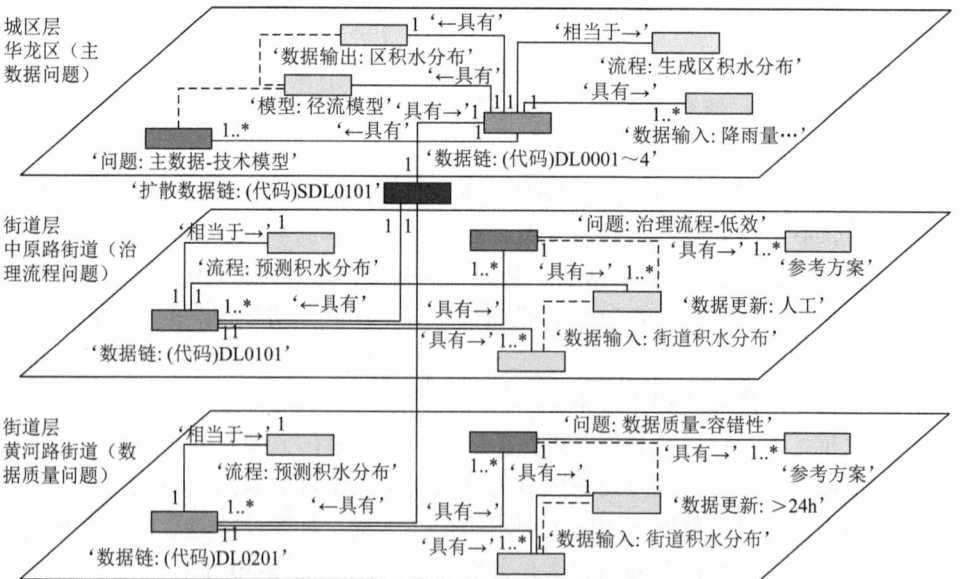

图 3-30　城区层→街道层的情景扩散嵌套视图

（1）社区层→城区层的聚合嵌套。华龙区范围的居民出行预警依赖内涝积水分布与人口热力分布两类关键数据。其中，人口热力计算的数据基础是全区各社区推送的居民工作地和学习地数据，通过聚类这些数据，可以帮助分析工作日日间全区居民的主要出行目的地。由于涉及 64 个社区（共计 90 余万人）数据的聚类操作，构建两个层级的情景聚合嵌套结构，通过一条聚合数据链桥接社区层的"居民数据导入"与城区层的"生成人口热力"流程。由图 3-29 可知，不同社区在获取居民工作/学习地数据时遇到各类大数据治理问题，造成推送至城区层数据的情景（包括数据质量、数据覆盖率、数据准确率）差异，最终影响城区层人口热力分布的治理情景。通过合并重复问题，将社区层存在治理问题的社区划分为三类，即合规性问题、数据权问题和组织问题。

（2）城区层→街道层的扩散嵌套。由前可知，街道层的内涝积水分布预测数据来源于华龙区平台的数据反馈，即区级平台反馈数据的质量直接影响各街道的积水分布预测。由于区级数据在不同区域空间的质量差异，各街道情景受到的影响通常是不同的，故增加扩散数据链来反映这一差异，在情景特征的关系函数上通过增加调节系数实现差异性建构。在案例分析部分，本书重点关注对中原路街道"治理流程问题"以及对黄河路街道"数据质量问题"的影响，其他街道存在的问题具有相似性。

第三步：全情景的迭代生成。依据前文构建的情景嵌套关系，遵循前文提出的全情景迭代生成算法，可实现各层级的情景要素特征赋值。全情景分析不仅支持对当前全情景的复现，还可支持对发展全情景的模拟。具体而言，当"城区-街道-社区"中任何一个层级的情景要素特征发生变化时，利用构建的情景嵌套结构与全情景生成算法，可支持三个层级治理情景的适应性生成。这一功能能够帮助决策者合理规划治理情景与发现治理问题，避免情景难预见带来的决策失效，详见后文的治理问题溯源发现部分。

2. 情景认知与治理问题溯源发现

基于以上情景嵌套模型，决策者可通过情景设计认知不同层级治理问题的影响关系，由此实现问题溯源与根源性问题应对。与前述情景嵌套的构建示例相对应，本部分重点关注以下两类典型的内涝大数据治理问题溯源过程。

1）由上至下的问题溯源示例：城区全范围人口热力计算

本部分聚焦城区人口热力计算的数据质量问题，通过对图 3-29 中三类典型社区问题应对的情景设计，分析社区层的治理问题对城市层级人口热力计算效果的影响及其治理方案。

第一，问题溯源的认知情景选择。根据 A、B、C 三类典型问题，共涉及 $2^3 = 8$ 种潜在情景，如表 3-2 所示。根据情景嵌套结构，分别生成不同情景下的城区人口热力准确率,发现各类问题的影响程度为"合规性问题>数据权问题>组织问题",因此重点关注原始情景(情景1)、合规性问题得到解决(情景2)、合规性+数据权问题得到解决(情景5)、所有治理问题得到解决(情景8)四类情景。某类问题得到解决的情景解释为:对应社区能够向城区层推送准确的居民工作地/学习地数据,从治理情景中未诊断出该类问题。例如,针对A类问题,已通过执行统一的数据标准实现数据规范化,推送的数据可直接用于人口热力计算。

表3-2　城区人口热力-数据质量问题溯源的情景清单

情景清单	A类情景 (合规性问题)	B类情景 (数据权问题)	C类情景 (组织问题)
情景1	未解决	未解决	未解决
情景2	已解决	未解决	未解决
情景3	未解决	已解决	未解决
情景4	未解决	已解决	已解决
情景5	已解决	已解决	未解决
情景6	已解决	未解决	已解决
情景7	未解决	已解决	已解决
情景8	已解决	已解决	已解决

第二,大数据治理问题发现。在很多情景中,决策者可能由于知识和经验约束,难以直接发现治理问题的相互影响造成的最终结果。因此,在治理问题的发现过程中,增加可视化的问题影响表现形式,提升情景认知与问题溯源的有效性,可视化示例如图3-31所示。通过比对四类典型情景下的人口热力分布,可以清晰发现不同社区层的问题对城区层分析的影响,由此支持系统性的治理问题发现。

(a)情景1:未采取任何大数据治理方案

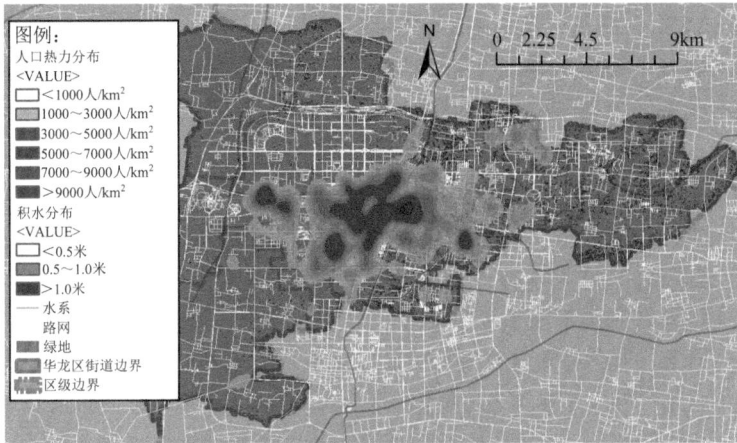

(b) 情景2：已采取方案解决合规性问题

(c) 情景5：已采取方案解决合规性+数据权问题

(d) 情景8：已采取方案解决合规性+数据权+组织问题

图 3-31　不同情景下的人口热力分布计算结果（设定时间为午时 12：00）

图中<VALUE>代表该空间数据为栅格类数据，即具有多类取值区间　　　扫一扫见彩图

第三，治理触发与方案选择。由问题触发治理后，决策者可以在参考方案的基础上，通过明确方案效益（人口热力准确率、风险预警推送准确率等）和成本（时间成本、沟通成本、经济成本等）指标权重，实现方案价值的自动化筛选与推送。

2）由下至上的问题溯源示例：不同街道内涝积水分布预测

本部分聚焦街道积水分布预测的治理流程和数据质量问题，通过对图3-30中城区层级问题应对的情景设计，分析城区层的治理问题对两个典型街道层级内涝积水分布预测效果的影响及其治理方案。

第一，问题溯源的认知情景选择。由于城区级问题对不同社区影响的差异性，对不同街道均存在"城区级问题解决"与"城区级问题未解决"两类情景。由于篇幅限制，本书仅关注中原路街道和黄河路街道两个华龙区主要街道的情景影响。为提升问题发现的可对比性，在前述两类情景基础上，增加一个参照情景，即根据实际风险巡查生成的积水风险区分布，其代表最优大数据治理情景。

第二，大数据治理问题发现。根据图3-32的可视化情景分析结果，可以发现城区级积水分布预测的主数据问题确实对两个街道产生影响，且影响路径存在差异：对中原路街道，由于城区反馈数据难以支撑内涝防控，该街道选择通过人工巡检的方式收集现实数据，由此带来治理流程低效的问题，使得大数据系统陷入空转；对黄河路街道，根据城区反馈数据难以有效辨识积水风险，同时反馈数据的更新速率慢，分析结果的容错性差。

(a) 情景1：未采取任何大数据治理方案（中原路街）　　　(b) 情景2：已采取方案解决城市层问题（中原路街）

(c) 实际积水风险区分布（中原路街）

(d) 情景3：未采取任何大数据治理方案（黄河路街）

(e) 情景4：已采取方案解决城市层问题（黄河路街）

(f) 实际积水风险区分布（黄河路街）

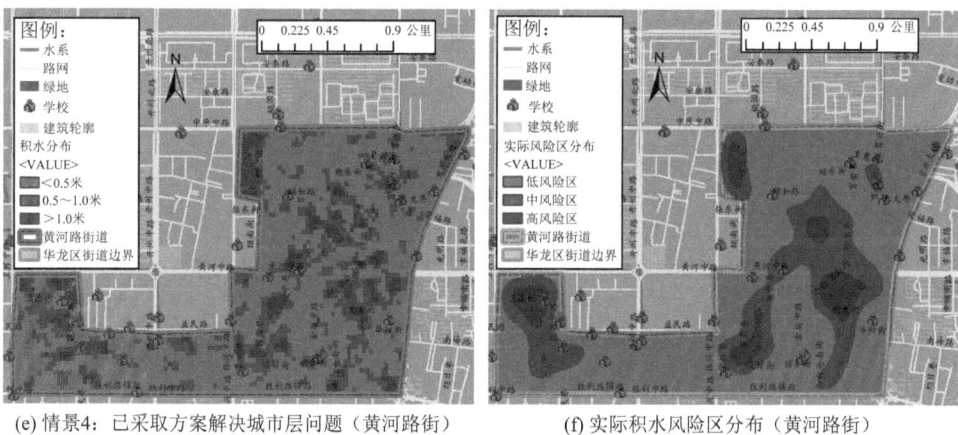

图 3-32 不同情景下的样本街道积水分布生成结果（设定暴雨重现期为 50 年）

扫一扫见彩图

第三，治理触发与方案选择。追根溯源，上述治理问题触发对城区级积水分布预测数据的问题应对。由图 3-30 可知，在城区级的积水分布预测中，存在一类主数据方面的技术问题，即主要通过传统的降雨径流模型来模拟积水分布；利用该类模型虽能支持大范围的积水模拟，但由于数据来源（地物遥感、地面高程、排水管网）等的空间偏差与数据更新缓慢，难以确保生成数据的时效性与准确性。根据历史案例生成的参考方案，可增加暴雨期间网格员/居民的实时上报数据来扩充积水分布预测的样本集，提升积水分布预测模型的应用效果。

3.7 本章小结

在本章中，利用模型驱动方法构建了面向双治理决策的情景元模型，其提供了一个蕴含可应用于多种公共安全场景的共性双治理决策情景要素的统一视角表达。从已有双治理情景模型和文献中获得的共识是构成情景模型的情景要素的知识来源。在构建该模型的过程中，考虑到双治理各决策子过程存在先后顺序，嵌入了基于 ABC 理论以及双治理运作框架的情景模型实例化机制，以实现情景信息由模型要素至实例的合理、有序生成。此外，遵循设计科学范式构建了不同层次的情景嵌套结构，并嵌入了粒度和类型两个情景维度，实现了双治理情景的多维表达。通过对濮阳市华龙区内涝风险分析的用例分析，展示了通过模型驱动双治理分析决策的合理性，该领域中的复杂性可以被结构化建模。利用该模型提供的全面情景要素，决策者可以更加有效地认知双治理问题以及双治理决策在提升公共安全治理效果中的价值。

参 考 文 献

陈雪龙，卢丹，代鹏. 2017. 基于粒计算的非常规突发事件情景层次模型[J]. 中国管理科学，25（1）：129-138.

范灵俊，洪学海，黄晁，等. 2016. 政府大数据治理的挑战及对策[J]. 大数据，2（3）：27-38.

李安楠，邓修权，赵秋红. 2017. 分形视角下的非常规突发事件应急协同组织[J]. 系统工程理论与实践，37（4）：937-948.

孟小峰，张啸剑. 2015. 大数据隐私管理[J]. 计算机研究与发展，52（2）：265-281.

张梦茜，王超. 2020. 大数据驱动的重大公共安全风险治理：内在逻辑与模式构建[J]. 甘肃行政学院学报，（4）：37-45，125.

赵发珍，王超，曲宗希. 2020. 大数据驱动的城市公共安全治理模式研究——一个整合性分析框架[J]. 情报杂志，39（6）：179-186，151.

郑大庆，黄丽华，张成洪，等. 2017. 大数据治理的概念及其参考架构[J]. 研究与发展管理，29（4）：65-72.

Abraham R, Schneider J, vom Brocke J. 2019. Data governance: a conceptual framework, structured review, and research agenda[J]. International Journal of Information Management, 49: 424-438.

Bagheri E, Ghorbani A A. 2010. UML-CI: a reference model for profiling critical infrastructure systems[J]. Information Systems Frontiers, 12（2）: 115-139.

Benfeldt O, Persson J S, Madsen S. 2019. Data governance as a collective action problem[J]. Information Systems Frontiers, 22（2）: 299-313.

Beydoun G, Low G, Mouratidis H, et al. 2009. A security-aware metamodel for multi-agent systems（MAS）[J]. Information and Software Technology, 51（5）: 832-845.

Evora J, Hernandez J J, Hernandez M. 2015. Advantages of model driven engineering for studying complex systems[J]. Natural Computing, 14（1）: 129-144.

Gargantini A, Riccobene E, Scandurra P. 2009. A semantic framework for metamodel-based languages[J]. Automated Software Engineering, 16（3/4）: 415-454.

Hernández G I, Juan Fuente A A, Labra-Gayo J E, et al. 2015. Knowledge-based public service transactions: an intelligent model-driven approach in co-learning contexts[J]. Computers in Human Behavior, 51: 1032-1041.

Janssen M, Brous P, Estevez E, et al. 2020. Data governance: organizing data for trustworthy artificial intelligence[J]. Government Information Quarterly, 37 (3): 101493.

König P D. 2021. Citizen-centered data governance in the smart city: from ethics to accountability[J]. Sustainable Cities and Society, 75: 103308.

Leon-Novelo L G, Zhou X, Bekele B N, et al. 2010. Assessing toxicities in a clinical trial: Bayesian inference for ordinal data nested within categories[J]. Biometrics, 66 (3): 966-974.

Liu Z G, Li X Y, Zhu X H. 2022. Scenario modeling for government big data governance decision-making: Chinese experience with public safety services[J]. Information & Management, 59 (3): 103622.

Lycett M, Marcos E, Storey V. 2007. Model-driven systems development: an introduction[J]. European Journal of Information Systems, 16 (4): 346-348.

Mundi I, Alemany M M E, Boza A, et al. 2013. A model-driven decision support system for the master planning of ceramic supply chains with non-uniformity of finished goods[J]. Studies in Informatics and Control, 22 (2): 153-162.

Othman S H, Beydoun G. 2013. Model-driven disaster management[J]. Information & Management, 50 (5): 218-228.

Qie Z J, Rong L L. 2022. A scenario modelling method for regional cascading disaster risk to support emergency decision making[J]. International Journal of Disaster Risk Reduction, 77: 103102.

Silva M M, Poleto T, Silva L C E, et al. 2016. A grey theory based approach to big data risk management using FMEA[J]. Mathematical Problems in Engineering, 2016: 1-15.

Soares S.2013.Big Data Governance: An Emerging Imperative[M]. Boise: MC Press.

Zhang B S, Li X Y, Li J. 2013. Research on emergency case ontology model based on abc ontology [C]//2013 International Conference on Management Science and Engineering 20th Annual Conference Proceedings. Harbin: IEEE: 227-233.

第4章 城市公共安全大数据双治理的最佳实践学习方法

最佳实践作为以往相似问题及其应对的系统描述，在一定程度上能够帮助公共安全大数据双治理分析主体基于已有优秀治理实践高效地分析、应对双治理问题。本章分别针对结构化最佳实践和非结构化最佳实践，提出了相应的三类最佳实践分析方法，并结合样本城市实践开展了方法合理性分析。

4.1 城市公共安全大数据双治理的最佳实践

4.1.1 最佳实践的基本概念

城市公共安全治理及其大数据的双治理问题情景具有不确定性、复杂性与涌现性，治理问题求解可能面对"情景超越经验"的困境，即决策者的知识经验难以满足治理需求的情况（Alhassan et al.，2016）。经典的结构化数理推导、数据统计和挖掘方法等在处理传统问题时是快速有效的，却难以适应大数据分析中不断涌现的复杂新情景及其多层次应对（规制层、技术层等）。针对此类情景应对过程，最佳实践被认为是关键决策依据，它是指在特定情景（包括场景、问题、内外部环境等情景要素）下已经产生较好效果的治理实践，它们对问题的解决有直接支持作用（Papanastasiou，2021），如在某些试点城市获得成功治理效果的多源火灾数据集成方案、内涝防控的社交媒体文本应用等。对这些优秀实践进行合理的管理、分析和传递，有利于城市公共安全治理过程的不断优化和改进（Webb et al.，2021）；同时，随着更多大数据项及其数据链被引入，大数据治理的问题情景将更加复杂，需要不断挖掘潜在的大数据双治理最佳实践。综上，本章关注双治理的最佳实践分析，即研究如何挖掘特定治理情景下的适应性最佳实践以支持问题求解。总体而言，双治理最佳实践包含安全治理实践、大数据治理实践以及反映二者关联的系统性治理实践。

4.1.2 最佳实践分析的理论基础

当决策过程涉及复杂问题情景与多样化不确定性时，尤其是当人们还没有对复杂情景做出充分认知时，往往难以根据已有理论、模型和方法制订最优应对方案。例如，在台风灾害应急准备与响应过程中，由于台风灾害情景具有复杂性、动态演化性与突发性，因此难以直接生成能够应对复杂台风情景的系统性方案。针对这种复杂问题情景，学界和业界偏好最佳实践理论来为情景应对提供经验借鉴（涂志芳和刘兹恒，2020）。已有研究指出，最佳实践指的是在特定问题情景（涉及场景、问题、内外部环境等）下已经产生较好应对效果的应对实践，它们对问题的解决有直接支持作用（Papanastasiou，2021）。最佳实践理论认为，复杂问题情景的优秀应对实践分散于不同时间和空间，需要对这些优秀实践进行合理的管理、分析和传递，以促进决策过程的不断优化和改进（Papanastasiou，2021）。例如，在应急管理领域，合理重用历史案例经验来辅助应急准备规划和资源部署。最佳实践理论自提出以来，已被广泛应用于医疗管理创新、教育管理优化、电子政务行政管理、突发事件的应急管理等多个场景领域（Manoharan et al.，2021）。

在本书研究中，大数据双治理分析情景的复杂不确定性，极易导致问题认知不充分，以及治理分析失误甚至失效。鉴于最佳实践的前述优势，本章提出将最佳实践理论引入公共安全的大数据双治理分析，作为大数据双治理分析的一类重要补充组分，为治理问题应对提供经验支持。值得注意的是，最佳实践通常以非结构化形式（如报告、报道等）存在，其与复杂问题情景的对接需要一种结构化分析方案，由此实现最佳实践的合理筛选与应用。此外，需要考虑最佳实践的效果评估问题，以对接大数据治理问题应对的目标。

面向城市公共安全治理，大数据分析发挥效果的必要条件是合理的大数据驱动模式。由于基础社会大数据治理问题的复杂多样性和实践经验缺失，有效的大数据驱动模式通常以小样本的案例形式存在。最佳实践分析的目的在于从历史案例中发现特定问题情景下的相对最优实践，由此帮助分析主体更好地开展大数据双治理分析。从最佳实践分析的知识视角看，公共安全大数据双治理的最佳实践分析模式与相关的多源知识资源共同构建知识资源平台，为双治理的最佳实践分析提供支持。在本章中，双治理的最佳实践分析由数据和案例共同驱动，其基本原理是：面向现实大数据双治理问题情景，匹配现实情景与最佳实践情景以生成能够指导现实大数据双治理驱动优化的最佳实践，这一过程如图 4-1 所示。鉴于双治理问题情景的复杂性，本书将情景划分为不同粒度并设计了各个粒度级的情景匹配算法。

4.1.3 结构化最佳实践

结构化最佳实践是指对双治理问题应对的过程和细节，能用确定的模型或语

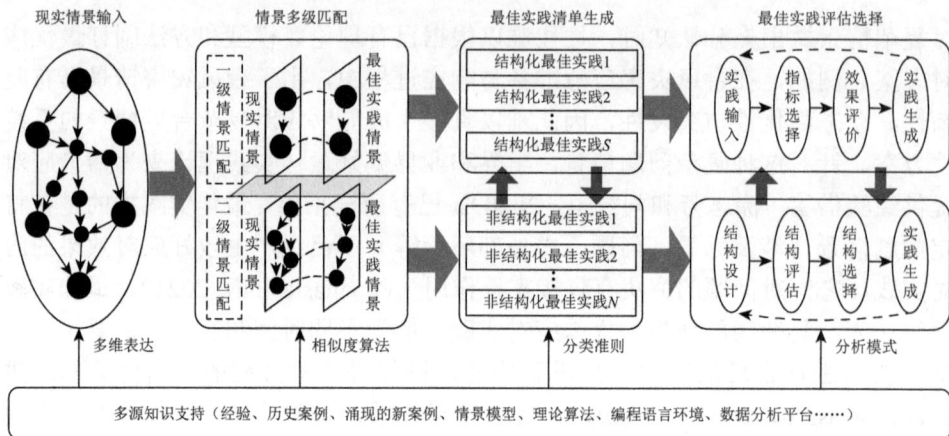

图 4-1　城市公共安全大数据双治理的最佳实践分析

言来描述，即已经经过深入认知、所有构成要素均为已知，能够被决策者直接分析和应用的最佳实践（Liu et al.，2021）。一般而言，结构化最佳实践来源于对异地经验资料的深度整理，其构成结构清晰、思路明确、实践原理可理解、实践可行性强，携带的实践知识能够在很大程度上被借鉴与重用。此外，结构化最佳实践的分析知识能够作为非结构化最佳实践的分析依据，即当成功消减非结构化最佳实践中的不确定性要素后，就能够将其按照结构化最佳实践的分析方式进行处理。本章重点关注结构化最佳实践的分析方法。

4.1.4　非结构化最佳实践

非结构化最佳实践指的是不能用确定的模型或语言来描述治理问题应对的过程和细节，即未经过深入认知、部分构成要素未知，不能够被决策者直接分析和应用的最佳实践（郭炜杰和包晓安，2021）。非结构化最佳实践的结构难以确定或具有多种可能结构，其实践思路不清晰、实践原理难分析、实践可行性未知，分析主体的个人知识背景和实践经验对该类最佳实践的领悟有相当影响。非结构化最佳实践是分析主体从治理问题情景和最佳实践大致描述得到的衍生信息，如偶然听闻媒体报道后的领悟、大数据双治理案例顿悟、海量数据挖掘结果分析等。由于双治理的复杂不确定系统具有动态性和涌现性，各方组织都在不断探索新的治理实践，这通常伴随非结构化最佳实践的产生。本章将在结构化最佳实践分析的基础上，探讨如何消减非结构化最佳实践中的不确定要素，实现非结构化最佳实践向结构化最佳实践的转化，由此从总体上提升这种基于最佳实践的分析能力。

4.2　双治理最佳实践的双维度学习模式

4.2.1　双治理最佳实践学习的层次构建

考虑到知识结构的复杂性与层次性，本章设计的双治理最佳实践学习有两个层次：第一个层次称为结构无关层，该层次关注公共安全治理的数据构成及数据链网络如何更新，而不涉及具体数据分析模型（如火灾隐患文本分类算法）的结构学习；第二个层次称为结构相关层，该层次关注公共安全治理中数据链的具体模型如何生成，涉及对数据特征表达以及特征权重等模型结构参数的学习。分层表达有助于聚焦最佳实践学习问题与精准设计学习方法。上述两个层次的学习方案及其关联构成最佳实践的分层学习架构。随着后续研究的深入，还将考虑纳入数据相关层，主要关注数据关联规律知识的推荐问题。

4.2.2　双治理最佳实践学习的路径分析

在分层架构基础上，根据最佳实践来源场景的差异，提炼双维度学习模式，双维度指的是层次和场景两个维度；进一步地，构造最佳实践学习的四类具体路径。

1. 结构无关层的路径分析

在结构无关层，需要考虑问题情景匹配生成的多个最佳实践的情况，将最佳实践中的数据链视为一个个的模型，采用模型集成方法将知识整合方案表达为模型集成树形式；基于知识应用效果（由知识模型提供），对模型集成树进行优化求解，完成多知识方案的有效整合学习。

2. 结构相关层的异地同场景迁移学习

异地同场景最佳实践学习的设计目标是：对来自地域场景的知识，通过将源地域和目标地域的数据映射到共同的特征空间（反映场景间共性），使得地域之间的特征分布差异最小，然后通过利用新的映射特征，帮助实现目标地域的模型生成。

1）源地域模型预处理

调用源地域数据分析模型中携带的数据特征表达，结合边际 Fisher（费希尔）分析进行预处理，目的是优化源地域的数据特征分布，增强模型在文本挖掘、计算机视觉等任务中的表现。

2）基于改进领域自适应的跨场景最佳实践学习

本章提出一种跨地域最佳实践学习的改进领域自适应方法（详见 4.4 节）。领域自适应的核心是在共同特征空间中学习特征映射函数。传统领域自适应方法的问题在于：其通常设定不同数据对迁移学习的贡献相同，忽略了边界数据由区分性差而造成的消极影响。针对该问题，构建一种领域自适应改进的集成方法，对领域自适应中的数据贡献进行筛查，提升整体最佳实践学习效果。

3）目标地域模型生成

利用最佳实践学习得到的跨地域特征映射函数，将目标地域的数据特征映射到共同特征空间，实现目标地域的特征转换，由此完成其模型生成。

3. 结构相关层的本地异场景迁移学习

本地异场景最佳实践学习的设计目标是：对具有相同地域的异场景知识，考虑规模数据难以跨场景共享，将其模型参数（如深度学习网络参数）作为学习的对象，通过模型微调生成本场景数据的特征表达，再以经过完善的本场景特征表达为基础生成本地模型。

1）异场景模型嵌入

在构建公共安全治理的全知识模型时，将异场景训练获得的模型参数嵌入至数据链描述中，完成异场景模型的结构化存储。在这一过程中，考虑到不同场景的语义歧义性，通过本体映射完成特征替换，由此建立统一的特征表达。

2）基于模型微调的跨场景迁移学习

由于异场景数据与本地数据通常存在数据分布的差异，利用本场景数据对异场景模型进行微调（fine-tuning）。其中，模型微调主要应用深度学习领域的判别微调（discriminative fine-tuning）以及倾斜三角形学习率（slanted triangular learning rate）等技术。

3）本场景模型生成

利用模型微调生成的特征表达方案，结合本场景的数据分析任务（如针对消防网格文本数据的文本分类）生成本场景模型。

4. 结构相关层的异地异场景迁移学习

异地异场景的最佳实践学习可以通过问题转化得到求解，考虑三类转化路径：第一，在跨区域数据共享后，决定是否按本地异场景知识进行处理；第二，通过模型参数嵌入，决定是否按异地同场景知识进行处理；第三，前两种路径的综合应用。

就上述四类路径而言，前三类为核心路径，第四类路径为前三类路径的有机转化；经过大范围实践调研发现，异地同场景分析具有更大需求。综上，本章重点关注结构无关层以及结构相关层的异地同场景最佳实践学习方法。

4.3　结构无关层最佳实践的案例借鉴学习方法

4.3.1　结构无关层最佳实践学习的案例借鉴原理

面对复杂治理场景及其碎片化知识分布，城市公共安全大数据双治理决策极易出现"场景超越经验"的知识困境。本章以公共安全双治理中的大数据治理为例，从最佳实践理论视角出发，考虑历史案例最佳实践在突破现实经验约束中的关键作用，提出了一种基于案例借鉴的最佳实践学习方法，集成了治理实践案例检索、案例评价和案例整合三个串行联动的组分，如图 4-2 所示。其中，案例检索是通过匹配现实场景与历史案例场景，检索最符合现实场景需求的案例用于提炼治理方案；案例评价是对检索出的案例进行治理问题识别，筛选具有问题针对

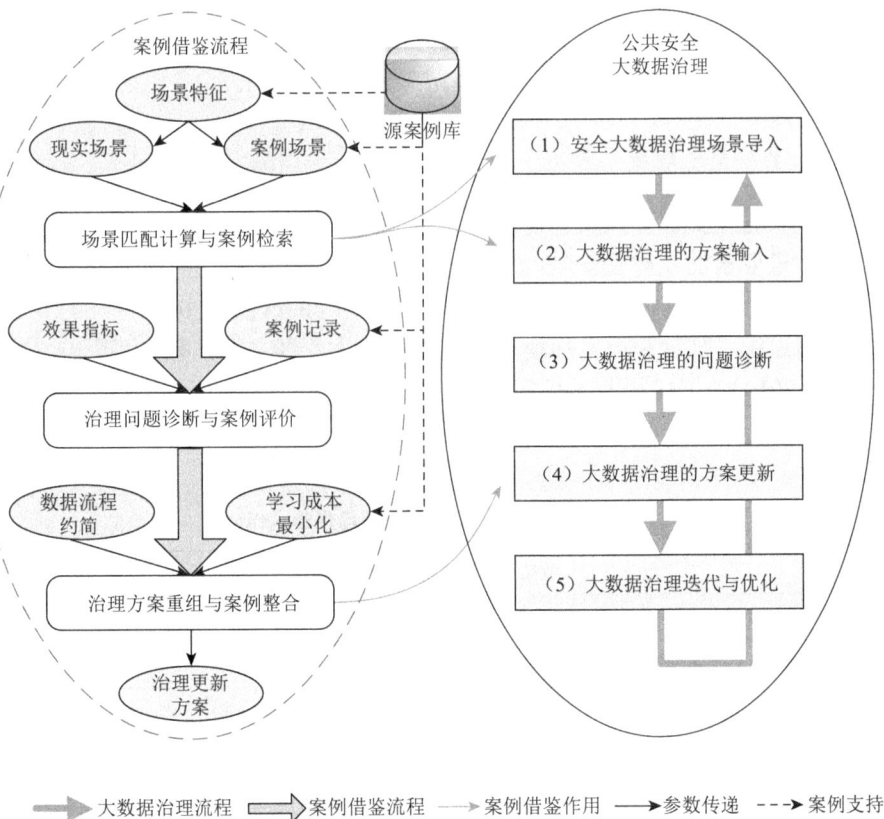

图 4-2　双治理最佳实践生成的案例参考原理

性的治理方案；案例整合是将筛选出的优质方案进行结构重组，充分汲取历史案例蕴含的优质经验，最终生成能够指导现实场景大数据治理问题应对的系统性治理方案。

4.3.2　结构无关层最佳实践的案例参考模型表达

从理论视角出发，根据前述大数据治理的逻辑描述，实现治理所需的关键知识要素包含安全大数据治理场景、大数据治理方案与大数据治理问题，由此可构造大数据治理案例的〈场景（S）–实践（P）–问题（D）〉案例架构。然而，通过对多个样本城市的实践调研发现，其案例记录通常包含场景、实践与效果三部分，较少直接涉及存在的大数据治理问题。究其原因，是治理问题复杂多样，从组织、规制、技术等不同视角分析得到的治理问题往往存在差异，造成问题认知困难。通过进一步解析发现，这些问题虽然缺少显性描述，却可以通过分析治理最佳实践的效果数据得到（王刚等，2016），由此助力问题诊断与方案更新。综上，本章构造的大数据治理架构包括〈场景（S）–实践（P）–效果（E）〉三个关联组分，下面介绍其结构化表达。

1. 公共安全治理场景表达

场景表达主要包含突发事件风险情景与应对任务两方面知识要素，分别由突发事件情景要素的〈时空影响–致灾因子–承灾体–孕灾环境〉体系以及灾害任务要素的〈预防–准备–响应–恢复〉体系转化得到（刘铁民，2012）；同时，公共安全治理的组织、规制和技术环境对挖掘形成的大数据方案具有重要影响（周利敏和童星，2019）。本章从上述基本要素出发，以城市防火为例，从相关文献和历史案例中提炼公共安全治理的关键场景要素及其特征如表 4-1 所示。

表 4-1　城市火灾安全治理场景表达示例

框架名：〈公共安全治理场景〉		
框架结构	数据类型	场景特征取值与含义
槽 1：风险情景（火灾隐患）		
面 11：风险类别	数值型	"1"—生产类火灾；"2"—生活类火灾；"3"—其他类火灾
面 12：风险范围	数值型	"1"—社区级；"2"—街道级；"3"—区级；"4"—市级
面 13：风险水平	数值型	城市火灾年发生数量 [a]
面 14：风险影响	数值型	城市火灾年直接损失 [b]

框架名:〈公共安全治理场景〉		
框架结构	数据类型	场景特征取值与含义
槽2:应对任务		
面21:任务阶段	数值型	"1"—风险防范;"2"—应急准备;"3"—应急响应;"4"—应急恢复
面22:任务类别	数值型	"1"—火灾隐患识别;"2"—火灾风险分析;"3"—火灾风险处置;"4"—火灾应急救援;"5"—综合风险管理
面23:实现过程	数值型	"1"—分析;"2"—共享;"3"—协同;"4"—监督
槽3:治理环境		
面31:组织环境	数值型	"1"—数据治理由自身负责;"2"—有专门数据治理组织但隶属于其他部门(如信息化局);"3"—有专门数据治理组织且与其他部门同级
面32:规制环境	数值型	数据开放程度(根据当时开放数林综合指数[c]评估)
面33:技术环境	数值型	"1"—没有火灾风险管理的专用平台;"2"—有专用平台但仅限于隐患识别等特定管理任务;"3"—有服务于多类火灾风险管理任务的专用平台

a 城市火灾年发生数量来源于应急管理部消防救援局发布的《中国消防救援年鉴(2019年卷)》;b 城市火灾年直接损失来源于应急管理部消防救援局发布的《中国消防救援年鉴(2019年卷)》;c 开放数林综合指数来源于复旦大学和国家信息中心数字中国研究院联合发布的《中国地方政府数据开放报告》

2. 大数据治理实践表达

大数据治理实践被表达为数据链网络结构,数据链与城市公共安全治理的业务流程一一对应,刻画了其数据流程,其他关键的治理实践特征要素用于描述数据链要素及其关联关系。这些关键特征要素主要包括前序数据链、执行时间、组织结构、数据链构成和数据链含义,其框架结构表达如表4-2所示。

表4-2　城市火灾安全治理数据链结构的框架表示

框架名:〈城市火灾安全治理数据链〉			
框架结构	数据类型	存储符号	注释
槽1:前序数据链	字符型	DatL_before	执行顺序在该数据链之前的数据链
槽2:执行时间	数值型	DatL_time	执行该数据链的大致时间
槽3:组织结构			
面31:目标	字符型	DatL_goal	数据链的执行目标
面32:组织	字符型	DatL_subject	执行该数据链的组织主体
面33:渠道	字符型	DataL_channel	实现该数据链的渠道(平台、人工等)

框架名：〈城市火灾安全治理数据链〉			
框架结构	数据类型	存储符号	注释
槽4：数据链构成			
面41：数据输入	字符型	Data_input	数据链的数据输入
面42：数据输出	字符型	Data_output	数据链的数据输出
槽5：数据链含义			
面51：任务含义	字符型	DataL_task	数据获取、共享、分析等数据任务
面52：业务含义	字符型	DataL_business	数据链对应的城市公共安全治理的任务流程

3. 治理最佳实践效果表达

最佳实践效果指标的选择依赖于涉及的具体治理问题及问题特征。因此，在构建实践效果的结构表达前，首先结合已有大数据治理场景模型（Liu et al.，2022）和实践调研资料提炼了典型的大数据治理问题，共涉及大数据治理组织、数据确权、数据流程、治理规制、元数据标准、数据安全、数据质量、数据存储和基础设施等 8 个大类问题和 19 类细化问题，这些大数据治理问题的具体情况如表 4-3 所示。针对典型数据权缺失、合规审计、流程冗余等典型的大数据治理问题，表 4-4 展示了其方案数据链网络结构与效果指标间的关联关系，这些关联将在用例中进行应用阐述。

表 4-3　城市公共安全大数据治理的问题分类

一级问题分类（8类）	二级问题分类（19类）	对城市公共安全治理的潜在影响
治理组织	组织缺失 主体责任不明	流程低效、协同困难…… 资源浪费、决策失效、协同困难……
数据确权	数据权缺失 数据权冗余	数据安全隐患、不合规…… 流程低效、协同困难……
数据流程	流程冗余 流程缺失 流程低效（数据更新延迟）	应对时效、资源浪费、决策失效…… 决策失效、流程低效…… 应对时效、资源浪费……
治理规制	合规性核查缺失 规制缺失（失规）	数据管理监测困难、违规操作…… 数据泄露、违规操作……
元数据标准	标准缺失 过多的标准	数据共享困难、决策偏差…… 协同困难、数据共享成本高……
数据安全	数据安全技术缺失	防范数据泄露等行为能力不足……

续表

一级问题分类（8 类）	二级问题分类（19 类）	对城市公共安全治理的潜在影响
数据质量	数据准确度低 容错性差 与流程的匹配性差	决策偏差、决策失效…… 服务中断、应对时效…… 资源浪费、数据存储浪费……
数据存储和基础设施	数据存储不足 数据处理技术缺失 数据收集设备缺失 数据使用平台缺失	基于大规模数据的决策能力不足 数据集成困难、数据质量问题…… 数据类型限制、流程低效…… 流程低效、数据价值识别能力不足

表 4-4　典型大数据治理问题的最佳实践效果指标

问题类型	数据链网络结构	说明	最佳实践效果指标清单
数据确权 （数据权缺失）		数据项 a 的跨组织数据共享花费的时间（即 t_1）显著高于预期（即 T），这影响了相应业务流程的完成效率	1. 数据输入与数据输出 2. 数据输入组织与数据输出组织 3. 数据链执行时间 4. 数据输入的数据权缺失
		存在不止一次数据共享，意味着组织间交流花费过多时间，这导致相应业务流程执行低效	1. 第 1 条数据链（$a \to a$）数据确权问题 2. 第 2,3,… 条数据链（$a \to b$）关联 3. 最后 1 条数据链（$b \to b$）数据确权问题
合规审计		外部数据 c 的共享缺少合规审计，造成数据共享时间（即 t_3）显著高于预期（即 T）	1. 数据输入与数据输出 2. 数据输入组织与数据输出组织 3. 数据链执行时间 4. 数据链缺少合规审计
流程冗余		存在多种获取数据项 b 的方式，每种方式由若干数据链实现，且不同方式是彼此独立的	1. 输出数据项（b） 2. 输入数据链数量 3. 输入数据链间存在独立性

4.3.3　案例情景匹配与案例检索

在场景相似度的计算上，基于欧氏距离计算法（Mustapha，2018），增加场景特征权重以提高相似度计算的可靠性。记案例的论域为 U^P，历史实践案例 HP_i 的

第 k 个场景特征为 $s_k(\mathrm{HP}_i)$，第 k 个场景特征的权重为 w_k，场景特征的论域为 Ω，则历史案例 HP_i 场景和现实场景 RP 的场景相似度 $\mathrm{Sim}(\mathrm{HP}_i, \mathrm{RP})$ 可表达为

$$\mathrm{Sim}(\mathrm{HP}_i, \mathrm{RP}) = \left(\sum_{k \in \Omega} w_k \mathrm{Sim}_k(\mathrm{HP}_i, \mathrm{RP}) \right)^{\frac{1}{2}}$$

$$= \left(\sum_{k \in \Omega} w_k \left| s_k(\mathrm{HP}_i) - s_k(\mathrm{RP}) \right|^2 \right)^{\frac{1}{2}}, \quad \mathrm{HP}_i \in U^P \tag{4-1}$$

其中，$\mathrm{Sim}_k(\mathrm{HP}_i, \mathrm{RP})$ 表示历史案例场景和现实场景在第 k 个场景特征上的相似度，场景特征权重的取值采用变异系数法（刘天畅等，2017）确定。相似案例检索的规则是：由决策者设定阈值 α，若 $\mathrm{Sim}(\mathrm{HP}_i, \mathrm{RP}) > \alpha$，则将实践案例 HP_i 作为相似案例。由此，将相似场景实践案例中的治理方案抽取出来，构成最佳实践集。一般而言，大数据治理场景匹配得到的相似案例有多个，生成的最佳实践也有多个。

4.3.4　大数据治理问题诊断与案例评价

问题诊断是大数据治理的核心环节。在最佳实践学习过程中，本章通过诊断目标案例与历史案例存在的治理问题，对历史案例进行评价，筛选能够有效应对现实问题的优质实践。具体而言，针对目标案例（即现实场景）存在的问题，若在历史案例中得到求解（即历史案例中不存在该类问题），则认为历史案例蕴含的方案为优质实践，否则认为是非优质实践。根据公共安全大数据治理的阶段，将问题诊断划分为全局问题诊断与微观问题诊断两类。

1. 全局问题诊断

全局问题诊断是指在还未开展系统性治理分析实践的阶段，应急组织内的数据流程尚不完整，需要从全局角度分析公共安全治理场景的数据需求，由此开展问题诊断与最佳实践分析。在该过程中，通常设置若干目标数据项（即直接支持公共安全治理决策的数据），分析其现阶段存在的治理问题。例如，在火灾隐患识别中，通常关注火灾隐患数据的准确率、容错性等数据质量问题。

2. 微观问题诊断

微观问题诊断是指在已开展治理分析实践的阶段，针对现实数据流程中存在的局部治理问题开展问题诊断，实现已有实践的更新优化和公共安全治理决策水平的持续提升。在该阶段的问题诊断中，通常不设置具体的数据项，而采用逆向推理机制（谢勇和王红卫，2002），从数据流程尾端至首端，依次识别各数据项存

在的治理问题；同时，先识别出的问题影响范围更大，问题应对价值更加显著，如图 4-3 所示。

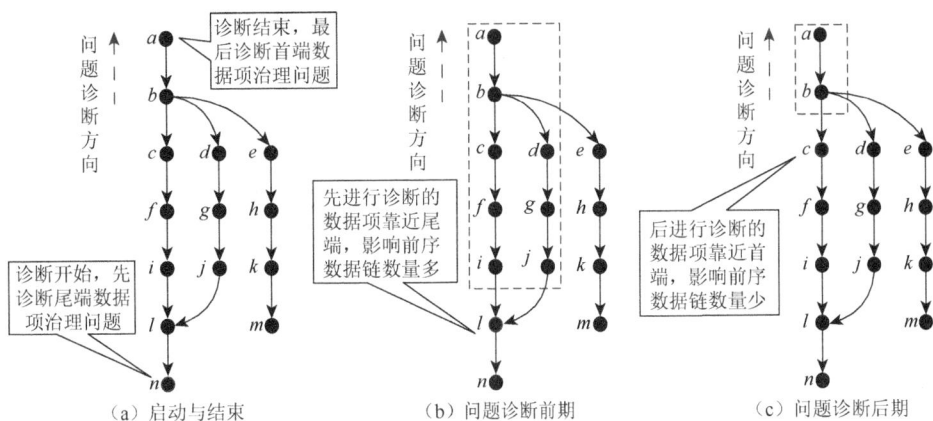

图 4-3　问题诊断的逆向推理机制要点

在某数据项的治理问题诊断中，设定待识别的大数据治理问题类型集为 $PT = \{p_1, p_2, \cdots, p_T\}$，治理实践的效果指标集为 $EI = \{e_1, e_2, \cdots, e_I\}$，问题类型与效果指标的映射规则为 $MR = \{m_1, m_2, \cdots, m_T\}$，典型的映射规则如表 4-4 所示。基于规则推理法（王颜新等，2012）的问题诊断流程如下。

第一步：初始化相关参数，设置指针变量 $k = 0$，设置指针变量 $t = 0$，问题诊断结果为 $OR \in \{1, 0\}$（其中 "1" 和 "0" 分别代表存在或不存在该类问题）。

第二步：令 $k = k + 1$，若 $k > T$，说明所有问题均已识别完毕，问题诊断结束；对 $k \leq T$，根据前述映射规则，生成待赋值的治理效果指标集 $EI_k = (EI \mid m = m_k)$，计算指标集大小（即指标数量）L_k。

第三步：令 $t = t + 1$，若 $t > L_k$，说明所有指标赋值完成，直接进入第四步；对 $t \leq L_k$，对指标 $e_t \in EI_k$ 进行赋值，同时重新进入该步骤。

第四步：基于赋值的指标取值，生成该问题诊断结果 $r_k \in OR$，同时返回第二步，重置指针 $t = 0$。

4.3.5　大数据治理最佳实践重组与案例整合

当问题诊断后仍存在多个候选最佳实践时，需要对候选最佳实践进行结构重组，实现多个案例蕴含实践的有机整合。本章结合已有文献（Alhassan et al., 2016）对大数据治理决策机制的研究，提炼数据流程约简与实践方案应用成本最小化两类关键案例整合原则，同时提供相应的结构化实现逻辑。

1. 数据流程约简原则

从管理复杂性视角出发，大数据治理最佳实践涉及的数据链越多，相应的组织、规制与技术交互越频繁，会带来整体管理效率的下降。数据流程约简原则是指：在不影响核心治理数据链任务实现的基础上，数据流程应包含尽量少的数据链，以避免低效的数据运营管理。从实现逻辑上，设计该原则对应的方案整合结构，如图 4-4（a）所示。

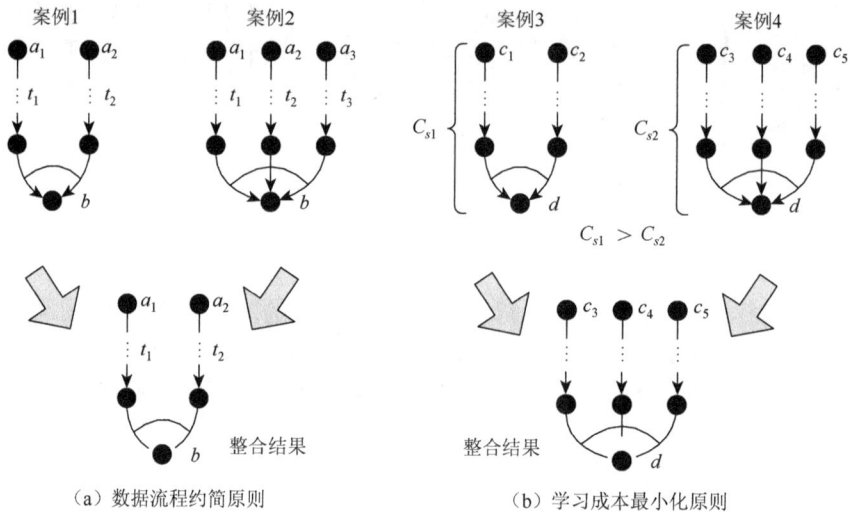

（a）数据流程约简原则　　　　　　　（b）学习成本最小化原则

图 4-4　多案例实践的最佳实践整合结构表达

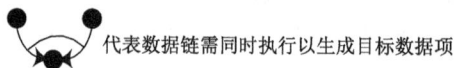

代表数据链需同时执行以生成目标数据项

2. 应用成本最小化原则

实践成本是影响大数据治理最佳实践采纳的核心因素之一，最佳实践整合应充分考虑实践应用带来的全面成本 C_s。这里，全面成本至少包含时间成本 C_t、沟通成本 C_c 和经济成本 C_e 三类的综合（张琦等，2019）。其中，时间成本指实践总耗时，由各数据链执行时间加总得到；沟通成本是指由跨组织数据共享带来的实践成本，可根据数据目录中的共享程度进行测度；经济成本是指数据采集、数据处理与数据存储等带来的软硬件成本，可在案例构建阶段进行估算并嵌入实践特征。设定三类成本的权重分别为 ξ_t、ξ_c 以及 ξ_e，则全面成本 $C_s = \xi_t C_t + \xi_c C_c + \xi_e C_e$。应用成本最小化原则是指：在存在多种可替代数据流程时，选取全面成本最小的用于最终最佳实践更新，其方案整合结构如图 4-4（b）所示。

4.4　结构相关层最佳实践的模型迁移学习方法

4.4.1　结构相关层最佳实践学习的模型迁移原理

以异地同场景迁移学习为例，聚焦城市基层治安事件分类任务，研究在事件样本数据不平衡情况下是否能够通过迁移其他区域的大样本实现本区域事件分类效果提升。

4.4.2　事件分类中最佳实践的跨区域迁移原理

本章应用的是一种基于特征的迁移学习方法——领域自适应（domain adaptation），将本地事件特征映射到异地事件特征上，利用强势异地事件的分类知识来提升弱势本地事件的分类精度。在进行跨区域知识迁移时，需要考虑两个问题：第一是不同区域的语言表达差异问题；第二是强势异地事件的特征方案（如特征选择、特征权重）会影响知识迁移效果，主要反映在类内紧凑性差和类间可分性差两方面。

针对第一个问题，本章构造本体模型来建立标准化的事件特征表达方式，为优化特征方案和学习映射矩阵提供事件描述的基准；针对第二个问题，本章在已有特征空间基础上，基于改进的边际 Fisher 分析方法实现最小化类内紧凑性和最大化类间可分性。在上述两个模块基础上，应用领域自适应学习本异地事件特征间的映射矩阵，整个方法的基本原理如图 4-5 所示。

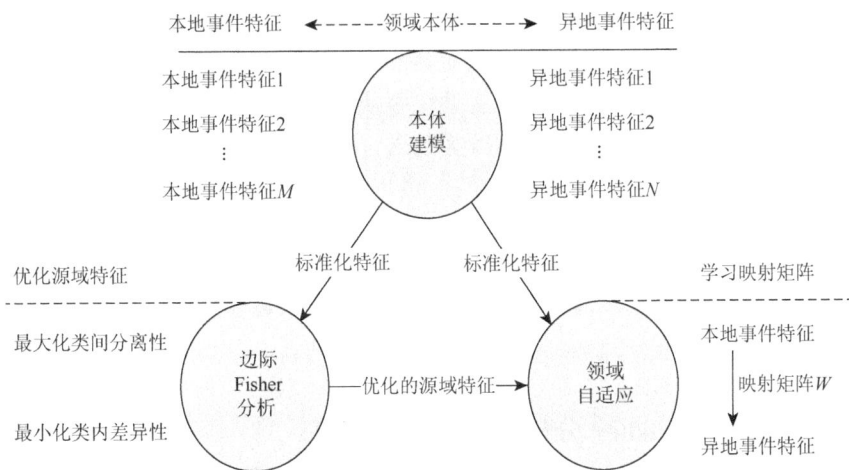

图 4-5　事件分类中跨区域最佳实践迁移的原理

4.4.3 本体建模：消减不同区域语言表达差异

1. 领域本体表达

城市基层治安事件中语言比较复杂，口语化程度也较高。常有多个词语表达同一个事件特征，即特征概念的同义词；或是多个词语均表达某一个特征概念的子概念，即概念的下位词。为了消减不同区域间的语言表达差异，本书将领域本体定义如下：

定义 4-1 领域本体采用一个二元组表示，即 $O = \langle C, R \rangle$。其中，C 表示领域概念，R 表示概念间关系。$C = \langle C_I, C_N, C_S, C_H \rangle$。$C_I$ 表示概念的唯一标识符（unique identifier），C_N 表示概念的通用术语（generic term），C_S 表示概念的同义词集（synonym set），C_H 表示概念的下位词集（hyponym set）。$R = \langle R_T, R(C_{I1}, C_{I2}) \rangle$，$R_T$ 表示关系的类型，如 part of（……的一部分）和 attribute of（……的属性），C_{I1}、C_{I2} 为语义相关的两个概念。

以易燃物暴露为例，领域本体为

$$C_1 = \langle 01, 位置, C_S (地点, 场所, 现场, 坐标), \varnothing \rangle$$

$$C_2 = \langle 02, 道路, \varnothing, C_H (道路, 路边, 小路) \rangle$$

$$R = \langle \cdots\cdots的属性, (道路, 位置) \rangle$$

其中，$\varnothing$ 表示空集。

2. 利用领域本体对跨区域特征进行统一表达

首先，采用词频-逆向文档频率（term frequency-inverse document frequency，TF-IDF）计算概念在事件本文中的权重，提取权重较高的概念词；其次，利用构造的领域本体将这些概念词中的方言词汇替换为通用词汇；最后，利用本体中的概念关系继续搜索概念词，不断消减区域语言表达差异。

3. 领域本体的更新

随着城市管理事件的积累，概念的权重也将发生变化，需要添加新概念或去掉权重低的概念，使得领域本体能切实为消减语言表达差异以及提高最佳实践学习能力服务。

4.4.4 改进边际 Fisher 分析：优化源域特征

边际 Fisher 分析是基于图嵌入的框架，设计出描述类内紧凑性的本征图和类间区分性的惩罚图，如图 4-6 所示。本章对传统边际 Fisher 分析方法进行了改进，改进后边际 Fisher 分析方法的距离度量方式是内积，而不是传统的欧氏距离。这是为了优化算法的求解过程，同时与后面的迁移学习算法中的距离度量方式保持一致，以保证算法求解的一致性。

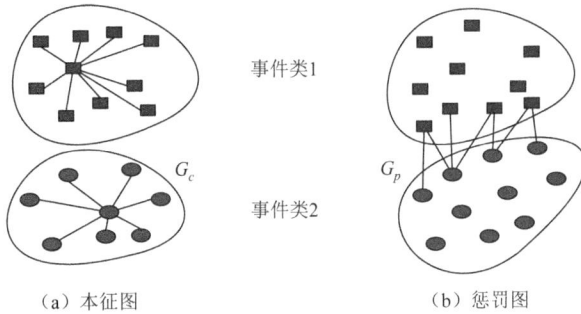

图 4-6　边际 Fisher 分析的图结构：本征图和惩罚图

在本征图 G_c 中，同类点的邻近关系由每一个样本与 k 个与其同类且邻近的样本点的距离值之和表示，因此类内紧凑性 S_c 可以表示如下：

$$S_c = \sum_i \sum_{i \in N_k(j) \text{ or } j \in N_k(i)} (M^\mathsf{T} x_i)^\mathsf{T} M^\mathsf{T} x_j \tag{4-2}$$

其中，M 为特征变换矩阵；$N_k(i)$ 为 k 个与样本 x_i 同类且最邻近的样本点的索引集。在惩罚图 G_p 中，类间边界点的邻近关系由边界奇异点与 m 个与其异类且邻近的样本点的距离之和表示，因此类间分离性 S_p 可以表示如下：

$$S_p = \sum_i \sum_{(i,j) \in P_m(c_i) \text{ or } (i,j) \in P_m(c_j)} (M^\mathsf{T} x_i)^\mathsf{T} M^\mathsf{T} x_j \tag{4-3}$$

其中，$P(c_i)$ 为 $\left\{ (i,j) \middle| i \in \pi_{c_i}, j \notin \pi_{c_i} \right\}$ 中 m 个最邻近的边界样本对的索引集。目标函数为最小化类内差异性和最大化类间分离性，则 M 可利用图嵌入结构得到，表述如下：

$$M = \arg\min_M \frac{S_c}{S_p} \tag{4-4}$$

4.4.5　领域自适应：学习映射矩阵

领域自适应本质是学习公共的特征表达（本章将此公共特征空间称为潜空间），使得源域和目标域有尽可能相同的分布，从而使得从源域学习的知识可迁移至目标域并得到转换矩阵 W。设源域 A 和目标域 B 的类别数均为 c，其中 A 有 p

个样本点，设为 $X = [x_1, x_2, \cdots, x_p]$；$B$ 有 q 个样本点，设为 $Y = [y_1, y_2, \cdots, y_q]$。为避免过拟合，将 W 正则化，目标是使偏差 $\psi(W)$ 最小化，将目标函数表示如下：

$$\min_W \psi(W)$$
$$\text{s.t. } f_i(X^{\mathrm{T}}WY) \geqslant 0, \quad 1 \leqslant 0 \leqslant c \tag{4-5}$$

其中，$f_i(X^{\mathrm{T}}WY)$ 为域间约束条件。为了简化算法，对 W 使用 LogDet 正则化，将 $\psi(W)$ 表示为 W 的奇异值 $\sigma_1, \sigma_2, \cdots, \sigma_z$ 之和，即 $\psi(W) = \sum \psi_i(\sigma_j)$，$\psi_i$ 为一个标量函数。本章以内积形式表示样本间的相似性函数（Xiang et al., 2010），设内积 $K_A = X^{\mathrm{T}}X$，$K_B = Y^{\mathrm{T}}Y$，该问题的最优解为 $W = XK_A^{-1/2}LK_B^{-1/2}Y^{\mathrm{T}}$，其中，$L$ 是一个 $p \times q$ 的矩阵。

考虑到类内相似性和类间差异性，建立对应的约束条件。设 $\left(x_i, l_i^A\right)$ 是源域 A 中的标记样本，l_i^A 是 x_i 的标签；$\left(y_i, l_i^B\right)$ 是目标域 B 中的标记样本，l_i^B 是 y_i 的标签。针对 A 和 B 中样本构成的样本对，约束条件转化如下：

$$f_{ij}(x_iWy_j) = x_i^{\mathrm{T}}Wy_j - l, \quad l_i^A = l_j^B$$
$$f_{ij}(x_iWy_j) = u - x_i^{\mathrm{T}}Wy_j, \quad l_i^A \neq l_j^B \tag{4-6}$$

其中，l 和 u 分别为样本点相似性的上限和下限参数。对同类样本对来说，相似性越大越好；对不同类样本对来说，相似性越小越好。

综上，设标量函数 $\psi_i(\sigma_j) = \sigma_j^2/2$，映射矩阵学习问题的求解转化为下式：

$$\min_W \sum_{j=1}^{z} \sigma_j^2/2$$
$$\text{s.t. } x_i'^{\mathrm{T}}Wy_j' - l, \quad l_i^A = l_j^B \tag{4-7}$$
$$u - x_i'^{\mathrm{T}}Wy_j', \quad l_i^A \neq l_j^B$$

其中，$x_i' = Mx_i$，$y_j' = My_j$。由于该问题是一个严格凸优化问题，设松弛系数为 λ，则上式最终表示如下：

$$\min_W \sum_{j=1}^{z} \sigma_j^2/2 + \lambda \sum_i \sum_j f_{ij}[(Mx_i)^{\mathrm{T}}W(My_j)]$$
$$\text{s.t. } x_i \in X, y_j \in Y \tag{4-8}$$

因此，给定强势类事件 WC 和弱势类事件 SC，通过领域自适应学习映射矩阵 W。对于弱势类事件 WC，提取其特征 X，并利用矩阵 W 将 X 映射到隐空间得到相应的强势类事件 SC 特征，$Y = XW$。得到的 SC 特征随后使用朴素贝叶斯分类器（naive Bayesian classifier）进行训练和检验。

4.5　非结构化最佳实践的想定学习方法

非结构化治理最佳实践面临的最大挑战是该类最佳实践的结构是未知的，难以直接应用案例驱动方法进行分析。在信息管理领域，已有研究在处理不确定性知识时常采用想定分析，即利用已有决策分析资源（如历史案例、专业知识、从业经验等）系统设想与分析知识结构（包括构造新知识结构或挑战已有知识结构），由此生成适应问题情景知识结构的过程。本章将以想定分析为思路，提出非结构化最佳实践的结构想定方法，助力该类最佳实践的案例参考应用，进而实现非结构化最佳实践分析。

4.5.1　非结构化最佳实践学习的想定分析原理

最佳实践的结构想定分析是指在非结构化最佳实践涌现时，利用已有决策分析资源（如历史案例、专业知识、从业经验等）系统设想与分析知识结构（包括构造新知识结构或调整已有知识结构），由此生成情景适应性知识结构的过程。结构想定分析能够充分考虑非结构化最佳实践的结构不确定性与潜在的多样化结构可能性，亦将双治理分析主体的管理需求纳入决策。结构想定分析通常包含三个串行联动的组分，分别为最佳实践的结构想定触发、最佳实践的结构想定方案评估以及最佳实践的结构想定方案生成。

1. 最佳实践的结构想定触发

一般而言，非结构化的最佳实践难以具象化，需要触发分析主体开展结构想定。最佳实践的结构想定触发是分析主体利用各类分析资源（如历史案例、海量数据等），触发自身进行最佳实践结构想定的过程，其结果应是一个或多个候选想定方案。最佳实践结构想定触发是非结构化最佳实践分析的关键，其基本原理是将最佳实践中的不确定要素构想转化为确定要素。

2. 最佳实践的结构想定方案评估

想定方案评估与应用是从想定方案的预期效果出发，选择潜在的最优想定方案用于情景应对。除了对问题情景的有效应对情况，通常还应考虑方案的成本与经济价值。

3. 最佳实践的结构想定方案生成

最佳实践结构的想定方案生成是指分析主体综合想定触发和方案评估得

到的各类结构方案，以特定决策方法与准则为依据，选择可用结构想定方案的过程。

4.5.2　非结构化最佳实践的结构想定触发

结构想定是一项系统工程，其方案设计须以特定知识资源（如现实案例、海量数据等）为触发。由于缺乏直接可用的实践结构，结构想定的触发尤为重要，其决定着分析主体是否能够顿悟可用的最佳实践结构。然而，触发最佳实践结构想定的知识资源分布于多个渠道（媒体报道、网络、文献等），若缺乏触发的方法论支持，将难以实现最佳实践结构的想定方案提出，非结构化最佳实践的分析也将缺失依据。因此，对非结构化最佳实践分析的结构想定触发应从系统性和有序性角度触发，辅以相应的触发方案。从现实基层社会调研中可以发现，代表性的结构想定知识资源为案例和数据，下面将分别介绍基于案例触发和数据触发的结构方案想定思路。

1. 基于案例触发的结构方案想定

基于案例触发的结构方案想定是指在政府工作报告、媒体报道、文献记录等历史和现实案例的触发下，分析主体进行非结构化最佳实践分析，在案例知识支持下设计想定候选方案。以案例所属区域为依据，基于案例触发的结构方案想定可被划分为内部案例触发想定和外部案例触发想定两类。

第一，内部案例触发想定。内部案例触发想定是分析主体以政府部门内部案例为触发，结合非结构化最佳实践的效果需求想定最佳实践的结构构成。例如，分析主体在各部门数据治理交流会上，通过其他部门经验分享，识别了本部门可能存在的数据确权问题，并将问题应对经验结构化为最佳实践。

第二，外部案例触发想定。外部案例触发想定是分析主体在媒体、报道、文献等外部案例触发下，结合非结构化最佳实践的效果需求想定最佳实践的结构构成。例如，不定期的数据治理文献阅读和新闻报道组织研讨。

内外部案例的主要作用在于触发分析主体的案例顿悟，简单易行、无须专业技术支持，但对自身经验和专业知识背景有较高要求。

2. 基于数据触发的结构方案想定

基于数据触发的结构方案想定是指在政府工作数据、网络分析数据、各类统计分析数据等触发下，分析主体进行非结构化最佳实践分析，在数据知识支持下设计想定候选方案。以采用的数据分析范式为依据，基于数据触发的结构方案想定可被划分为数据触发想定和大数据触发想定两类。

第一，数据触发想定。数据触发想定是分析主体在理论分析和实践调研的基础上，提出结构想定假设，再通过收集实证数据来验证假设，由此获取想定方案。例如，分析主体在阅读大数据治理文献时，意识到数据需求交流可能有助于数据权授权，于是在部门内开展数据收集与验证，以分析其可行性。

第二，大数据触发想定。大数据触发想定是分析主体在海量网络或现实数据支持下，从结构想定的知识缺失，直接触发方案生成的过程。例如，分析主体基于网络百科文本分析，直接发现阻碍数据权授权的影响因素与应对方案，从而完成想定结构设计。

基于数据触发的结构方案想定的作用在于辅助分析主体进行假设检验和知识检索，决策支持作用显著，但往往依赖于信息基础设施和设备。

4.5.3　非结构化最佳实践的结构想定方案评估

针对结构想定触发得到的各候选方案，分析其潜在的治理效果，用于筛选可用想定方案。具体而言，将结构想定评估划分为三个核心程序：问题影响计算、实践价值分析以及经济价值确定。

1. 双治理问题影响

双治理问题影响的指标包括影响程度和影响不确定程度两类，问题影响可表征为二者乘积，即问题影响与影响程度以及影响不确定程度成正比，其公式表述如下：

$$\mathrm{PI}_t = \mathrm{IE}_t \bullet \left(\mathrm{IE}_t^{\mathrm{Upper}} - \mathrm{IE}_t^{\mathrm{Lower}} \right) \tag{4-9}$$

其中，PI_t 表示双治理问题 t 的问题影响；IE_t 表示双治理问题 t 的影响程度；$\mathrm{IE}_t^{\mathrm{Upper}} - \mathrm{IE}_t^{\mathrm{Lower}}$ 表示双治理问题 t 的影响不确定程度，$\mathrm{IE}_t^{\mathrm{Upper}}$ 表示问题影响的上限，$\mathrm{IE}_t^{\mathrm{Lower}}$ 表示问题影响的下限。

2. 想定方案的实践价值

实践价值表示的是部署想定方案带来的问题影响减小程度。显然地，针对不同想定候选方案，其实践效果和带来的问题影响减小程度是不同的。在实践价值计算中，应充分考虑问题影响及采用特定方案后问题影响被减小的概率，其公式表述如下：

$$\mathrm{PV}_k = \sum_{t=1}^{T} \mathrm{PI}_t \bullet p_{kt}, \quad k=1, 2, \cdots, K \tag{4-10}$$

处理后得

$$\left|\mathrm{PV}_k\right| = \frac{\mathrm{PV}_k}{\max\{\mathrm{PV}_k\}}, \quad k=1, 2, \cdots, K \tag{4-11}$$

其中，$\left|\mathrm{PV}_k\right|$ 表示结构想定方案 k 的实践价值；PI_t 表示双治理问题 t 的影响（$t=1, 2, \cdots, T$）；p_{kt} 是一类概率，指的是部署结构想定方案 k 时问题 t 影响被有效减小的可能性。

3. 想定方案的经济价值

经济价值除了考虑实践价值外，还要考虑结构想定方案的部署成本，其公式表述如下：

$$\mathrm{EV}_k = \left|\mathrm{PV}_k\right| - \left|C_k\right|, \quad k=1, 2, \cdots, K \tag{4-12}$$

其中，EV_k 表示结构想定方案 k 的经济价值取值；$\left|C_k\right|$ 表示部署结构想定方案 k 所需花费的成本取值。

4.5.4 非结构化最佳实践的结构想定方案生成

以前述小节得到结构想定方案为基础，本小节关注想定方案的选择决策问题，提出三类方案选择的决策准则。

1. 悲观型想定方案选择准则

该类准则是在多个候选结构想定方案的基础上，从潜在实践效果出发，将可能取得最优结果的候选方案作为最终想定方案的决策准则。该准则常被应用于应对棘手、产生严重影响的治理问题。

2. 乐观型想定方案选择准则

该类准则是在多个候选结构想定方案的基础上，从潜在实践效果出发，将可能取得最差结果的候选方案作为最终想定方案的决策准则。该准则常被应用于应对简单、影响不显著的治理问题。

3. 离散型想定方案选择准则

该类准则是在多个候选结构想定方案的基础上，从潜在实践效果出发，把各候选方案整合为少数离散的候选方案的决策准则。该准则常被应用于情景未发生或情景不确定情况下的治理问题。

4.6　双治理最佳实践学习的综合用例分析

4.6.1　结构无关层最佳实践学习的用例分析

城市日常火灾风险分析在减少火灾事故发生中发挥着极为关键的作用，但面临工作量巨大、工作人员短缺、风险分析效果差等现实问题。2017 年 10 月，公安部消防局出台《关于全面推进"智慧消防"建设的指导意见》（简称《意见》），要求全面提高消防工作科技化、信息化、智能化水平。《意见》发布后，全国地级市政府陆续建立辖区火灾风险分析的大数据平台，探索适应自身情况的火灾大数据应用模式。

在河南省濮阳市，其社区火灾风险分析面临如下挑战：第一，决策数据来源于消防安全员巡检获得的特定场所数据，难以覆盖社区全场所；第二，受到数据时效性的影响，在效果上仅能实现特定时间的风险分析，难以确保火灾安全的持续性；第三，火灾风险种类不断增加，涉及社区建筑风险、社区网格化火灾隐患、室内居民行为风险等多个方面，传统的安全巡检＋人工模式难以适应复杂风险的分析需求。本章选取濮阳市为用例，分析其现实场景下的大数据治理方案，验证所提出案例借鉴方法的合理性。

针对上述火灾风险分析需求，基于框架结构构建其治理场景如表 4-5 所示，现实场景时间戳为 2021 年 1 月。案例收集分为两个阶段，第一阶段（2018 年 1 月至 2020 年 12 月），在国家自然科学基金委员会重大研究计划"大数据驱动的管理与决策研究"资助项目支持下，通过对全国多个市区级政府的实地调研，搜集到城市防火场景下的大数据治理案例共 47 例，构成现实实践案例集；第二阶段（2019 年 1 月至 2020 年 12 月），通过文献整理与网络实践案例搜索，结合实地调查，获取到网络实践案例共 51 例，构成网络实践案例集。上述 98 例案例均并入源案例库中，以前文所述的框架结构形式存储。

表 4-5　濮阳市社区火灾风险分析用例的场景特征取值

场景特征	取值	场景特征	取值
风险类别	"2"—生活类火灾	任务类别	"1"—火灾隐患识别
风险范围	"4"—市级	实现过程	"1"—分析
风险水平（单位：起）	875	组织环境	"3"—有专门数据治理组织且与其他部门同级
风险影响（单位：万元）	336.9	规制环境	20
任务阶段	"1"—风险防范	技术环境	"3"—有服务于多类任务的专用平台

第一步，治理场景匹配与案例检索。利用相似度计算公式（4-1）计算公共安全治理现实场景与各历史案例的场景相似度（相似度阈值由决策者设定为 0.8），检索相似实践案例，生成可用治理方案集。根据计算，共检索到相似案例 11 例（HP_1，HP_2，$\cdots$，HP_{11}），包括现实案例 8 例，网络案例 3 例。

第二步，全局问题诊断与治理方案生成。由于濮阳市未系统开展过大数据治理的分析实践，故从其前述三大挑战入手，诊断全局问题，基于案例生成总体实践规划，可以发现，其需求的数据对象对应三类火灾风险，即社区建筑风险、网格化火灾隐患与居民行为风险；以这三类数据的数据准确率问题为抓手（由决策者设定三类数据的准确率阈值为 80%），约简可用治理方案集，问题诊断结果如表4-6 所示。例如，对社区建筑火灾风险的数据分析流程，约简生成包括 HP_4、HP_9 和 HP_{10} 在内的优质方案集。随后，利用数据流程约简原则与成本最小化原则进行最佳实践整合，这里决策者主要关注时间成本，由此设 $\xi_t = 1$，$\xi_c = \xi_e = 0$，最终生成的大数据治理实践总体规划如图 4-7 所示。可以发现，生成的方案提供了关于三类火灾风险的完整数据流程，通过汇聚建筑、电力、通信等数据，生成动态、可视化的火灾风险表达，同时可覆盖城市范围内各个社区，在分析效果上能够满足样本城市需求。

表 4-6　可用实践集的全局问题诊断结果

数据准确率问题	HP_1	HP_2	HP_3	HP_4	HP_5	HP_6	HP_7	HP_8	HP_9	HP_{10}	HP_{11}
社区建筑风险	×	√	√	○	×	√	×	√	○	○	√
网格化火灾隐患	×	√	○	√	√	○	√	√	×	√	○
居民行为风险	√	√	√	×	×	√	√	√	√	√	√

注："√"代表存在数据准确率问题，"×"代表未开展该类风险的大数据治理实践规划，"○"代表有效应对该类问题

第三步，微观问题诊断与实践优化更新。本章研究团队与濮阳市政务服务大数据管理局合作，通过"i 濮阳"应用平台汇聚前述实践总体规划所需建筑、电力、通信、地理等多源异构数据，初步实现多类社区火灾风险的智能化分析。然而，由图 4-7 的数据流程概括可知，总体实践规划生成的数据流程涉及数据链繁杂、风险分析耗时长，仍难以满足社区智慧消防对时效性的需求。据此，针对治理实践总体规划结果，继续诊断大数据治理方案存在的微观问题。基于表 4-3 所示的典型治理问题判断规则，发现实践总体规划存在两类关键微观问题：第一，危险建筑记录与过度用电记录两类数据的查询存在数据确权问题，跨组织的数据共享大幅增加了火灾风险数据的更新时长，不利于火灾风险的及时有效应对；第二，

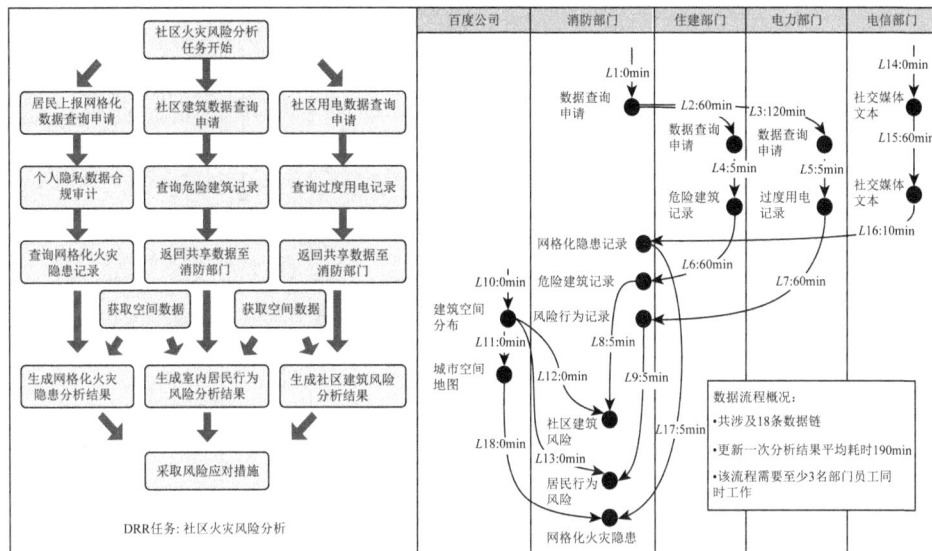

图 4-7　濮阳市用例的大数据治理实践总体规划

受到各级数据管理规制影响，数据共享前社交媒体数据的合规审计与火灾风险分析无关，却浪费了大量分析时间。

　　与全局问题治理类似，以上述 3 类数据项的大数据治理问题为抓手，约简可用治理实践集，问题诊断结果如表 4-7 所示。例如，对过度用电记录的数据确权问题，约简生成包括 HP_4 和 HP_7 在内的优质实践集。关注数据流程约简与时间成本消耗，对各类问题应对的治理最佳实践进行知识整合，生成总体实践的优化更新结果，如图 4-8 所示。从图 4-8 可以发现，治理实践的问题应对思路为：第一，对两类数据的确权问题，通过使用权授权的方式，减少跨组织沟通带来的时间成本；第二，对社交媒体数据的合规审计问题，将网格化隐患记录的查询任务前置（由电信部门负责），网格化隐患记录数据的共享可免于合规审计，由此减少其带来的大量时间消耗。

表 4-7　可用实践集的微观问题诊断结果

数据治理问题	HP_1	HP_2	HP_3	HP_4	HP_5	HP_6	HP_7	HP_8	HP_9	HP_{10}	HP_{11}
数据确权[危险建筑]	×	○	○	×	×	×	×	○	√	√	×
数据确权[用电记录]	×	×	√	○	√	×	○	√	×	×	√
合规审计[社交媒体]	○	√	×	×	×	×	×	×	○	×	√

　　"√"代表存在该类数据治理问题，"×"代表未部署该类数据的治理方案规划，"○"代表有效应对该类问题

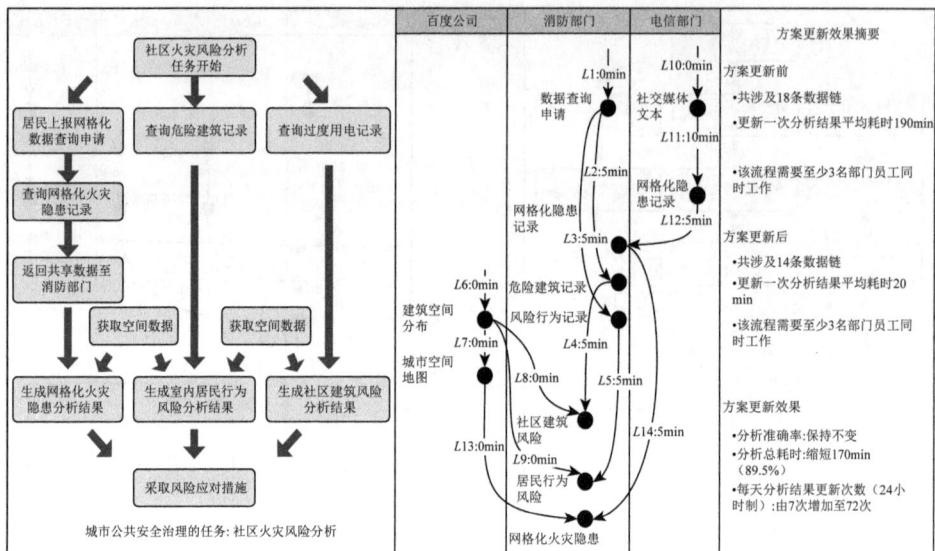

图 4-8　濮阳市用例的大数据治理实践优化结果

通过对比实践更新前后的火灾风险分析效果可以发现，在保证三类风险数据准确率不变的前提下，用例中火灾风险分析的平均耗时由 190 分钟缩短为仅 20 分钟，即分析结果每 20 分钟更新一次。相应地，分析结果的日更新次数由 7 次增加为 72 次。在实践的应用成本方面，建筑数据与用电数据为有条件共享数据，组织沟通成本较低；同时，更新的实践删减了大量冗余数据链，减少了数据运营管理所需的时间、沟通与经济成本。

4.6.2　结构相关层最佳实践学习的用例分析

在基层治安网格化管理中，治安服务实际上是各类网格化管理事件的处理过程，事件由居民上报或治安服务工作人员发现。在智慧城市和智慧社区背景下，利用信息系统（如微信、微博、基层社会管理 App）智能化收集、识别、处理与评估网格化管理事件成为可能，并被广泛应用于网格化管理实践，如图 4-9 所示。其中，治安网格化管理事件分类是基础，其正确性直接决定治安事件能否被投放至对口的管理部门，从而影响治安事件的处理效率。对正确投放的事件，责任部门根据事件描述进行问题处理；在处理完成后，将处理结果反馈至社区网格员或居民进行治安服务评估。

在河南省濮阳市，基层政府采取上述网格化管理模式进行治安管理服务。近年来，濮阳市高速发展带来各类网格化管理问题（如环境、设施、噪声等），事件数量成倍增加。在这样的背景下，濮阳市大数据中心探索部署智能化分析方法（文

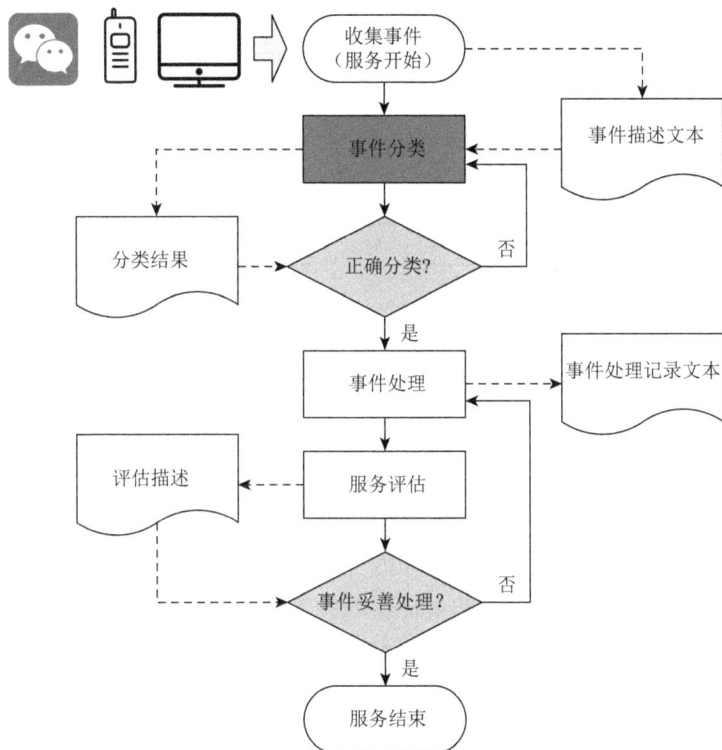

图 4-9　基层治安事件网格化处理流程

本分析算法）进行事件分类，却发现事件分类的正确率并不高，经常出现事件被错分的情况。根据实践调研获得的数据（2017 年 1 月至 2018 年 1 月），濮阳市的网格化事件分类正确率平均为 84.8%，有 4 类事件的分类正确率低于 80%，如表 4-8 所示。事件分类的正确率问题极大地约束了濮阳市的网格化管理效果，2017 年度共有 2335 例事件被错派，平均事件处理时间为 28 小时，居民反馈满意度为 82%。为改善濮阳市的网格化管理效果，最直接的方案为提升事件分类正确率以优化大数据分析模式，但缺乏相应的方案支持。本节针对濮阳市治安事件分类结果的"数据正确率低"问题，分析问题求解的最佳实践方案，以验证本章所提方法的合理性。

表 4-8　河南省濮阳市的基层治安网格化事件分类效果

事件大类	事件具体类别	事件符号	事件数量	分类正确率
基础设施和设备	交通设施破坏	#a	505	**78.0%**
	排水设施破坏	#b	1 266	85.0%
市容和环境	暴露垃圾	#c	3 179	91.0%

续表

事件大类	事件具体类别	事件符号	事件数量	分类正确率
市容和环境	乱贴广告	#d	2 831	90.0%
	绿化污染	#e	2 642	92.0%
	违法建筑	#f	442	**78.0%**
街面秩序管理	乱停自行车	#g	2 302	90.0%
	乱停机动车	#h	1 622	88.0%
	噪声扰民	#i	814	**79.0%**
	违法店铺经营	#j	437	**77.0%**
总计	/	/	16 040	/

注：决策者设置可接受正确率为 80%，各类事件未达到正确率要求的已加粗；样本数据跨度为刚建立网格化系统时间节点（2017 年 1 月）到调研时间节点（2018 年 1 月）

　　根据案例借鉴生成的最佳实践如图 4-10 所示。由图 4-10 可知，治安事件分类结果"数据正确率低"应对的最佳实践为通过跨区域的事件特征映射，帮助提升本地事件分类正确率，其解释的基本原理为：不同区域在相同或相似类别事件

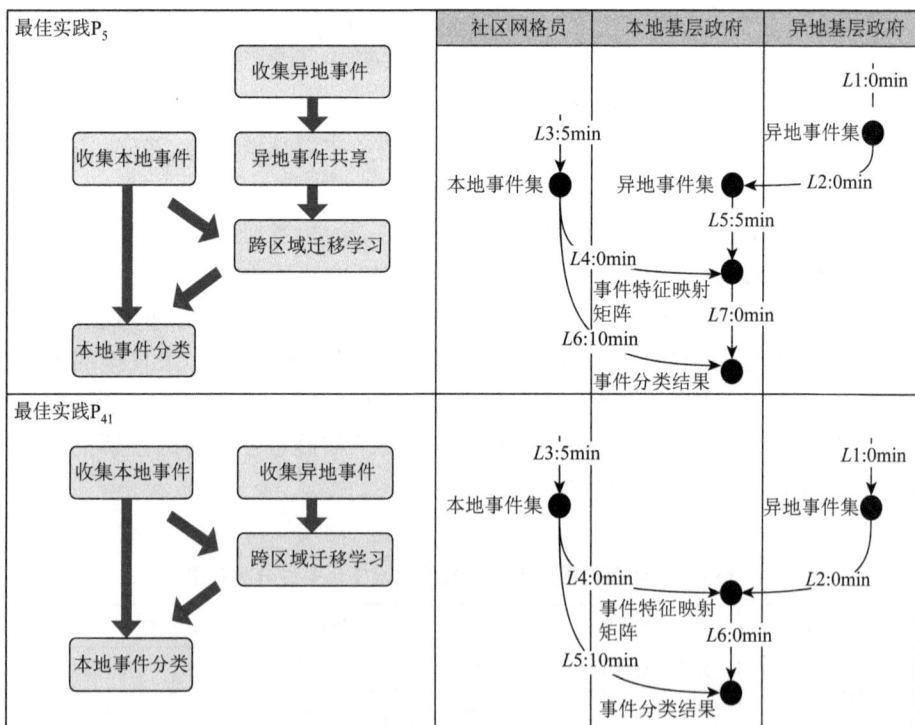

图 4-10　最佳实践清单及数据链网络表达

的样本量是有差异的，体现为异地大数据集和本地小数据集；迁移学习能够将本地事件特征映射到异地事件特征上，利用大数据集异地事件的分类知识来提升小数据集本地事件的分类精度。为验证所生成最佳实践的合理性，通过实地调研收集兰州市的治安网格化管理事件来帮助濮阳市的事件分类。相比濮阳市，兰州市引入治安网格化管理系统较早（2014 年），各类事件均有较多积累，具体见表 4-9。

表 4-9　兰州地区的基层治安网格化事件分布

事件大类	事件具体类别	事件符号	事件数量	分类正确率
基础设施和设备	交通设施破坏	#a	1 134	85.0%
	排水设施破坏	#b	8 040	91.0%
市容和环境	暴露垃圾	#c	47 348	97.0%
	乱贴广告	#d	25 012	95.0%
	绿化污染	#e	720	82.0%
	违法建筑	#f	4 193	90.0%
街面秩序管理	乱停自行车	#g	645	82.0%
	乱停机动车	#h	5 771	91.0%
	噪声扰民	#i	479	78.0%
	违法店铺经营	#j	4 579	89.0%
总计	/	/	97 921	/

利用本书所提模型对迁移学习方法的实验重复进行了 10 次，随后，正确率的均值和方差被可视化地展示并与其他情景进行比较，图 4-11 和图 4-12 分别展示了濮阳市和兰州市的分类结果。很明显，应用跨区域迁移学习后，很多治安网格化事件的分类效果都得到提升。特别是濮阳市，迁移学习实现了 10 类事件中 7 类事件的分类效果提高，使得正确率低的事件类数目由 4 类减少为仅 1 类，分类正确率总体提升 2.4 个百分点（包括#f 提升近 6 个百分点）。对于兰州地区，迁移学习提升了 3 类事件的分类效果，但没有减少正确率低的事件类数量。

事件分类正确率的改善直接带动网格化管理效果的提升。根据 2019 年 6 月的二次调研结果，伴随事件的不断积累与跨区域知识迁移的部署，濮阳市的事件分类正确率已由 84.8%上升至 97.3%，2019 年上半年度仅有 15 例事件被错派，平均事件处理时间由 28 小时缩短至仅 30 分钟，居民反馈满意度由 82%提升至 95%。

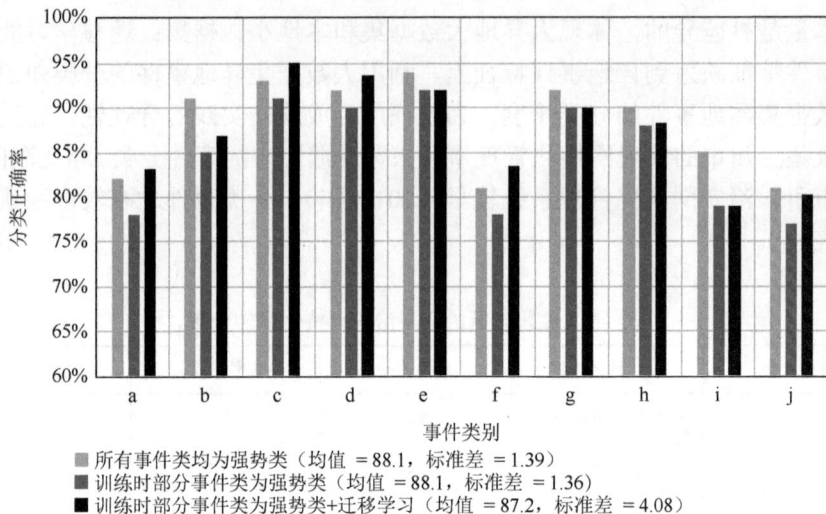

图 4-11　兰州-濮阳的知识迁移结果

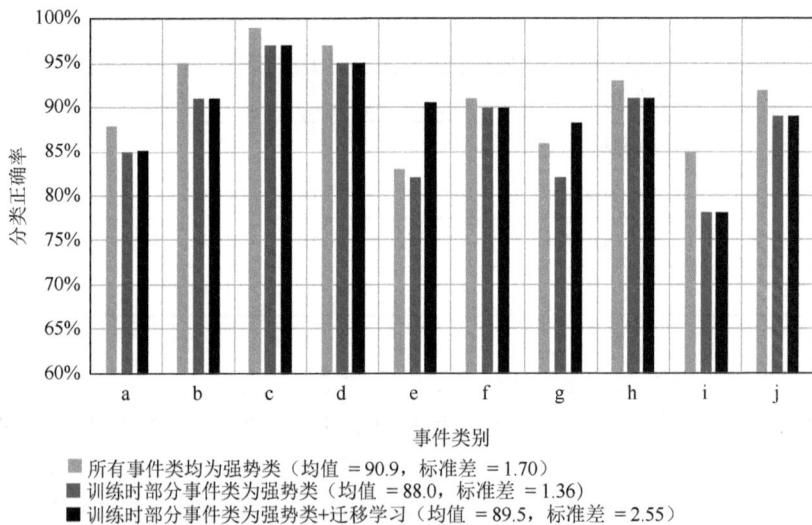

图 4-12　濮阳-兰州的知识迁移结果

　　值得注意的是，用例中最佳实践的生成结果主要适用于除两个极端场景外的中间场景，两个极端场景分别为：所有事件类已获得足够的分类正确率（场景 1）以及只有一类事件获得足够的分类正确率（场景 2）。当然，最佳实践蕴含的迁移学习方法也不应该用于场景 1（一般的机器学习和深度学习方法已经可以给出足够好的分类结果）和场景 2（小样本集事件类较多，带来较大的沟通成本）。跨区域迁移学习的最优适用场景为两个情景间的大量中间场景，即只有部分类为小样本集事件的情况。此时，迁移学习方法实现了不同区域间的优势互补，有助于各自的事件分类正确率。除此之外，生成的最佳实践还可用于与治安网格化管理类似的其他公共安全管理问题，例如，危险建筑排查（涉及危险建筑上报与分类）以及食品安全事件应急管理（涉及安全事件的及时有效识别）。

4.7　本　章　小　结

最佳实践分析的目的是参照与利用最佳实践中的经验知识实现对目标问题情景的有效应对，根据这一点，本章针对复杂双治理场景，分别对结构化和非结构化最佳实践的学习方法开展研究，主要贡献在于以下两点：第一，从层次和地域两个维度出发，建立结构化最佳实践的双维度学习模式，同时研究了结构无关层和结构相关层的典型方法；第二，针对非结构化最佳实践，提出了其结构化的想定分析方法，增加了大数据双治理最佳实践的分析对象范围，拓展了所提结构化最佳实践学习方法的应用场景。

参 考 文 献

郭炜杰，包晓安. 2021. 知识数据库中非结构化文本关键信息抽取模型[J]. 计算机仿真，38（9）：357-360，394.

刘天畅，李向阳，于峰. 2017. 案例驱动的 CI 系统应急能力不足评估方法[J]. 系统管理学报，26（3）：464-472.

刘铁民. 2012. 应急预案重大突发事件情景构建——基于"情景-任务-能力"应急预案编制技术研究之一[J].中国安全生产科学技术，8（4）：5-12.

涂志芳，刘兹恒. 2020. 我国多学科领域数据出版质量控制最佳实践研究[J]. 图书馆杂志，39（9）：70-77.

王刚，汪杨，王珏，等. 2016. 基于证据分组合成的企业数据治理评价研究[J]. 系统工程理论与实践，36（6）：1505-1516.

王颜新，李向阳，徐磊. 2012. 突发事件情境重构中的模糊规则推理方法[J]. 系统工程理论与实践，32（5）：954-962.

谢勇，王红卫. 2002. 基于逆向推理策略的模型集成[J]. 计算机集成制造系统，（9）：690-695.

应急管理部消防救援局. 2020. 中国消防救援年鉴（2019 年卷）[M]. 北京：应急管理出版社.

张琦，刘人境，杨晶玉. 2019. 知识转移绩效影响因素分析[J]. 科学学研究，37（2）：311-319.

周利敏，童星. 2019. 灾害响应 2.0：大数据时代的灾害治理——基于"阳江经验"的个案研究[J]. 中国软科学，（10）：1-13.

Alhassan I，Sammon D，Daly M. 2016. Data governance activities：an analysis of the literature[J]. Journal of Decision Systems，25（sup1）：64-75.

Liu R M，Miao Y X，Wang Q R，et al. 2021. Effectivity and efficiency of best management practices based on a survey and SWAPP model of the Xiangxi River Basin[J]. Water，13（7）：985.

Liu Z G，Li X Y，Zhu X H. 2022. Scenario modeling for government big data governance decision-making：Chinese experience with public safety services[J]. Information & Management，59（3）：103622.

Manoharan A P，Ingrams A，Kang D，et al. 2021. Globalization and worldwide best practices in E-government[J]. International Journal of Public Administration，44（6）：465-476.

Mustapha S S M F D. 2018. Case-based reasoning for identifying knowledge leader within online community[J]. Expert

Systems with Applications，97：244-252.

Papanastasiou N. 2021.Best practice as a governing practice：producing best practice in a European Commission working group[J]. Journal of Education Policy，36（3）：327-348.

Webb M，Hurley S L，Gentry J，et al. 2021. Best practices for using telehealth in hospice and palliative care[J]. Journal of Hospice & Palliative Nursing，23（3）：277-285.

Xiang E W，Cao B，Hu D，et al. 2010. Bridging domains using World Wide Knowledge for transfer learning[J]. IEEE Transactions on Knowledge and Data Engineering，22（6）：770-783.

第5章　城市公共安全大数据双治理的规制构建路线图方法

面向双治理复杂情景，治理的核心任务是设计、部署与落实路线图，即驱动治理目标实现（即各类大数据治理问题解决）的系统性方案，在接下来的几章内容中，将讨论不同层面（规制、组织和技术）治理路线图的规划设计问题。在本章中，首先结合历史文献与大规模调研资料，构建了规制、技术、相关组织等不同层面的驱动任务网络；其次，聚焦规制层的双治理合规审计，针对已有合规审计的知识表达问题与核查滞后性，提出基于溯源数据的双治理合规审计模型；再次，将规制管理视角由"合规"拓展为"失规"，以提升规制库完备性为目标，提出了一种基于案例的双治理失规分析模型；最后，以河北邯郸的双治理实践为用例，对前述关键路线图方法的效果进行验证。

5.1　双治理构建驱动的路线图与驱动任务

5.1.1　双治理构建驱动的路线图

治理路线图区别于一般的治理方案：一般的治理方案针对的是治理的某个侧面，如规制一致性检验、数据质量监督、数据权授权机制构建等具体任务（Janssen et al.，2020；van der Aa et al.，2018；Gualo et al.，2021；Janssen and van den Hoven，2015；孟小峰和刘立新，2020）；治理路线图设计针对的是复杂问题情景系统，关注整个治理驱动过程的治理任务构成及其逻辑关系，通常包含规制、主数据、元数据等多方面任务及任务协同。治理路线图还区别于治理决策框架：治理决策框架具有顶层指导意义，治理路线图的规划设计通常以治理决策框架为基准；治理路线图是具体的，它在指导性基础上还应具有较强的可执行性，这对应于治理驱动任务中的驱动目标、驱动主体、驱动对象、驱动机制等多样化任务参数的确定。例如，Abraham 等（2019）提出的大数据治理决策模型，将决策过程分为前因-机制-结果三个基本组分，给出了指导性的工作内容；但由于内容过于庞杂抽象，难以实际应用于治理问题解决。有学者指出，政府公共大数据治理驱动更新应是系统性与可执行性的统一，这恰恰体现了治理路线图分析的现实意义（Liu and Li，2019）。

5.1.2　双治理构建的驱动任务

双治理的驱动任务是路线图的构成单元，即路线图是由众多驱动任务及其执行关联构成的任务网络。本章将以驱动任务为核心分析对象，研究路线图的规划设计问题。根据历史文献（Alhassan et al.，2016；Janssen et al.，2020）和实践治理调研，发现公共安全场景下的大数据治理驱动任务具有如下基本性质。

1. 情景依赖性

驱动任务具有极强的情景依赖性，即针对不同的治理问题情景，采取的驱动任务有显著差异（Liu and Li，2018）。例如，火灾隐患识别中的数据集成问题，通常涉及技术层面的模式对齐、数据融合等技术层次的治理任务；然而，若数据集成存在潜在的规制缺失，则可能涉及失规指标构建和失规评价等规制层次治理任务。针对复杂问题情景，判断应采取的治理驱动任务是基本决策问题，它直接决定治理问题是否能够被妥善解决。

2. 多层次性

由前可知，公共安全及其大数据的双治理涉及规制、技术等多层次治理活动的关联交互，这就决定了治理驱动任务的构成必定具有多层次特性。以大数据治理为例，规制层的大数据治理包含合规性审计和失规分析（即识别与应对规制条款缺失）等任务，是政府部门优化公共安全治理与规避治理过程中风险后果的重要工具（张成等，2011）；技术层的大数据治理体现其信息治理准则，如主数据集成、元数据管理等，同时涉及数据确权、组织结构变革、组织流程重构等组织任务。驱动任务在种类和层次上的多样性亦将双治理区别于一般的组织内综合治理及其数据治理，体现了跨主体数据交互带来的治理复杂性。

3. 多粒度性

从信息系统视角看，双治理涉及的驱动任务具有不同粒度层次，大致可划分为顶层任务、主任务和元任务三个层面。其中，顶层任务关注对治理更新的指导，帮助确定需要分析的治理侧面，如数据确权、流程重构、合规性审计等；主任务主要用于任务选择，其建立问题情景和驱动任务的映射关系；元任务侧重于任务执行，它们是治理路线图中不能或无须再被细分的基本任务构成单元。

4. 执行关联性

双治理的各驱动任务不是独立的，而是互为关联的，这体现为任务在执行上的相互依赖性。例如，数据权的授权、让渡和收回均以数据权的主体确认为基础，其不能越过这一基础任务而被执行。此外，任务执行的关联性通常随着粒度的减小而增加，顶层任务不强调执行，任务间的关联性较弱；元任务强调可执行性，任务间的关联性较强。

5. 涌现性

双治理分析的复杂不确定性系统具有涌现性，即新的问题不断涌现且治理情景也在不断发生变化。相应地，双治理的驱动任务亦随之不断更新完善。例如，随着视频图像数据被用于基层治安等公共安全场景，政府部门更多地部署落实图像数据的集成融合、数据标准执行等治理驱动任务。

5.2　双治理的驱动任务网络构建

通过历史案例分析和实地调研可以发现（Abraham et al.，2019），双治理的驱动任务具有层次性，其在顶层任务框架下可表达为主任务，即指导性较强的大类任务；主任务可继续分解为若干元任务，其可操作性较强，主要用于双治理路线图的部署落实。在本节中，重点关注大数据治理，分别从规制、技术两个层级出发建立驱动任务网络。

5.2.1　规制层双治理的驱动任务网络构建

依据近年来的双治理驱动调研，以规制层驱动为视角，结合 Benfeldt 等学者对组织层治理驱动任务的描述，提炼〈合规审查-失规核查-通用任务〉的顶层驱动任务框架（Liu and Li，2019；Benfeldt et al.，2020；Janssen et al.，2017）；归纳调研实践涉及的主任务及其关联，形成如表 5-1 所示的规制层驱动主任务网络，共涉及 11 项主任务；进一步地，提炼主任务指导下的元任务及其关联关系，形成表 5-2 所示的驱动元任务网络，涉及 38 项元任务。

表 5-1　规制层双治理的驱动主任务网络

符号	主任务名称	顶层任务	前序主任务
MC_1	设计合规分析	合规审查	/
MC_2	运行合规分析	合规审查	MG_1^*，MG_2
MC_3	合规诊断分析	合规审查	MG_1^*，MG_2
MC_4	合规议程启动	合规审查	MG_1^*，MG_2，MG_3^*
ML_1	失规诊断分析	失规核查	MG_1^*，MG_2

续表

符号	主任务名称	顶层任务	前序主任务
ML_2	失规议程设计	失规核查	MG_1^*, MG_2
ML_3	失规议程启动	失规核查	MG_2^*, MG_2, MG_3^*
ML_4	失规风险研讨	失规核查	MG_1^*, MG_2
MG_1	规制整合管理	通用任务	/
MG_2	管理平台建设	通用任务	MG_1
MG_3	组织沟通交流	通用任务	/

注：表中数据来源于历史案例分析和实践调研
*代表必须实施的前序主任务

表 5-2 规制层双治理的驱动元任务网络

符号	元任务	主任务	前序元任务	符号	元任务	主任务	前序元任务
UcD_1	合规约束定义	设计合规分析	UgP_3^*, UgO_2^*	UlA_2	议程问题分析	失规议程设计	/
UcD_2	合规流程生成	设计合规分析	UgP_3^*, UcD_1^*	UlS_1	问题影响交流	失规议程启动	UlA_2^*
UcD_3	合规流程优化	设计合规分析	UcD_2^*	UlS_2	失规议程落实	失规议程启动	UlS_1^*
UcW_1	合规规则确认	运行合规分析	UgP_3^*, UgO_2^*	UlR_1	失规风险确认	失规风险研讨	UlD_4^*, UlR_4
UcW_2	数据状态监测	运行合规分析	UgP_3^*	UlR_2	召开研讨会	失规风险研讨	UlR_1^*, UgO_3
UcW_3	运行记录收集	运行合规分析	UgP_3^*, UcW_2^*	UlR_3	邀请专家解读	失规风险研讨	UlR_1^*, UgO_4
UcW_4	运行合规监测	运行合规分析	UcW_1^*, UcW_3^*	UlR_4	发布科普知识	失规风险研讨	UlR_1^*
UcJ_1	执行模型生成	合规诊断分析	UcJ_5^*	UgR_1	多源规制收集	规制整合管理	UgP_3^*
UcJ_2	合规模型确认	合规诊断分析	UgP_3^*, UgO_1^*	UgR_2	规制体系构建	规制整合管理	UgR_1^*
UcJ_3	一致性设计	合规诊断分析	UcJ_1^*, UcJ_2^*	UgR_3	规制条款分类	规制整合管理	UgR_1^*, UgR_2^*
UcJ_4	一致性检验	合规诊断分析	UcJ_3^*	UgR_4	规制结构存储	规制整合管理	UgR_3^*
UcJ_5	运行日志收集	合规诊断分析	UgP_3^*, UgP_4^*	UgP_1	业务梳理	管理平台建设	/
UcA_1	问题影响交流	合规议程启动	UlR_4, UgO_2	UgP_2	元数据管理	管理平台建设	UgP_1^*
UcA_2	合规议程落实	合规议程启动	UcA_1^*, UgO_1^*	UgP_3	系统平台建设	管理平台建设	UgP_2^*
UlD_1	一致性分析	失规诊断分析	UcJ_4^*	UgP_4	平台使用培训	管理平台建设	UgP_3^*
UlD_2	失规指标构建	失规诊断分析	UlD_1^*	UgO_1	权力主体决策	组织沟通交流	/
UlD_3	失规评价	失规诊断分析	UlD_1^*, UlD_2^*	UgO_2	规制交流学习	组织沟通交流	UgO_1
UlD_4	失规项目确认	失规诊断分析	UlD_3^*	UgO_3	组织协调	组织沟通交流	UgO_1
UlA_1	议程方案确认	失规议程设计	UlD_4^*	UgO_4	专家库构建	组织沟通交流	UgO_1

注：表中数据来源于历史案例分析和实践调研
*代表必须实施的前序元任务

5.2.2　技术层双治理的驱动任务网络构建

依据近年来的双治理驱动调研，以技术层驱动为视角，结合已有文献中对技术层治理驱动任务的描述，提炼〈主数据集成-元数据管理-基础设施支持〉的顶层驱动任务框架（Alhassan et al.，2016；Janssen et al.，2020；Liu and Li，2019）；归纳调研实践涉及的主任务及其关联，形成如表 5-3 所示的技术层驱动主任务网络，共涉及 11 项主任务；进一步地，提炼主任务指导下的元任务及其关联关系，形成如表 5-4 所示的技术层驱动元任务网络，共涉及 38 项元任务。

表 5-3　技术层双治理的驱动主任务网络

符号	主任务名称	顶层任务	前序主任务
MD$_1$	数据标准制定	主数据集成	MI$_1^*$
MD$_2$	集成模式对齐	主数据集成	MD$_1^*$，MI$_1^*$
MD$_3$	集成记录链接	主数据集成	MD$_1^*$，MI$_1^*$
MD$_4$	集成冲突消解	主数据集成	MD$_1^*$，MI$_1^*$
MM$_1$	元数据体系优化	元数据管理	MD$_1^*$，MI$_1^*$
MM$_2$	数据血缘优化	元数据管理	MD$_1^*$，MI$_1^*$
MM$_3$	数据质量诊断	元数据管理	MM$_1^*$，MM$_2^*$，MI$_1^*$
MM$_4$	数据匿名处理	元数据管理	MI$_1^*$，MI$_3^*$
MI$_1$	数据治理平台建设	基础设施支持	/
MI$_2$	数据采集设备购置	基础设施支持	/
MI$_3$	数据分析技术部署	基础设施支持	/

注：表中数据来源于历史案例分析和实践调研
*代表必须实施的前序主任务

表 5-4　技术层双治理的驱动元任务网络

符号	元任务	主任务	前序元任务	符号	元任务	主任务	前序元任务
UdS$_1$	主数据结构调研	数据标准制定	UiP$_3$	UmL$_1$	血缘平台建设	数据血缘优化	UiP$_3^*$
UdS$_2$	元数据需求制定	数据标准制定	UdS$_1^*$	UmL$_2$	血缘关系变更	数据血缘优化	UmF$_1^*$，UmF$_2^*$
UdS$_3$	元数据标准生成	数据标准制定	UdS$_1^*$，UdS$_2^*$	UmL$_3$	血缘变更记录	数据血缘优化	UmL$_2^*$
UdM$_1$	中间模式确认	集成模式对齐	UdS$_3^*$	UmQ$_1$	质量平台建设	数据质量诊断	UiP$_3^*$
UdM$_2$	模式属性匹配	集成模式对齐	UdM$_1^*$	UmQ$_2$	数据质量监督	数据质量诊断	UmQ$_1^*$

续表

符号	元任务	主任务	前序元任务	符号	元任务	主任务	前序元任务
UdM_3	多源模式映射	集成模式对齐	UdM_1^*，UdM_2^*	UmQ_3	问题沟通研讨	数据质量诊断	UmQ_2^*
UdM_4	集成信息查询	集成模式对齐	UdM_3^*	UmA_1	匿名需求分析	数据匿名处理	UcW_4^*，UdM_3
UdR_1	记录内容调研	集成记录链接	UdM_3^*	UmA_2	匿名技术部署	数据匿名处理	UmA_1^*
UdR_2	记录语义标准化	集成记录链接	UdR_1^*，UdM_3^*	UmA_3	匿名效果评估	数据匿名处理	UmA_2^*
UdR_3	记录信息匹配	集成记录链接	UdR_1^*	UiP_1	治理业务梳理	数据治理平台建设	/
UdR_4	错误记录删减	集成记录链接	UdR_1^*	UiP_2	平台系统设计	数据治理平台建设	UiP_1^*
UdC_1	集成冲突调研	集成冲突消解	UdR_1^*	UiP_3	平台系统实施	数据治理平台建设	UiP_2^*
UdC_2	冲突检测配置	集成冲突消解	UdC_1^*	UiP_4	平台系统维护	数据治理平台建设	UiP_3^*
UdC_3	消解算法嵌入	集成冲突消解	UdC_1^*，UdC_2^*	UiC_1	购置需求确认	数据采集设备购置	UdM_3，UdC_3
UdC_4	元数据标准化	集成冲突消解	UdC_2^*，UdC_3^*	UiC_2	购置需求报批	数据采集设备购置	UiC_1^*
UmF_1	需求元数据补充	元数据体系优化	UdS_3，UdC_4	UiC_3	购置流程启动	数据采集设备购置	UiC_2^*
UmF_2	冗余元数据删减	元数据体系优化	UdS_3，UdC_4	UiA_1	部署需求确认	数据分析技术部署	UdC_3，UmA_2
UmF_3	数据记录更新	元数据体系优化	UmF_1^*，UmF_2^*	UiA_2	技术选择评估	数据分析技术部署	UiA_1^*
UmF_4	元数据变更记录	元数据体系优化	UmF_1^*，UmF_2^*	UiA_3	技术部署落实	数据分析技术部署	UiA_2^*

注：表中数据来源于历史案例分析和实践调研
*代表必须实施的前序元任务

5.2.3　双治理的相关组织的驱动任务

在规制与技术层双治理相关的组织支持方面，依据近年来的双治理驱动调研，结合 Janssen 等学者对双治理相关组织的驱动任务的描述，提炼〈数据确权 – 流程重构-组织变革〉的顶层驱动任务框架（Janssen et al.，2020；Janssen and van den Hoven，2015；Liu and Li，2018）；归纳调研实践涉及的主任务及其关联，形成如表 5-5 所示的驱动主任务网络，共涉及 11 项主任务；进一步地，提炼主任务指导下的元任务及其关联，形成如表 5-6 所示的驱动元任务网络，共涉及 36 项元任务。

表 5-5　双治理的相关组织的驱动主任务网络

符号	主任务名称	顶层任务	前序主任务
MR_1	数据权确认	数据确权	/
MR_2	数据权授权	数据确权	MR_1^*
MR_3	数据权让渡	数据确权	MR_1^*
MR_4	数据权收回	数据确权	MR_1^*
MP_1	流程梳理	流程重构	MR_1
MP_2	流程优化	流程重构	MP_1^*, MR_1
MP_3	流程再造	流程重构	MP_1^*, MR_1
MP_4	流程容错	流程重构	MP_1^*, MR_1
MO_1	组织结构调整	组织变革	MO_3
MO_2	组织资源配置	组织变革	MO_1, MO_3
MO_3	组织理念转变	组织变革	/

注：表中数据来源于历史案例分析和实践调研
*代表必须实施的前序主任务

表 5-6　双治理的相关组织的驱动元任务网络

符号	元任务	主任务	前序元任务	符号	元任务	主任务	前序元任务
UrC_1	政策规制收集	数据权确认	/	UpO_5	低效流程更换	流程优化	UpO_3^*
UrC_2	数据权主体确认	数据权确认	UrC_1^*	UpR_1	再造议程启动	流程再造	UrC_2^*, UpO_2
UrC_3	失规数据权确认	数据权确认	UrC_1^*	UpR_2	再造规划部署	流程再造	UpR_1^*
UrE_1	责任组织交流	数据权授权	UrC_2^*, UrC_3	UpR_3	再造资源支持	流程再造	UpR_1^*, UpR_2^*
UrE_2	授权协议书签署	数据权授权	UrE_1^*, UrC_2	UpF_1	容错情景规划	流程容错	/
UrE_3	权力主体担保	数据权授权	UrE_1, UrC_2	UpF_2	容错方案选择	流程容错	UpF_1^*
UrE_4	数据权监制管理	数据权授权	UrE_2^*, UrE_3^*	UoS_1	权力主体决策	组织结构调整	/
UrA_1	让渡条款交流	数据权让渡	UrC_2	UoS_2	调整议程申请	组织结构调整	/
UrA_2	让渡协议书签署	数据权让渡	UrA_1^*, UrC_2	UoS_3	调整议程启动	组织结构调整	UoS_1^*, UoS_2^*
UrA_3	让渡监督管理	数据权让渡	UrA_2^*	UoS_4	方案交流与落实	组织结构调整	UoS_3^*
UrR_1	授权协议书确认	数据权收回	UrE_2^*	UoS_5	调整效果反馈	组织结构调整	UoS_4^*
UrR_2	数据权收回	数据权收回	UrR_1^*	UoR_1	组织资源调研	组织资源配置	/
UpC_1	组织流程调研	流程梳理	UrC_2^*	UoR_2	资源需求确认	组织资源配置	UoS_3^*, UoR_1^*
UpC_2	流程组织确认	流程梳理	UpC_1^*	UoR_3	资源配置优化	组织资源配置	UoR_2^*
UpO_1	责任组织交流	流程优化	UpC_2^*	UoR_4	组织资源补充	组织资源配置	UoR_2^*, UoR_3^*
UpO_2	权力主体担保	流程优化	UpC_2^*	UoI_1	组织理念调研	组织理念转变	/
UpO_3	缺失流程补充	流程优化	UpO_1^*, UpO_2	UoI_2	组织理念研讨	组织理念转变	UoI_1^*
UpO_4	冗余流程删减	流程优化	UpO_1^*, UrC_2^*	UoI_3	组织理念宣传	组织理念转变	UoI_1^*

注：表中数据来源于历史案例分析和实践调研
*代表必须实施的前序元任务

5.3　双治理的合规审计方法

规制是指政府设置（出台）规定进行限制（蒋大兴和王首杰，2017）。在经济领域，规制作为具体的制度安排，是"政府对经济行为的管理或制约"，是在市场经济体制下，以矫正和改善市场机制内在的问题为目的，政府干预经济主体（特别是企业）活动的行为，包容了市场经济条件下政府几乎所有的旨在克服广义市场失败现象的法律制度以及以法律为基础的对微观经济活动进行某种干预、限制或约束的行为（蒋大兴和王首杰，2017）。随着各类基层社会服务领域在制度与技术方面的不断变革，规制已演化为基层社会治理的核心要素之一，是城市政府优化城市公共治理与规避治理过程中风险后果的重要工具（张成等，2011）。

双治理作为一项复杂系统工程，需要更加系统、全面、合理的规制体系支持，以保证双治理活动执行的持续稳定、避免双治理活动失效或引发严重的风险后果。在当前阶段，学界与业界对双治理间的复杂映射关系认知还不甚全面，各项双治理规制还不完善，易出现各类双治理问题。例如，2018 年脸书（Facebook）的"数据门"事件泄露了 5000 万用户的个人数据。近年来，越来越多的国家、地区和组织认识到了规制在保证社会治理及大数据治理有效性中的关键作用，相继出台了一系列的规制办法，较为典型的是欧盟于 2018 年出台的《通用数据保护条例》（General Data Protection Regulation，GDPR）（Tamburri，2020）。

与企业组织的规制管理不同，由于双治理活动面向复杂的双治理情景，其既涉及城市公共安全治理活动，又涉及安全大数据治理活动，还涉及两类治理的交互互动。相应地，双治理活动需要针对问题情景，考虑多个来源、多种类型的规制，可谓规制构成繁杂。在这一背景下，应用人工手段进行规制分析显然是不现实的，需要相应的智能化手段作为技术支持。根据 Law 等（2014）提出的规制信息管理、合规性和分析框架，社会治理活动的规制管理至少应包含规制文档存储、合规业务流程结构化以及合规性审计三部分。具体而言，规制文档存储包括规制文档收集和分类处理以及规制文档的结构化存储；合规业务流程结构化是在结构化规制文档的基础上建立合规业务流程模型，用来指导组织进行合规性审计和问题识别；合规性审计是规制管理的核心，是运用各类管理和技术手段比对业务流程日志以及合规业务流程模型，以分析业务流程中的各类操作是否合规。综上，双治理规制管理包含多样化的技术任务，而关键的分析途径可以归纳为双治理业务流程的合规审计。

除此之外，本章提出失规分析是规制层双治理路线图活动分析的另一个重要途径。与合规审计不同，失规分析是核查当前双治理规制涵盖双治理行为的程度，并识别缺失的规制来保证双治理规制的完备性。与这一实践问题相对应的理论科学问题是如何从"双治理规制体系差距分析"过渡至"双治理失规识别",需要相应的理论与分析方法。

5.3.1　双治理的合规审计原理

合规审计是确保特定对象(如过程、资源、文件等)服从适用规范(国家、省、市等不同层级的法律规范)的过程(Salama and El-Gohary,2016)。双治理的合规审计是保证双治理效力的必要手段,它确保基层政府的双治理活动是受到法律规范支持的。其中,各项治理规则的抽取是实现智能化合规性审计的基础组分,这些规则由规制文档中的各项条款经逻辑推理得到。为支持治理规则的抽取与后续合规性分析,需要对规制文档进行精确预分类,这已成为合规审计的关键内容(Salama and El-Gohary,2013)。进一步地,需要基于分类的双治理规制来判断双治理活动的合规性,即从双治理日志文件中提炼双治理行为,通过比对双治理行为与双治理规制的匹配性来判断是否合规,典型合规审计流程如图 5-1 所示。

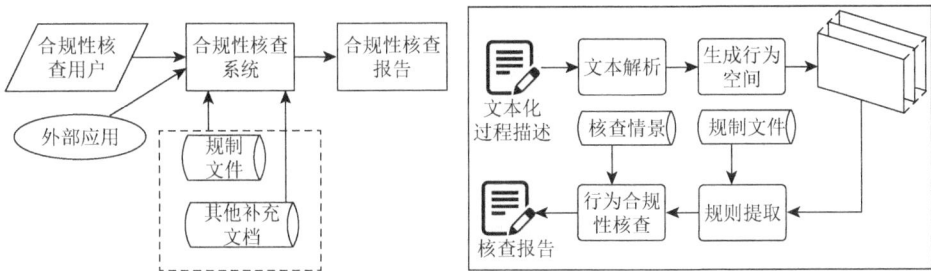

图 5-1　合规性自动审查流程

合规审查应有一套标准规范,作为判断双治理活动合规性的依据。由于双治理(尤其是大数据治理)的标准规范过于凝练、概括,在审查具体治理活动时难以进行准确判断。因此,以双治理过程中存在的合规性问题为依托,设计合规性审计的问题情景,若双治理活动中触发了相应情景,则说明存在合规性问题,需要进行合规性补救。

1. 情景结构化

由于情景是描述性而非结构性的,难以进行计算机识别与判断。因此,将合规性情景结构化为活动与活动关系构成的元组,以提供合规性审计的结构基础。其中,活动是指双治理过程中的各类基本活动,如主数据选定、元数据构建等;

活动关系是指各基本活动间的关联，如在构建元数据后进行主数据选定。此处，将合规性审计与双治理情景模型对接，实现了多模型协同。

2. 规制文本分类

不同来源的双治理规制文本通常存在语义歧义性，即语言表述与推断结果可能冲突。针对这一问题，本书构建了基于集对分析的双治理合规性规制文档分类方法，并在后文详细阐述。

3. 行为空间的构建与生成

由于双治理流程及操作均体现为文本日志文件，其表达的歧义性是造成合规性审计偏差的主要原因。针对这一问题，构造针对日志文件文本的行为空间模型，该模型根据日志文本生成所有可能的过程解释。应用该模型，从特定情景中选取最可能的过程解释作为对日志文本的解释，以最大限度减少语义歧义性对合规性审计精度的影响。为了实现行为空间的智能化生成，需要定义合规性审计本体库，主要包括活动本体及活动关系本体，基于本体模型、利用网络语料库生成可能的过程解释集合，具体步骤如下。

步骤 1：本体建模。包括活动本体和活动关系本体两类。其中，活动本体以双治理活动体系为依托、参照已有日志文本语料进行提炼；活动关系本体可直接对日志文本语料进行检索得到。

步骤 2：网络语料库构建。以百度百科、维基百科文本库为基础，构建容纳大特征的网络语料库。目前，GitHub 等平台上已有可公开下载的网络语料库。

步骤 3：活动关联模糊映射。根据本体模型将特定日志文本结构化为活动及活动关系的集合。由于日志文本歧义性，存在的活动及活动关系亦存在多样性，此时将得到最大活动集合及最大活动关系集合（容纳最多可能性）。

步骤 4：行为空间生成。以生成的活动及活动关系为基础，利用网络语料库对日志文本进行特征补充，生成多个可能的语义表述结果，即为该日志文本的行为空间。

4. 行为合规性审计

行为空间提供了针对特定日志文本的语义表述集合，利用该集合，匹配问题情景描述与行为空间，若存在匹配超过阈值的语义表述，则认为存在行为合规性问题。

5.3.2　基于集对分析的双治理规制文档分类

首先通过本体建模来标准化语义表达，再利用集对分析建立文本特征空间到本体空间的不确定性映射关系，最后应用多种机器学习方法生成最优规制文档分类模型。

1. 本体建模：建立标准化语义表达

1）领域本体表达

双治理相关的规制文件来源于多个组织，各组织对相同概念的表述不同，造成语义歧义性。常有多个词语表达同一个描述特征，即特征概念的同义词；或是多个词语均表达某一个特征概念的子概念，即概念的下位词。为了消减不同组织间的语言表达差异，需要建立标准化语义本体。

2）利用领域本体对跨组织特征进行统一表达

首先，采用 TF-IDF（Cong et al.，2017），计算概念在事件本文中的权重，提取权重较高的概念词；其次，利用构造的领域本体将这些概念词中的方言词汇替换为通用词汇；最后，利用本体中的概念关系继续搜索概念词，不断消减区域语言表达差异。

3）领域本体的更新

随着规制文件的积累，概念的权重也将发生变化，需要添加新概念或去掉权重低的概念，使得领域本体能切实为消减语言表达差异及提高文档分类能力服务。

2. 集对分析：将特征空间映射到本体空间

通过对已有语料的分析发现，特征与本体所表达语义在很多情况下是不完全匹配的。例如，安全这个词在数据共享中表示促进各领域数据在公共安全中的应用，对应本体为公共安全；在数据存储中表示利用相关技术保证数据在存储、使用等过程中的安全性，对应本体为数据安全。因此，在建立本体库时，特征与本体间的映射往往不是绝对的，而是存在一定不确定性的，本章利用集对分析来处理这种不确定性。

1）语义联系数表达

在集对分析中，联系数用于描述两个集合元素间的联系程度。在本章中，用语义联系数表达特征空间要素与本体空间要素的联系程度。集对分析认为，当将事物的宏观表现与微观表现联系在一起做全局性的系统分析时，事物间的联系将不可避免地存在不确定性。在考虑这种不确定性时，联系数不再由一个确定的数来表示，而是由确定集与不确定集合共同构成的集对来表达，计算公式如下：

$$\mu_{m,n} = a + bi, \quad i \sim N(0,1) \tag{5-1}$$

其中，$\mu_{m,n}$ 表示特征 m 与本体 n 的语义联系数；a 表示特征 m 与本体 n 间的语义完全匹配程度，b 表示不完全匹配程度，$a+b=1$；i 表示不确定性影响的随机性，此处设定其服从标准正态分布。当某特征与其对应本体完全相同时，联系数 $\mu_{m,n}=1$。

2）语义联系数参数计算

由式（5-1）可知，语义匹配程度的确定性参数 a 和不确定性参数 b 均是未知的，其取值对联系数计算有重要影响。本章利用人工智能领域的概率分配函数来求解语义联系数参数，将 a 和 b 视为"语义完全匹配"和"语义不完全匹配"的基本概率数，表示为 C_1 和 C_2，其概率分配函数表达为 $M=\{M（C_1），M（C_2）\}$。设定 $M_1,M_2,\cdots,M_k$ 是 k 个决策者给出的概率分配函数,用正交和算法生成其意见综合后的结果，计算公式如下：

$$\begin{cases} M(\varnothing)=0 \\ M(A)=K^{-1}\times \sum_{\cap A_i}\prod_{1\leqslant j\leqslant k}M_j(A_i) \end{cases} \tag{5-2}$$

$$K=1-\sum_{\cap A_i=\varnothing}\prod_{1\leqslant j\leqslant k}M_j(A_i)=\sum_{\cap A_i\neq\varnothing}\prod_{1\leqslant j\leqslant k}M_j(A_i) \tag{5-3}$$

在上式中，若 $K\neq 0$，则正交和 M 存在；若 $K=0$，则不存在正交和 M，称 $M_1,M_2,\cdots,M_k$ 之间存在矛盾，需要将结果反馈至各决策者，重新确定适用度。

$$w_{i,j}=\text{TFIDF}_{i,j}=\frac{f_{i,j}\times\log\dfrac{N}{n_i}}{\sqrt{\sum_{k=1}^{K}\left(f_{k,j}\times\log\dfrac{N}{n_k}\right)^2}} \tag{5-4}$$

其中，$w_{i,j}=\text{TFIDF}_{i,j}$ 表示特征 i 在类别 j 中的个体特征权重；$f_{i,j}$ 表示特征 i 在类别 j 文档中出现的频率；N 表示文档总数；n_i 表示包含特征 i 的文档数量；K 表示类别 j 文档包含的个体特征总数。当考虑特征映射的不确定性时，特征与本体不再对等，此时特征频数需要考虑特征的语义联系数，以数据期望形式表达，计算公式如下：

$$\overline{w}_{i,j}=\frac{f_{i,j}\times\log\dfrac{N}{n_i\sum_j\mu_{i,j}}}{\sqrt{\sum_{k=1}^{K}\left(f_{k,j}\times\log\dfrac{N}{n_k\sum_j\mu_{k,j}}\right)^2}} \tag{5-5}$$

其中，$n_i\mu_{i,j}$ 表示特征 i 匹配到本体 j 时特征出现频率的期望值，$n_i\sum_j\mu_{i,j}$ 则表达特征 i 匹配到本体空间各个体时的特征总出现频率的期望值。

3. 机器学习算法：学习规制文档分类模型

在确定特征、特征对及其权重后，需要利用机器学习算法建立文本分类模型，以建立特征（包括特征对）与文档类别间的关系。由于不同算法在不同问题上的分类效果不同，难以预测，在样本训练时将同时使用以下几类典型分类方法。

1）朴素贝叶斯分类器

朴素贝叶斯分类器是基于贝叶斯定理与特征条件独立假设的分类算法，稳定性较好，当数据集属性之间的关系相对比较独立时，朴素贝叶斯分类器会有较好的效果。

2）最大熵值法

最大熵值法是一种基于概率分布估计的分类器。其不像朴素贝叶斯分类器那样要求固有独立性假设，因此在某些案例中分类效果较好。

3）支持向量机

支持向量机是由模式识别中广义肖像算法发展而来的分类器，其基于的是Vapnik-Chervonenkis（VC）维度的统计学习理论。支持向量机的优化问题同时考虑了经验风险和结构风险最小化，因此具有稳定性。此外，支持向量机具有特征集规模独立性，因此更适用于不需要任何特定领域知识的广义文本分类任务。

5.3.3　双治理的合规业务流程生成

1. 双治理业务日志表达

双治理业务日志 L 可以表达为一个四元组 $L = \{E, A, O, S\}$。其中，E 表示事件集，A 表示事件中的流程活动集，O 表示活动的主导组织集，S 表示活动发生的时间戳集合。在流程分析理论中，事件常被表示为活动及其发生的先后顺序，称为过程轨迹。基于此，事件日志也被广泛认知为过程轨迹的集合，表达为 $T_L = \{\sigma_i \mid \sigma \in L, i = 1, 2, \cdots, |\sigma|\}$。其中，$|\sigma|$ 为特定基层社会服务领域的轨迹数量。例如，在表 5-7 展示的业务日志中，事件 E201800932 的过程轨迹可表达为 $\{a, b, c, d, e, f, g, h\}$。

表 5-7　双治理业务日志示例

事件 ID	基层社会服务领域	活动	属性		
			名称	时间戳	组织
E201800932	火灾风险管理	a	事件收集	2018-04-23 11：25：03	指挥中心
		b	事件转派	2018-04-23 11：28：42	指挥中心

事件 ID	基层社会服务领域	活动	属性		
			名称	时间戳	组织
E201800932	火灾风险管理	c	风险识别	2018-04-23 11：35：52	市消防总队
		d	风险评估	2018-04-23 11：39：40	市消防总队
		e	风险处理	2018-04-23 12：08：04	社区消防队
		f	事件汇报	2018-04-23 12：38：24	社区消防队
		g	事件评估	2018-04-23 12：42：32	社区网格员
		h	事件归档	2018-04-23 12：59：03	指挥中心
E201801249	基础设施破坏	a	事件收集	2018-05-08 14：23：09	指挥中心
		b	事件转派	2018-05-08 14：25：05	指挥中心
		c	人员派出	2018-05-08 15：15：23	社区物业
		d	破坏检查	2018-05-08 15：18：26	社区物业
		e	材料购置	2018-05-08 15：39：16	社区物业
		f	设备检修	2018-05-08 17：49：05	社区物业
		g	事件汇报	2018-05-08 19：23：06	社区物业
		h	事件评估	2018-05-09 08：11：04	社区网格员
		i	事件归档	2018-05-09 09：02：11	指挥中心
⋮	⋮	⋮	⋮	⋮	⋮

2. 双治理业务流程的因果网构建

从双治理业务日志中挖掘得到的业务流程模型可以被表达为 Petri（佩特里）网、工作流网、因果网等多种形式。在应用启发式方法挖掘过程模型时，常采用因果网模型（van den Broucke and de Weerdt，2017）。

定义 5-1 因果网（van der Aalst et al.，2011）。过程模型的因果网是一个六元组 $C = \{A_C, a_i, a_o, I, O, D\}$。其中，$A_C$ 是模型中所有活动的集合，$a_i \in A_C$ 和 $a_o \in A_C$ 分别代表初始活动和结束活动，$I: A_C \mapsto \{X \subseteq \partial(A_C) \mid X = \{\varnothing\} \vee \varnothing \notin X\}$ 是模型中各活动的输入活动集，$\partial(A_C)$ 代表 A_C 的幂集，$O: A_C \mapsto \{X \subseteq \partial(A_C) \mid X = \{\varnothing\} \vee \varnothing \notin X\}$ 是模型中各活动的输出活动集。由于事件日志中存在大量过程轨迹，模型中各活动可能存在多种输入/输出情况，如图 5-2 所示。$D \subseteq A_C \times A_C$ 代表不同活动间的关联关系，即 $D = \{(a_1, a_2) \in A_C \times A_C \mid a_1 \in \bigcup_{x \in I(a_2)} x \wedge a_2 \in \bigcup_{x \in O(a_1)} x\}$。$(A_C, D)$ 构成了活动间的关联关系图，图中所有活动均存在于从 a_i 到 a_o 的路径上。

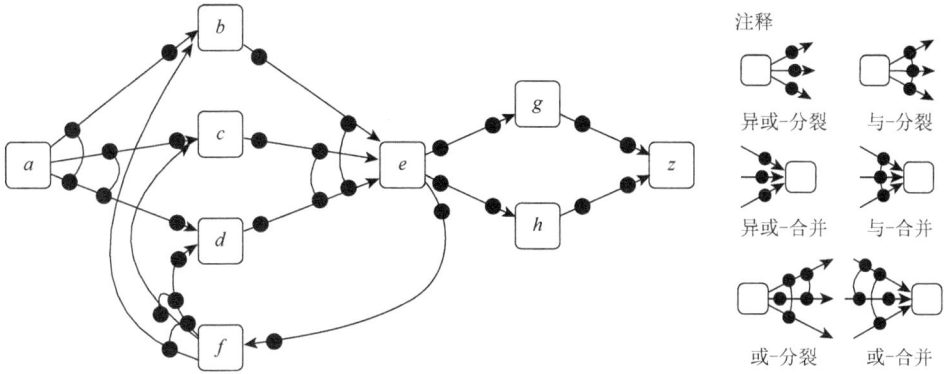

图 5-2　双治理业务流程模型的因果网表达

3. 双治理业务流程模型生成

基于启发式算法的流程模型生成包含如下四个基本步骤（Weijters and van der Aalst，2003）。

步骤 1：生成基本关联关系。从双治理业务日志中抽取潜在的关联关系，对 $a,b \in T_L$，通常用 $a \Rightarrow b$ 表达关系二者的定向关联，即"活动 b 出现在活动 a 之后"。

步骤 2：构建关联图谱。定义基本关联关系后，利用特定的关联算子来计算关联规则的有效性，由此选择有效性高（超过设定阈值）的关联规则构建关联图谱。

步骤 3：挖掘活动的输入输出关联。过程模型除包含基本关联关系外，还包含分类、合并等复杂关联关系。此时，会通过其他算子来计算这种并行规则的有效性。简单来说，针对"活动 b、c 同时出现在活动 a 之后"这一规则，将同时计算 $a \Rightarrow b$、$a \Rightarrow c$ 以及 $a \Rightarrow b$, c 的规则有效性，以确定其输出关联。

步骤 4：挖掘长距离关联。长距离关联通常难以直接发现，这是因为无论活动间是否存在长距离关联，其支持度、置信度和提升度不会有明显区别。

5.3.4　基于溯源数据的双治理合规性审计

本章研究提出的基于溯源数据的双治理合规性审计过程如图 5-3 所示。

第一，业务控制节点生成：在溯源数据实例中，为组织中业务流程的每一项合规性需求创建一个虚拟的业务控制节点，以作为该需求在溯源图中的表示。

第二，关联目标节点：按照合规性要求，在溯源数据中提取与创建的业务控制节点相关的一组符合一定模式的目标节点实例（包括主体、操作、对象等），在溯源图中用虚拟的参照关系（target）将业务控制节点指向其所参照的各目标节点实例，并用角色参数（role）表示其在参照关系中的作用。

溯源数据（PD）

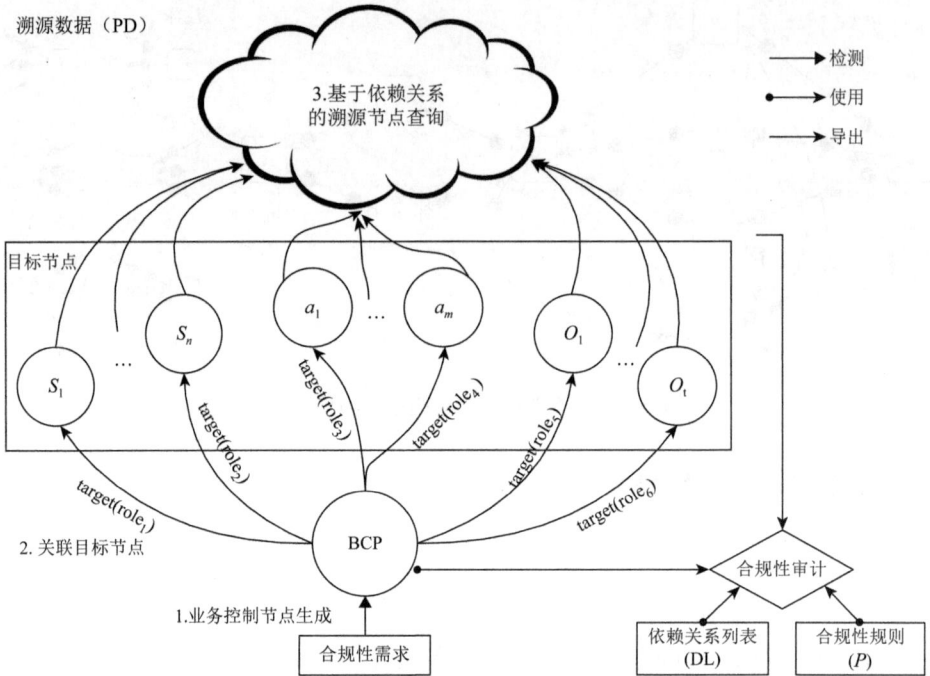

图 5-3　基于溯源数据的双治理合规性审计框架

第三，基于依赖关系的溯源节点查询：对于每个关联目标节点实例，按照其在 target 关系中的角色，获取与其对应的合规性规则所涉及的各项溯源依赖关系名称，并参照依赖关系列表（dependency list，DL）中的路径规则描述，对溯源数据进行遍历及查询，找出与合规性判断有关的溯源依赖关系路径上的溯源节点。

第四，组织行为合规性审计：对各目标节点所获取的溯源数据，结合业务控制节点中所包含的合规性规则，对组织业务过程进行合规性审计。

1. 基本概念

如图 5-3 所示，基于溯源数据的双治理合规性审计涉及以下组成元素。

1）合规性需求

双治理组织为遵守一定的合规规范（如相关的法律法规、管理条例等），需要对其内部信息系统的行为做出一系列规定与限制。

2）操作主体（S）

操作主体代表在系统中发起操作或以其他方式对系统中发生的动作负责的用户或程序。

3）动作（*A*）

动作指业务流程中用户发起的各种可能改变数据对象属性或系统状态的操作。

4）数据对象（*O*）

数据对象指系统中所保存、使用以及对业务流程产生影响的各种数据、文件及其他资源。

5）角色（role）

描述一个溯源元素（可为主体、动作或数据对象）在与另一个溯源元素进行关联时所起的作用，如在进行某个动作时所使用的某对象的用途、某主体对某动作的影响等。

6）溯源数据

溯源数据（provenance data，PD）是记录业务流程发生过程的历史信息，一般用有向无环图（directed acyclic graph）进行形式化描述（Moreau et al.，2011）。如 Park 等（2012）提出，溯源数据既包含业务流程中各要素之间的因果关系（称为基础溯源信息），也包含了与溯源要素相关的上下文属性信息（称为溯源属性信息）。这些属性信息，如时间、用户 ID、数据对象 ID 等，对于业务流程合规性的核查具有重要意义。

7）依赖关系列表

依赖关系列表包含溯源数据之间的依赖关系名称以及相应的依赖关系路径模式（Park et al.，2012；Nguyen et al.，2012）。依赖关系名称是针对特定应用领域，从溯源数据中符合特定模式的一类依赖关系路径所抽象出来的语义名称，能够描述溯源数据之间的关系，并用来描述和检测合规性规则。

8）业务控制节点

业务控制节点（business control point，BCP）指向溯源图的一个子集。该子集由用来控制业务流程合规性的一组目标节点组成。目标节点集合既可以人为指定，也可以用子图模式匹配等方法从溯源数据中通过查询或匹配获得。业务控制节点与这些元素之间的关联关系用有向边 target（role）表示，参数 role 用于描述这些元素在与业务控制节点关联时的角色。利用从业务控制节点所参照的元素出发的溯源依赖关系路径，即可描述及核查反映该业务控制节点是否合规的判断规则。

9）合规性规则（*P*）

从业务控制节点出发，可以对其所参照的各类操作节点、操作对象及操作主体制定合规性规则。每条合规性规则可以表述为：isComplied（业务控制节点类型，{目标节点角色集合}）。

10）合规性审计过程

以业务控制节点为中心，利用依赖关系列表对各种依赖关系路径的具体描述，从溯源数据中提取合规性规则的描述里所涉及的溯源依赖关系路径上的数据，继而将这些数据代入合规性规则，判断业务流程的合规性。

2. 溯源数据描述与获取

双治理相关的信息系统具有分布性和异构性，终端用户操作具有不可控性，因此为了整合来自不同组织或同一组织内不同信息系统的溯源数据，需要一个能够对溯源数据进行统一表示的模型。Moreau 等（2011）提出的开源溯源模型（open provenance model，OPM）使用有向无环图的形式为异构 IT 系统的溯源数据描述提供了统一模型。该模型已在包括溯源访问控制等在内的多项溯源相关研究工作中成功应用。但 OPM 模型无法直接表示来自不同业务流程的数据对象间的关系定义，故在关系定义方面具有极高复杂性。另外，基本 OPM 模型的描述重点在于溯源对象之间的因果依赖关系，并没有提供各类属性信息对溯源对象的从属关系的描述。

本章采用万维网联盟组织提出的溯源数据模型（provenance data model，PROV-DM）来描述溯源数据。与 OPM 相似，PROV-DM 模型提供对实体、活动和参与者等三种基本节点类型以及它们之间的依赖关系的描述。与 OPM 模型不同，对于溯源节点间的依赖关系，PROV-DM 模型提供包括子类型定义等特性在内完善的自定义及扩展机制，弥补了 OPM 模型无法表现带类型的数据对象间导出关系的不足。在 PROV-DM 特性的支持下，本章参考 Nguyen 等（2012）提出的带有溯源节点属性数据的溯源模型，在溯源数据描述的过程中引入新的依赖关系边 hasAttribute-Of（指包含的属性，记为 t），将溯源对象根据属性名称直接指向对应属性值实例，并用该边上的参数 type（类型）表示所指向的属性类型。同时，本章将业务控制节点作为一种实体（entity）引入到溯源图中，并利用 PROV-DM 提供的导出关系（derived from，记为 d）扩展机制将业务控制节点与关联目标节点之间的 target 关系作为导出关系的子类加入到 PROV-DM 模型的导出关系集合模块中。

为获取发生在实际业务系统中的业务流程的溯源数据，需要按照如图 5-4 所示的溯源数据描述方式，根据合规性审计的需求识别业务流程中的主体、动作以及客体等对象，并给出它们之间的依赖关系以及在合规性管理中需要参考的属性值。

3. 基于溯源数据的合规性审计模型

基于前述获取的溯源数据，本章提出一种基于溯源数据的合规性审计（provenance-based compliance check，PBCC）模型。该模型对基于溯源数据的合规性审计进行了如下三方面刻画。

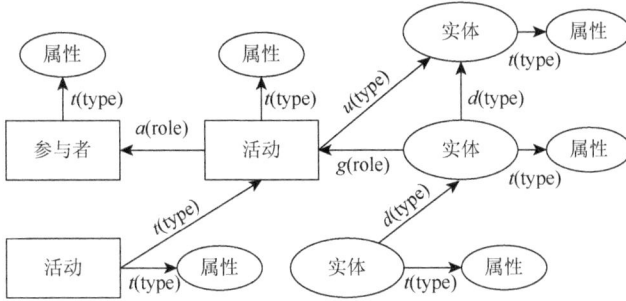

图 5-4　溯源数据模型

注：图中 u 指 used，即使用关系；d 指 derived from，即导出关系；g 指 generated by，即生成关系；a 指 associated with，即关联关系

1）溯源数据以及业务控制节点的形式化表示

基于 PROV-DM 模型，本章将溯源数据中的主体、主体在操作中的角色、动作、动作类型、数据对象、数据对象在操作中的角色及属性值等概念分别形式化为模型中的集合 S、SR、A、AT、O、OR、ATT。同时把它们之间的产生、使用、触发、导出、参与、具有属性值等基本依赖关系以及其对应逆关系形式化为集合 G、U、Tr、D、C、T、G^{-1}、U^{-1}、Tr^{-1}、D^{-1}、C^{-1}、T^{-1}。

在此基础上，本章加入以 BCP 表示的业务控制节点集合来描述各项基于溯源数据的合规性审计需求。如前文所述，本章用 target（role）依赖关系将业务控制节点关联至具有不同角色的目标溯源节点，而各目标溯源节点则需按照一定的子图模式在溯源图中检索获得。为此，本章在模型中引入业务控制节点模板集合概念。该集合中的各模板是对一类业务控制节点的抽象概括，描述了某类业务控制节点所应关联的目标溯源节点及其角色，同时还描述了用以获取各目标溯源节点的子图模式，因此能够支持业务控制节点的生成以及关联关系的建立。

2）溯源依赖关系路径的表示及查询

在依赖关系描述方面，该模型仿照溯源访问控制模型（Park et al.，2012），在基本依赖关系的基础上提供了利用正则表达式描述溯源依赖关系路径的形式化语法，并定义了将依赖关系名称映射为基本依赖关系路径的函数，以及从一个溯源节点出发按照给定依赖关系路径进行溯源节点查询的子图路径查询函数。结合使用这两个函数，就能够从某目标节点出发，按照一定的溯源依赖关系名称找出与该目标节点相关的溯源顶点集。

3）基于溯源的合规性规则描述及核查

PBCC 模型中的业务流程合规性规则用集合 P 表示。与溯源访问控制模型对于一个访问请求所制定的事前规则不同，由于本章提出的 PBCC 模型中的合规性规则的判断对象（即基于溯源路径的判断规则的出发点）可以是从业务控制节点出发的 target 边所指向的多个目标溯源节点。因此，模型中 γ 函数的意义改变为从业务控制节点类型（即业务控制节点模板）到其所对应的合规性规则集合的映射，而非溯源访问控制中从访问请求类型到访问控制规则的映射。为进行规则描述和判断，PBCC 模型中还包括对溯源数据进行计算以抽取其中与规则判定相关的事实的分析函数 F（一般为领域相关的数值计算或内容分析函数）、基于上述事实进行合规性判断的函数 RF（一般为描述规则成立条件的关系判断函数）以及最终对各项规则进行综合判断并给出最终合规性审计结果的规则合并函数 RuleCombine。

基于以上函数，业务流程的合规性规则可以表示为一组对溯源数据性质进行检测的规则。每条检测规则中所涉及的溯源数据由一组从业务控制节点所关联的目标溯源节点出发的依赖关系路径表示。基于这些溯源数据的合规性限定则由相应的分析函数（F）和关系判断函数（RF）所组成的逻辑表达式表示。该表达式的语法可以通过对 Park 等（2012）中提供的规则语法进行简单扩展后得到。

5.4　双治理的失规分析方法

在已有规制层次研究中，多是从正面角度出发，寻求核查双治理业务流程合规性的方法，随后通过规制文档分类与业务流程建模判断双治理活动合规性，发现问题并改善。这种方法从规制满足情况出发，是在已有规制体系基础上发现当前双治理活动在各规制条款上的满足情况，受所分析规制文件的约束，难以说明效果，不利于合规性评价与问题发现。例如，公安部门视频数据接入不仅涉及数据权属、元数据标准等数据治理规制，还涉及公安部内部规制以及国家、省部级、市区级的其他相关规制，这些规制的结构化与合规性核查本身就充满困难，难以确保完备性。

从正面角度直接分析双治理合规性的效果较差，本章考虑从失规角度进行分析。实际上，已有实践提供了相似的思考模式。例如，美国智库兰德公司提出了一套针对灾害应急系统可靠性的评估方法，很有实践价值（Jackson et al.，2012）。面对规模较大的灾难事件，响应体系能否有效应对具有很高的不确定性。即使在大多数情况下响应准备能够适应灾情的应急过程，但有时意外问题的出现，会引起应对准备不适从而使应对措施无法或难以达到预期。兰德公司提出的响应体系应对准备不适分析则转而就各应对准备不适因素对响应体系的严重性分别评述，这正与本章所提失规分析视角不谋而合。

从双治理失规角度进行分析能够从问题入手直击双治理规制体系薄弱环节，具有较高的研究价值。与这一实践问题相对应的理论科学问题是如何从"双治理规制体系差距分析"过渡至"双治理失规识别",需要相应的理论与分析方法。双治理失规问题包含诸多构成因素,常规的统计、仿真等量化方法难以确保其有效性,本章转而利用历史案例中蕴含的规制分析经验来指导现实情景下的失规分析。

本章所阐述的基于案例的双治理失规分析方法主要是对相似案例中出现的双治理规制缺失做出在现实情景下的评估,其基本原理如图 5-5 所示。

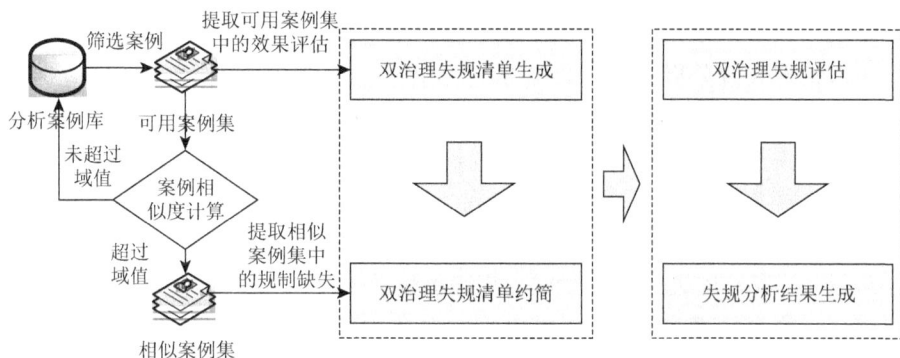

图 5-5　基于案例的双治理失规分析原理

5.4.1　基本假设

面对现实问题情景,可参照与利用历史案例中的经验知识解决新问题(Aamodt and Plaza,1994;Amailef and Lu,2013),其能够为双治理失规分析提供相对客观实际的参考依据与评估标准。以往研究因更多考虑合规性审计体系的完备性,而导致规制管理的工作量较大,分析结果的指导性不强。而基于相似案例则能够在一定程度上快速有效地识别双治理规制缺失,从而更有针对性地指导规制改进。因此,在阐述双治理失规分析方法前需要给出如下三点假设。

第一,考虑到双治理问题情景的复杂关联特征以及双治理规制的多样性特征,双治理失规分析的完备性是难以达到的。因此,忽略在历史案例中未出现的规制缺失,仅考虑已有失规分析案例库中存在的规制缺失。

第二,基于案例的双治理失规分析方法是一种快速且有针对性的分析方法而非整体性的识别方法,其目的在于保证与提升规制体系的合理性与有效性,该方法可有效减少规制分析的工作量,力求抓住主要矛盾。同时,也忽略通过相似案例检索后被排除的规制缺失对其他方面的影响。

第三,相似的案例可能包含相似的规制缺失,且不相似的案例包含的规制缺失之间具有较大差异。

5.4.2　双治理失规清单生成

基于以上假设，双治理失规清单生成是通过提取失规分析案例库中可用案例集包含的规制缺失（missing rule，MR）完成的，主要生成步骤如下。

步骤 1：生成可用案例集。根据现实情景索引至相关的失规分析案例库，考虑失规分析案例的时效性与可用性对源案例进行筛选。

步骤 2：提取案例效果评估。通过提取可用案例集中的规制分析总结部分获得关于双治理失规分析的评估总结。

步骤 3：双治理失规归类。将评估总结中的双治理失规依七类双治理问题即双治理组织失规（O-MR）、服务流程失规（P-MR）、数据质量失规（Q-MR）、元数据标准失规（M-MR）、数据安全失规（S-MR）、数据生命周期失规（L-MR）、数据存储和基础设施失规（I-MR）进行归类。

步骤 4：双治理失规清单生成。将归类后的 MR 再细化归纳为二级 MR 与三级 MR，如数据质量失规可分为数据精度失规、容错失规与流程匹配失规三项二级 MR，而数据生命周期失规又可分为数据更新失规与数据销毁机制失规两项二级 MR。

5.4.3　双治理失规清单约简

双治理失规清单约简主要是根据相似案例识别现实情景中的双治理规制缺失，且本章认为相似案例的双治理失规之间具有一定的相似性。因此，本章基于相似案例约简双治理失规清单，主要约简步骤如下。

1. 案例情景属性选取与属性值预处理

考虑双治理问题情景中的服务、问题、环境与方案等要素，选取用于案例相似度计算的属性，并由专家评估各属性值归一化处理后的值，表示为 f_i，即第 i 个属性值归一化处理后的值，$i = 1, 2, \cdots, n$ 表示案例情景包含的属性数。

2. 属性权重计算

首先，由专家给出各属性的初始权重，表示为 w_{1i}，即专家赋予的第 i 个属性的初始权重，且 $\sum_{i=1}^{n} w_{1i} = 1$。

然后，基于变异系数法（Ren and Fan，2011）计算各属性的客观权重，先计算各属性的样本变异系数，具体公式如下：

$$\xi(f_i) = \frac{S(f_i)}{\mu(f_i)} = \frac{\sqrt{\dfrac{\sum\limits_{j=1}^{m}(f_i^{EC_j} - \dfrac{1}{m}\sum\limits_{j=1}^{m}f_i^{EC_j})^2}{m-1}}}{\dfrac{1}{m}\sum\limits_{j=1}^{m}f_i^{EC_j}} \qquad (5\text{-}6)$$

再计算各属性的客观权重，具体公式如下：

$$w_{2i} = \frac{\xi(f_i)}{\sum\limits_{i=1}^{n}\xi(f_i)} \qquad (5\text{-}7)$$

其中，$\xi(f_i)$ 表示第 i 个属性的样本变异系数，是该属性值样本标准差 $S(f_i)$ 与平均数 $\mu(f_i)$ 的比；w_{2i} 表示第 i 个属性的客观权重；$f_i^{EC_j}$ 表示第 j 个源案例情景的第 i 个属性值，$j = 1, 2, \cdots, m$ 表示可用案例集中的源案例数。

最后，通过综合各属性专家赋予的初始权重与计算所得的客观权重计算其综合权重（Rao and Patel，2010）（本章以简单算数平均计算综合权重），具体公式如下：

$$w_i = \frac{w_{1i} + w_{2i}}{2} \qquad (5\text{-}8)$$

其中，w_i 表示第 i 个属性的综合权重。

3. 案例相似度计算

由于不同情景属性的权重不同，本章采用加权海明贴近度（郦建强等，2009）计算目标案例与源案例之间的相似度，具体公式如下：

$$\text{sim}(EC_0, EC_j) = 1 - \sum\limits_{i=1}^{n} w_i \, | f_i^{EC_0} - f_i^{EC_j} | \qquad (5\text{-}9)$$

其中，$\text{sim}(EC_0, EC_j)$ 表示目标案例与第 j 个源案例之间的相似度；$f_i^{EC_0}$ 表示目标案例情景的第 i 个属性值。

4. 相似案例集生成与失规清单约简

根据案例相似度计算的结果，设定相似度阈值，如果 $\text{sim}(EC_0, EC_j)$ 不低于相似度阈值，则该源案例为相似案例，以此生成相似案例集。

根据相似案例集中的 MR，对双治理失规清单进行约简，用于下一阶段对现实情景中双治理失规的分析。

5.4.4　双治理失规评估

　　双治理失规清单约简完成后，就可展开对现实情景的双治理失规的评估。这一阶段的主要任务为现实情景下三级 MR 的权重计算、根据相似案例确定所需规制以及现实情景下三级 MR 的语义值给定，并计算其模糊值。在计算三级 MR 权重时可采用 G1 法（刘德海等，2014），双治理决策者需要对约简后的双治理失规清单中的三级 MR 确定次序关系，并对相邻的三级 MR 进行相对重要度判断，第 k–1 个三级 MR 相对于第 k 个三级 MR 的重要度主要包括同等重要、稍微重要、较为重要、非常重要与极其重要，对应的相对重要度值分别为 1.0、1.2、1.4、1.6 与 1.8。据此，现实情景三级 MR 权重的计算可基于如下公式：

$$\begin{cases} \lambda_s = 1 \Big/ \left(1 + \sum_{k=2}^{s}\prod_{g=k}^{s} r_g\right) \\ \lambda_{k-1} = r_k \lambda_k \end{cases} \tag{5-10}$$

其中，λ_k 表示第 k 个三级 MR 的权重；r_k 表示第 k–1 个三级 MR 与第 k 个三级 MR 之间的相对重要度，$k = s, s-1, \cdots, 3, 2$。

　　在确定现实情景三级 MR 的权重后，就需要根据相似案例确定所需规制的参考集合，这一步的目的在于为专家评估提供历史经验知识的借鉴与参考，使专家给出的语义值更具有客观性。相似案例的评估总结中包含了双治理所需规制缺失的阐述与改进方法。因此，双治理决策者可选择相似案例集中的规制需求最大值作为相似案例提供的规制参考集合，以保证在最大限度满足规制需求的条件下使专家做出有效、准确的评价。在计算目标案例的模糊 MR 值时，本章主要参考了吴国华和潘德惠（2004）所阐述的方法。专家可参考规制集合给定现实情景三级 MR 的语义值，即给出双治理失规程度的评价，给定的语义值包括轻微、较轻微、适中、较严重与严重，且对应的三角模糊数分别设定为（0, 0, 0.25）、（0, 0.25, 0.50）、（0.25, 0.50, 0.75）、（0.50, 0.75, 1）与（0.75, 1, 1）。

　　假设评估时邀请了 N 位专家，每位专家都给出现实情景三级 MR 的语义值，将其转换为对应的三角模糊数后作平均计算可得到现实情景的三级模糊 MR 值，具体公式如下：

$$M_{\mathrm{MR}_k} = \frac{1}{N}\sum_{h=1}^{N} M_{\mathrm{MR}_k}^{\mathrm{EP}_h} \tag{5-11}$$

其中，M_{MR_k} 表示第 k 个三级模糊 MR 值，此时 $k = 1, 2, \cdots, s$；$M_{\mathrm{MR}_k}^{\mathrm{EP}_h}$ 表示第 h 个专家给出的第 k 个三级 MR 的语义值所对应的三角模糊数，$h = 1, 2, \cdots, N$。

　　此外，可根据现实情景三级 MR 的权重计算综合模糊 MR 值，具体公式如下：

$$M_{\mathrm{MR}} = \sum_{k=1}^{s} \lambda_k M_{\mathrm{MR}_k} \qquad (5\text{-}12)$$

其中，M_{MR} 表示综合模糊 MR 值。

5.5　规制构建路线图的用例分析

本部分针对前述邯郸丛台区火灾风险管理用例，分析其合规审查和失规问题应对路线图，对本章提出的规制层路线图方法的合理性进行验证。

5.5.1　用例背景

由前述章节可知，城市级的烟感设备数据、遥感地物数据、用水用电等数据对各社区的共享需要规制层面的合规性审计支持。根据本部分的合规性审计原理，从规制文档分类、合规性审计、失规分析三个方面搭建数据共享的合规性审计路线。通过对丛台区大数据中心的深度调研，分析出与上述数据相关联的治理规制总体包含三类，分别是数据收集和存储、数据共享和应用以及数据安全和监督，均需要纳入合规性审计范围；同时，需要考虑双治理问题涌现性造成的规制体系不完备的情况，从失规视角审视合规性。

5.5.2　规制文档分类

以邯郸市丛台区为对象，网络爬取国家、省、市及区级的各类政务数据治理规制文件 72 份，抽取其中条款并按前述调研结果分类。经过梳理后，72 份规制文件共包含 3 大类、12 小类条款共 1424 项，条款数据具体分布如表 5-8 所示。其中，条款类别的划分结合了规制文件内容与相关文献以及实践调研。将 1424 项条款文本以细化条款类别为标签进行存储，用于后续实验分析。

表 5-8　规制条款数据分布

条款大类	细化条款类别	条款数量
数据收集和存储	数据一致性（a）	135
	数据更新（b）	157
	数据存储设施（c）	89
	主数据（d）	76

续表

条款大类	条款细化类别	条款数量
数据共享和应用	数据共享方式（e）	195
	数据共享流程（f）	92
	数据产品（g）	64
	开放数据（h）	152
数据安全和监督	数据安全风险评估（i）	197
	数据操作监督（j）	85
	违规数据操作行为（k）	103
	数据应急管理（l）	79
总计		1424

使用 Skip-gram（跳字）模型这一文本特征模型来表达规制条款文本中包含的信息；随后，使用所述本体建模方法，建立标准化的语义表达；最后，利用所提集对分析方法建立特征空间到本体空间的映射，实现语义歧义消减。

对于条款文本分类，使用带有多元伯努利事件模型的朴素贝叶斯分类器、最大熵值法和支持向量机分类器。分类器通过执行 Python 自带的 MultinomialNB 文件得到，参数优化通过网格搜索方式进行。

对所提方法的实验重复进行了 10 次，每个规制条款类的分类精度被设定为朴素贝叶斯分类器、最大熵值法和支持向量机所得结果的最大值。随后，得到准确率的均值和标准差被可视化地展示并与没有考虑语义歧义的情景比较，结果如图 5-6 所示。很明显，应用本体模型后，很多条款类的分类精度都得到提升（从没有使用特征-本体映射的 87.7% 到使用特征-本体映射的 89.5%）。进一步地，将所得结果与嵌入集对分析的特征-本体映射结果相比。从图 5-6 可以看出，条款文本分类的准确率进一步提高到 91.0%，说明了特征-本体映射的重要作用以及所提出方法的有效性。

5.5.3　合规审计

以积累与归类的规制文档为基础，本章运用基于溯源数据的合规性审计方法对数据共享业务流程是否合规进行分析。具体而言，项目组首先在丛台区政府支持下建立了火灾风险识别的区级平台，随后在试点街道和社区开展落地应用，三级平台在运行过程中积累业务流程数据。本章收集从 2021 年 1 月至 6 月的共计

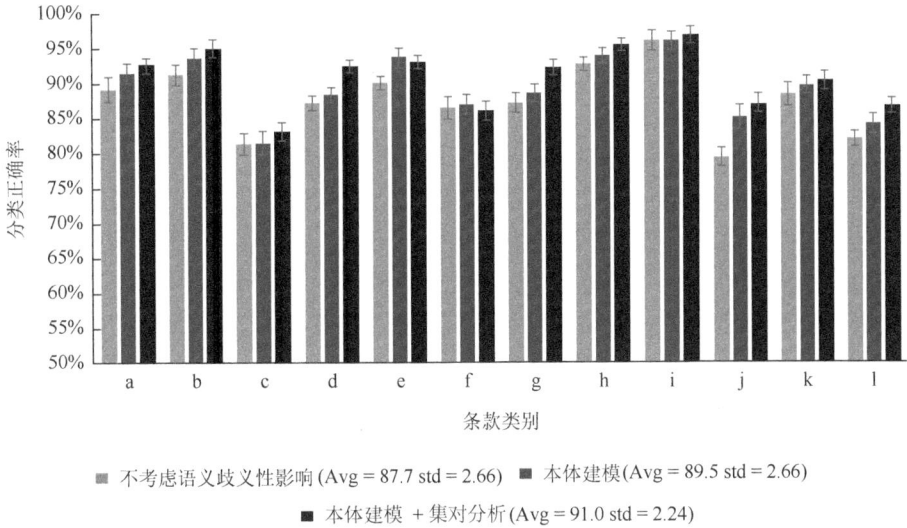

图 5-6　规制条款分类结果

6350 条日志数据，同时利用程序模拟生成相应的模拟溯源数据。将实际抽取的日志信息和模拟的日志信息（即模拟溯源数据）保存在本地实验日志数据库中，测试本章提出的合规性审计模型，样本业务流程的基本信息见表 5-9。

表 5-9　样本业务流程信息示例

流程编号	流程说明	触发合规流程数	模拟日志数
BP1	烟感设备数据转化	3	100×3
BP2	烟感设备数据共享	5	100×5
BP3	烟感设备数据抓取	4	100×4
BP4	遥感地物数据集成	3	100×3
BP5	遥感地物数据共享	3	100×3
BP6	遥感地物数据转化	2	100×2
BP7	电力数据抓取	4	100×4
BP8	电力数据存储	2	100×2

实验发现，利用本章给出的合规性审计模型，检验后的不合规结果都出现在模拟日志信息数据库中，同时从日志信息库中抽取的日志与相应的溯源数据生命周期模型都保持一致，与实验预期相同。结果表明，本章所提出的合规性审计方法是正确有效的。

5.5.4 失规分析

在合规性审计中，考虑到双治理问题涌现性造成的规制体系不完备的情况，需要基于流程溯源数据进行失规分析。通过对已有双治理案例与实践的调研，构建了包含烟感设备、电力数据等失规分析的 18 例历史案例。经过情景相似性评价，生成约简失规清单，即需要进行失规分析的规制集（由于篇幅所限，不展示具体规制清单情况）。邀请 5 位专家对目标案例的失规情况做出评价，即给出其语义值。由式（5-12）计算得到目标案例的 16 类三级模糊 MR 值，结果如图 5-7 所示。以 0.4 为下界、0.6 为上界，构成区域作为判定失规的值域。结合图 5-7 可知，BP3（烟感设备数据抓取）、BP10（监控图像数据接入）、BP11（监控图像数据抓取）、BP12（监控图像数据脱敏）缺少相应的规制支持，难以对合规性做出准确审查，需及时进行补充完善。

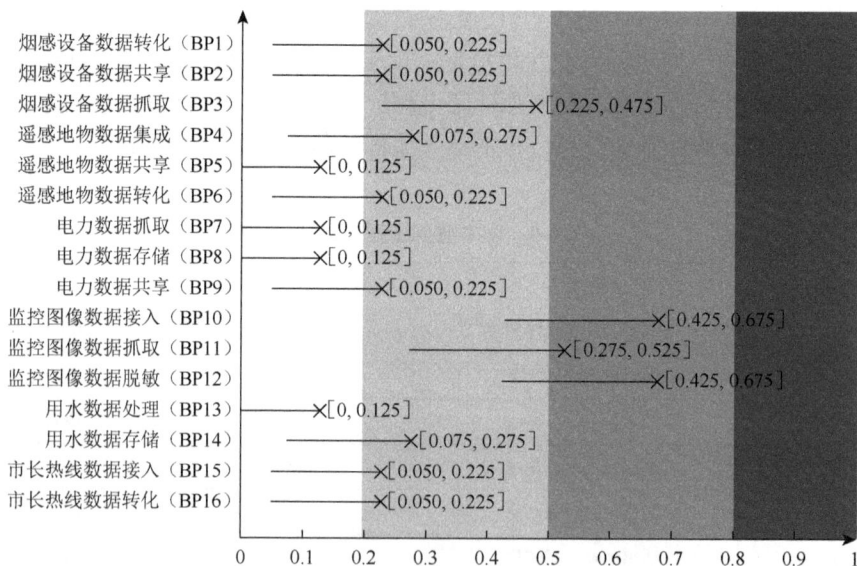

图 5-7 失规分析结果

5.6 本 章 小 结

本章围绕复杂双治理问题情景的规制层应对这一核心问题，探讨了双治理规制文档分类、合规业务流程建模、合规性核查和失规分析四个串行联动的分析方法，主要贡献在于：第一，为克服语义歧义对双治理规制文档分类的影响，提出一种基于集对分析的规制文档分类模型；第二，提出了双治理业务流程的因果网模型；第三，基于溯源数据提出了双治理的智能化合规核查模型；第四，考虑历史经验对现实问题应对的指导，提出了一种基于案例的双治理失规分析模型。

参 考 文 献

蒋大兴，王首杰. 2017. 共享经济的法律规制[J]. 中国社会科学，（9）：141-162.

郦建强，杨晓华，陆桂华，等. 2009. 流域水资源承载能力综合评价的改进隶属度模糊物元模型[J]. 水力发电学报，28（1）：78-83.

刘德海，于倩，马晓南，等. 2014. 基于最小偏差组合权重的突发事件应急能力评价模型[J]. 中国管理科学，22（11）：79-86.

孟小峰，刘立新. 2020. 区块链与数据治理[J]. 中国科学基金，34（1）：12-17.

吴国华，潘德惠. 2004. 一种消费者品牌偏好的模糊排序方法[J]. 系统工程理论与实践，24（9）：28-32.

张成，陆旸，郭路，等. 2011. 环境规制强度和生产技术进步[J]. 经济研究，46（2）：113-124.

Aamodt A，Plaza E. 1994. Case-based reasoning：foundational issues，methodological variations，and system approaches[J]. AI Communications，7（1）：39-59.

Abraham R, Schneider J, vom Brocke J. 2019. Data governance: a conceptual framework, structured review, and research agenda[J]. International Journal of Information Management，49：424-438.

Alhassan I，Sammon D，Daly M. 2016. Data governance activities：an analysis of the literature[J]. Journal of Decision Systems，25（sup1）：64-75.

Amailef K，Lu J. 2013. Ontology-supported case-based reasoning approach for intelligent m-Government emergency response services[J]. Decision Support Systems，55（1）：79-97.

Benfeldt O，Persson J S，Madsen S. 2020. Data governance as a collective action problem[J]. Information Systems Frontiers，22（2）：299-313.

Cong Y N，Chan Y B，Phillips C A，et al. 2017. Robust inference of genetic exchange communities from microbial genomes using TF-IDF[J]. Frontiers in Microbiology，8：21.

Gualo F，Rodriguez M，Verdugo J，et al. 2021. Data quality certification using ISO/IEC 25012：industrial experiences[J]. Journal of Systems and Software，176：110938.

Jackson B A，Faith K S，Willis H H. 2012. Evaluating the reliability of emergency response systems for large-scale incident operations[J]. Rand Health Quarterly，2（3）：8.

Janssen M，Brous P，Estevez E，et al. 2020. Data governance：organizing data for trustworthy artificial intelligence[J]. Government Information Quarterly，37（3）：101493.

Janssen M，Konopnicki D，Snowdon J L，et al. 2017. Driving public sector innovation using big and open linked data（BOLD）[J]. Information Systems Frontiers，19（2）：189-195.

Janssen M，van den Hoven J. 2015. Big and open linked data（BOLD）in government：a challenge to transparency and privacy？[J]. Government Information Quarterly，32（4）：363-368.

Law K H，Lau G，Kerrigan S，et al. 2014. Regnet：regulatory information management，compliance and analysis[J]. Government Information Quarterly，31：S37-S48.

Liu Z G，Li X Y. 2018. Full view scenario model of big data governance in community safety service [C]//Proceedings of the 8th International Conference on Information Communication and Management（Icicm 2018）. New York：ACM：44-49.

Liu Z G，Li X Y. 2019. Driving model of big data governance in urban community safety service [R]. Porto：The International Conference Big Data Analytics，Data Mining and Computational Intelligence.

Moreau L，Clifford B，Freire J，et al. 2011. The open provenance model core specification （v1.1） [J]. Future Generation Computer Systems，27（6）：743-756.

Nguyen D，Park J，Sandhu R. 2012. Dependency path patterns as the foundation of access control in provenance-aware systems [C]//Proceedings of the 4th USENIX Conference on Theory and Practice of Provenance. New York：ACM：4.

Park J，Nguyen D，Sandhu R. 2012. A provenance-based access control model [C]//2012 Tenth Annual International Conference on Privacy，Security and Trust . Paris：IEEE：137-144.

Rao R V，Patel B K. 2010. A subjective and objective integrated multiple attribute decision making method for material selection[J]. Materials & Design，31（10）：4738-4747.

Ren S H，Fan A L. 2011. K-means clustering algorithm based on coefficient of variation[R]. Shanghai：the 4th International Congress on Image and Signal Processing.

Salama D A，El-Gohary N M. 2013. Automated compliance checking of construction operation plans using a deontology for the construction domain[J]. Journal of Computing in Civil Engineering，27（6）：681-698.

Salama D M，El-Gohary N M. 2016. Semantic text classification for supporting automated compliance checking in construction[J]. Journal of Computing in Civil Engineering，30（1）：04014106.

Tamburri D A. 2020. Design principles for the General Data Protection Regulation（GDPR）：a formal concept analysis and its evaluation[J]. Information Systems，91：101469.

van der Aa H，Leopold H，Reijers H A. 2018. Checking process compliance against natural language specifications using behavioral spaces[J]. Information Systems，78：83-95.

van der Aalst W，Adriansyah A，van Dongen B. 2011.Causal nets：a modeling language tailored towards process discovery[C]//Katoen J P，König B. International Conference on Concurrency Theory. Berlin：Springer：28-42.

van den Broucke S K L M，de Weerdt J. 2017. Fodina：a robust and flexible heuristic process discovery technique[J]. Decision Support Systems，100：109-118.

Weijters A J M M，van der Aalst W M P. 2003. Rediscovering workflow models from event-based data using little thumb[J]. Integrated Computer-Aided Engineering，10（2）：151-162.

第6章 城市公共安全大数据双治理的组织路线图方法

面向城市公共安全治理中的跨组织数据交互情景，需要从数据确权、流程重构、组织变革等不同方面设计双治理的组织路线。本章归纳组织层次的双治理问题，聚焦跨部门的数据供应规划问题，考虑不同公共安全治理场景的数据供需交互性，提出一种数据供应规划的超网络模型，在资源传输、时间成本约束情况下生成最优数据供应规划方案，并通过模拟用例对所提方法合理性进行验证。

6.1　双治理驱动的组织层任务

6.1.1　双治理的组织路线图构建依据

组织层面的双治理问题应对需要综合管理学、行为学、运营管理等视角，制订利益相关方的激励方案，激励各利益相关方以实现双治理有效性的提升。在制订方案前，通常需要明确当前城市公共安全双治理所处状态，主要考虑以下因素的影响。

第一，双治理的组织目标。在行为学理论中，制订激励方案首先需要明确组织目标。双治理的总目标在于促进城市公共安全及其大数据治理的共同提升，但在组织层面的治理活动中，需要设置一个具体的组织目标，如提升公共安全大数据质量、提升安全大数据共享程度、增强安全大数据类别丰富程度等，从而由这些具体目标带动总目标的实现。

第二，安全综合治理的约束作用。在组织层面双治理中，城市公共安全综合治理的约束作用尤为显著，因其对双治理活动有体制、机制和规制上的影响。其中，综合治理体制决定双治理的利益相关方有哪些，以及各利益相关方的核心目标是什么；综合治理机制描述了双治理过程中存在的具体操作方式，这些操作方式往往影响利益相关方的行动及其后果；综合治理规制则为利益相关方行为后果提供量化描述，进而可以通过建模的方式进行分析。

第三，双治理中各利益相关者的行动集合。不同情景下利益相关者行动集合可能不同。若以社区大数据质量提升为目标，在一次双治理中，利益相关方一般有工作部门（大数据提供方，利用大数据提供安全治理，其可选择提供真实数据或提供低质数据）、共享大数据需求方、大数据相关管理部门（大数据治理方，提供数据中转以提升各类公共安全治理的信息增益）。

由第 5 章的任务划分可知，双治理的组织路线图涉及数据确权、流程重构以及组织变革等不同方面的任务，其核心问题在于，面向多样化公共安全治理涉及的多源异构数据需求，现有的数据供应方案是否合理，若不合理如何调整（对应数据权属、流程、组织架构等多个方面）？因此，本章聚焦数据供应规划这一组织层核心任务，探讨相应的双治理组织路线图构建方法。

6.1.2　双治理组织的数据供应规划问题

数据供应规划是把不同来源、格式、特点性质的数据在逻辑上或物理上有机地集中，从而为组织提供全面的数据共享（Akinyemi et al.，2020）。在组织数据供应规划领域，已经有了很多成熟的框架可以利用。目前通常采用联邦式、基于中间件模型和数据仓库等方法来构造集成的系统，这些技术在不同的着重点和应用上解决数据共享和为组织提供决策支持（Akinyemi et al.，2020）。现有数据供应规划以"模式/本体对齐-实体链接-冲突消解-关系推演"为基本模式，在解决传统组织内部数据共享上已取得了较好的成果。然而，双治理面向公共安全治理，涉及的是跨组织部门的数据共享与传输，此时数据供应规划涌现出跨部门协同相关的组织沟通、传输成本分配、数据资源传输调度等多种多样的新问题（Hamamoto et al.，2019）。在这一背景下，跨部门数据供应规划需要考虑在特定双治理问题情景下，数据从供应方到需求方的数据传输组织方案，这就是本章所聚焦的数据供应规划问题。

数据供应规划是以公共安全治理效果最大化为目标，建立并求解双治理数据集成的超网络模型（详见 6.2 节），为优化双治理数据需求供应提供决策支持。数据供应规划的超网络模型由若干公共安全治理的数据链网络构成，这些数据链网络建立了特定安全治理场景中从数据集成方到数据中转方、最后到数据需求方的数据传输关系。由于不同安全治理场景的数据链网络间存在关联，构成了数据集成的超网络。已有文献多从数据溯源视角建立数据关联，较少以安全治理场景为核心对象建立数据的跨组织关联与数据供应优化（Margheri et al.，2020）。本章关注不同安全治理场景在数据链网络上存在的数据传输关联性，建立数据供应规划的超网络模型，研究在数据资源传输成本与时间约束下的数据集成优化。

6.2　双治理组织数据供应规划的超网络模型描述

以公共安全治理场景 A 和 B 为例，构造图 6-1 左部用来表示双治理数据集成的简单超网络结构，实际公共安全治理场景的个数可不受限制地被扩展至多个的情形。具体地，将单个公共安全治理场景中典型的数据集成过程抽象成一个三层级网络：数据由各数据供应方共享至做临时储备之用的各数据中转方（或数据平台），再由各中转方共享至各数据需求方。面对双治理存在的问题（组织、数据质量、数据更新等），关联场景的主题往往相互协同，这表现为各公共安全治理场景的组织主体不但与本治理场景的主体紧密合作，也可接受关联场景组织主体的数据分享。由于不同安全治理场景内组织主体具有不同的多维属性且这些多维属性相互关联，故图 6-1 左边的数据需求供应网络是一个超网络结构，它包含不同性质却相互作用的两个网络。其中，实线表示相邻层级主体间的数据流动，虚线则表示不同公共安全治理场景数据集成网络之间的相互支持关系。

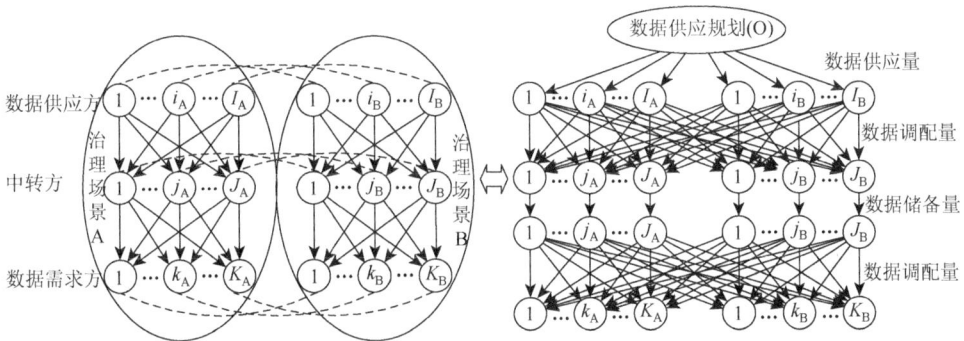

图 6-1　组织数据供应规划的超网络及其等价结构

为便于定量分析，可将双治理数据供应规划超网络转化成一个与之功能等价的网络结构进行建模（Nagurney，2006），具体如图 6-1 右边所示。在这个等价结构中，虚拟地增设决策者角色的数据供应规划 O 作为数据集成规划网络的起点，数据需求方是网络的讫点，中间节点有数据供应方和中转方；增添新的连接边体现数据集成协同运作，反映公共安全治理场景内数据供应方与其他安全治理场景数据中转方、安全治理场景内中转方与其他安全治理场景数据需求方之间存在关联关系；将数据供应规划体系所涉及的各项活动抽象地用网络相邻层级节点间的有向连接边来表达，由上至下实线边流量的含义分别是各数据需求方处的数据资源供给量、各供应方至各中转方以多种共享方式传递的数据量、各中转方处的数据储备量以及各中转方至各数据需求方点以多种共享方式传递的数据量。

6.3　双治理组织数据供应规划的超网络模型构建

由文献（Nagurney，2006）可知，图 6-1 左侧的超网络和右侧的简化网络之间具有等价同构关系，故可以通过对图 6-1 右部的等价结构进行建模分析，从而得出数据供应规划的优化方案。针对图 6-1 所示的超网络及其等价结构，分两阶段构建超网络模型：首先基于各数据需求方处的数据资源需求，在符合传输能力的前提下，定量化表达整个超网络数据供应规划的优化目标；然后考虑数据供应选择的决策偏好问题，着重分析供应方至中转点以及中转点至需求点的数据资源共享层级中多种共享方式的随机选择。

6.3.1　超网络优化目标

　　面向双治理的数据供应过程需重点关注两个问题：第一，数据资源的供应量是否达到需求；第二，数据资源供应对于需求方的时效性。基于此，数据供应优化问题可被表达成式（6-1），在满足需求和符合传输能力限制的前提下，确定最优的数据资源流量和传输能力追加量，以实现整个数据供应过程所耗成本和时间的最小化。其中，数据供应规划成本涉及两个方面：实施数据供应的成本和应对双治理问题而需追加传输能力的成本。用 $g_a(f_a, u_a, s_a, r_a)$ 表示含时间和成本因素的广义数据供应规划目标，以下简称广义数据供应规划成本：

$$\min \sum_{a \in L} g_a(f_a, u_a, s_a, r_a) = \sum_{a \in L} c_a(f_a, s_a, r_a) + \sum_{a \in L} \phi_a(u_a) + \alpha \sum_{a \in L} t_a(f_a, s_a, r_a)$$

$$\text{s.t.} \quad \sum_{p \in P_w} x_p \geq d_w(s_w, r_w), \quad f_a \leq \bar{u}_a + u_a, \tag{6-1}$$

$$f_a = \sum_{p \in P} x_p \delta_{ap}, \quad x_p \geq 0, \quad \bar{u}_a + u_a \geq 0$$

其中，a 表示图 6-1 右部相邻层级各组织主体间的任一连接边，代表数据供应规划的不同环节（供应—中转—储备—中转），$a \in L$，L 表示所有边的集合；p 表示图 6-1 右部连接起讫点的任一路径，任一路径 p 由若干条边 a 组成，$p \in P$，P 表示全体路径的集合；用 w 表示图 6-1 右部任一起讫点对，$w \in W$，W 表示所有起讫点对的集合；某一起讫点对 w 之间的路径集合用 P_w 表示，显然 $p \in P_w$。

　　目标函数中，$c_a(f_a, s_a, r_a)$ 和 $t_a(f_a, s_a, r_a)$ 分别表示在各数据供应环节实施数据传输所耗的成本和时间，与数据资源流量 f_a、问题应对能力 s_a、问题风险度 r_a 有关；$\phi_a(u_a)$ 是指问题应对中在各环节追加单位的应对能力所花费的成本，因为双治理问题的发生会致使某类数据资源需求量陡增，需通过安全治理各主体协同方式来增加各供应方对此类数据资源的供给能力；α 是指决策优化中时间因素相对于成本因素的转换系数，体现问题应对场景下时间因素的重要程度。其中，问题应对能力 s_a 在现实中体现为受外界扰动或问题事件影响而导致数据资源集成活动失效的程度，通常与失效概率和失效后果有关（Jenelius et al., 2006）；而问题

风险度 r_a 是刻画双治理问题强度的一个参量，r_a 越大，问题影响越严重，集成所需的成本越大、所耗时间越长。

在约束条件中，$\sum\limits_{p \in P_w} x_p \geqslant d_w(s_w, r_w)$ 表示各起讫点对之间的需求 $d_w(s_w, r_w)$ 必须被来自各可行路径上的数据资源总量所满足，其中 x_p 是路径 p 上的数据资源流量；$f_a \leqslant \bar{u}_a + u_a$ 是对各边上数据资源流量的限制条件，限定其不能超过现有传输能力 $\bar{u}_a$ 与追加传输能力 u_a 之和；$f_a = \sum\limits_{p \in P} x_p \delta_{ap}$ 是路径/边的流量关联关系式，指任一边上数据资源流量等于经过此条边的各路径上流量之和，若边 a 包含在路径 p 中，$\delta_{ap} = 1$，否则 $\delta_{ap} = 0$；约束的最后两项是对路径数据流量和传输能力的非负限制。

假设优化目标中的相关规划成本和时间函数是连续可微凸函数（Nagurney，2006），利用拉格朗日乘子 β_a 和 λ_w，将优化问题（6-1）转化成等价的变分不等式（6-2）进行求解分析。式中，$C_p = \sum\limits_{a \in L} c_a \delta_{ap}$，$T_p = \sum\limits_{a \in L} t_a \delta_{ap}$ 分别是数据资源经过路径 p 所花费的成本和时间。β_a 可看成是追加单位传输能力时所耗的费用，λ_w 可理解为起讫点对 w 间数据资源供需相等时的最小集成成本，变分不等式（6-2）中带上标（*）的为该变分不等式的解。

$$\sum_{p \in P} \left(\frac{\partial C_p}{\partial x_p} + \alpha \frac{\partial T_p}{\partial x_p} + \sum_{a \in L} \beta_a^* \delta_{ap} - \lambda_w^* \right) \times \left(x_p - x_p^* \right) + \sum_{a \in L} \left(\frac{\partial \phi_a(u_a^*)}{\partial u_a} - \beta_a^* \right) \times \left(u_a - u_a^* \right)$$

$$+ \sum_{a \in L} \left(\bar{u}_a + u_a^* - \sum_{p \in P} x_p^* \delta_{ap} \right) \times \left(\beta_a - \beta_a^* \right) + \left(\sum_{p \in P_w} x_p^* - d_w(s_w, r_w) \right) \times \left(\lambda_w - \lambda_w^* \right) \geqslant 0$$

$$(6\text{-}2)$$

6.3.2　决策偏好下对数据传输方式的随机选择

在图 6-1 右部所示的两个数据资源调配运作层级中，面对 M 种可替代的数据传输方式（如平台、人工、实时），决策者会通过综合权衡对各种方式的偏好程度以及各组织主体特征属性来进行合理选择。用 $f_{(2)}$ 和 $f_{(4)}$ 分别表示"供应方至中转方""中转方至需求方"间的数据资源传输量，而 $f_{(2)a}^m$ 和 $f_{(4)a}^m$ 则特指相应层级选用第 m 种传输方式所调配的数据资源量，有：$f_{(2)a} = \sum\limits_{m \in M} f_{(2)a}^m$，$f_{(4)a} = \sum\limits_{m \in M} f_{(4)a}^m$。

由于数据供应情境下存在信息不对称现象，故在选择传输方式时，决策者通常只能对运用各方式传输数据资源所耗费的广义应急成本做一个大致估计。现用 $G_{(2)a}^m \left(f_{(2)a}^m, s_{(2)a}^m, r_{(2)a}^m \right)$、$G_{(4)a}^m \left(f_{(2)a}^m, s_{(2)a}^m, r_{(2)a}^m \right)$ 来分别表示"供应方至中转方""中转方至需求方"间选择第 m 种方式传输数据资源所耗广义费用的估计值（称理解广义供应规划成本），而 $g_{(2)a}^m \left(f_{(2)a}^m, s_{(2)a}^m, r_{(2)a}^m \right)$、$g_{(4)a}^m \left(f_{(2)a}^m, s_{(2)a}^m, r_{(2)a}^m \right)$ 则是相应广义费用的实际值（称实际广义供应规划成本），它们之间存在如下关系：

$$G_{(2)a}^m = g_{(2)a}^m - \frac{1}{\theta} \xi_{(2)a}^m$$

$$G_{(4)a}^m = g_{(4)a}^m - \frac{1}{\eta} \xi_{(4)a}^m \qquad (6\text{-}3)$$

设 $\xi_{(2)a}^m$ 和 $\xi_{(4)a}^m$ 是服从 Gumbel 分布且相互独立的随机变量，可证明（周晶，2003）：$\mathrm{Var} \left(G_{(2)a}^m \right) = \frac{\pi^2}{6\theta^2}$、$\mathrm{Var} \left(G_{(4)a}^m \right) = \frac{\pi^2}{6\eta^2}$，参数 $\theta > 0$、$\eta > 0$ 是决策者对以各种方式传输数据资源所耗广义集成成本了解程度的一种测度，它们与理解广义供应规划成本的方差成反比。

在以各方式传输所耗实际广义供应规划成本的度量中，往往也涉及决策者的选择偏好，体现在对各种传输方式选择时会综合考虑 N 个因素（如成本、时间、灵活便捷性）。记 $g_{(2)an}^m$、$g_{(4)an}^m$ 分别是两传输层第 m 种传输方式在第 n 个因素方面的实际所耗广义费用，γ_n^m 是第 m 种传输方式在第 n 个因素方面的衡量权重，有

$$g_{(2)a}^m = \sum_{n \in N} \gamma_n^m g_{(2)an}^m$$

$$g_{(4)a}^m = \sum_{n \in N} \gamma_n^m g_{(4)an}^m \qquad (6\text{-}4)$$

用 $P_{(2)a}^m$ 和 $P_{(4)a}^m$ 分别表示两传输层级上选用传输方式 m 的概率。由式（6-1）可知，方式 m 被选中的概率就是运用此种方式传输数据资源时其理解广义供应规划成本达到最小的概率，故有

$$P_{(2)a}^m = \mathrm{Prob} \left[G_{(2)a}^m = \min_{m' \in M} G_{(2)a}^{m'} \right]$$

$$P_{(4)a}^m = \mathrm{Prob} \left[G_{(4)a}^m = \min_{m' \in M} G_{(4)a}^{m'} \right] \qquad (6\text{-}5)$$

根据 Gumbel 分布的性质，传输方式的选择概率可表达成如下形式：

$$P_{(2)a}^m = \frac{1}{1 + \sum_{m' \neq m} \exp \left(-\theta \left(g_{(2)a}^{m'} - g_{(2)a}^m \right) \right)'}$$

$$P_{(4)a}^m = \frac{1}{1 + \sum_{m' \neq m} \exp \left(-\theta \left(g_{(4)a}^{m'} - g_{(4)a}^m \right) \right)'} \qquad (6\text{-}6)$$

令 $S(g_{(2)a})$ 和 $S(g_{(4)a})$ 分别表示两传输层层级中多种方式选择的期望最小理解广义供应规划成本，由文献（周晶，2003）可知，$S(g_{(2)a})$、$S(g_{(4)a})$ 各自关于 $g_{(2)a}^m$、$g_{(4)a}^m$ 的偏导数是相应层级第 m 种传输方式被选中的概率，即

$$\frac{\partial S(g_{(2)a})}{\partial g_{(2)a}^m} = P_{(2)a}^m$$

$$\frac{\partial S(g_{(4)a})}{\partial g_{(4)a}^m} = P_{(4)a}^m \tag{6-7}$$

结合式（6-6）和式（6-7），期望最小理解广义供应规划成本的函数表达可写成：

$$S(g_{(2)a}) = -\frac{1}{\theta}\ln\left(\sum_{m'\neq m}\exp\left(-\theta\left(g_{(2)a}^{m'}\right)\right)\right)$$

$$S(g_{(4)a}) = -\frac{1}{\eta}\ln\left(\sum_{m'\neq m}\exp\left(-\eta\left(g_{(4)a}^{m'}\right)\right)\right) \tag{6-8}$$

综合上述分析，决策偏好下传输方式的选择实际是一个随机用户均衡问题，运用随机均衡配流理论，所有满足如下流量守恒条件的数据资源量均为可行均衡解：

$$f_{(2)a}^m = f_{(2)a}\cdot P_{(2)a}^m, \quad f_{(4)a}^m = f_{(4)a}\cdot P_{(4)a}^m \tag{6-9}$$

为便于求解分析，将以上随机均衡配流问题转化成等价的变分不等式，即决策偏好下以各种方式实时传输的最优数据资源量满足：

$$\sum_{(2)a\in(I_A\cup I_B)*(J_A\cup J_B)}\sum_{m\in M}\left\{g_{(2)a}+\frac{1}{\theta}\left(\ln f_{(2)a}^{m^*}\right)-\ln f_{(2)a}^m - S(g_{(2)a})\right\}\times\left(f_{(2)a}^{m^*}-f_{(2)a}^m\right)$$

$$\sum_{(4)a\in(J_A\cup J_B)*(K_A\cup K_B)}\sum_{m\in M}\left\{g_{(4)a}+\frac{1}{\eta}\left(\ln f_{(4)a}^{m^*}\right)-\ln f_{(4)a}^m - S(g_{(4)a})\right\}\times\left(f_{(4)a}^{m^*}-f_{(4)a}^m\right)\geqslant 0$$

$$\tag{6-10}$$

6.3.3　超网络模型求解

求解所构建的超网络模型实施数值，分为两个步骤：首先使用 Euler 算法（Nagurney，2006）求解变分不等式（6-2），得出四个集成环节上（供应—中转—储备—中转）的最优数据资源量，分别用 $f_{(1)a}^*$、$f_{(2)a}^*$、$f_{(3)a}^*$ 和 $f_{(4)a}^*$ 加以区分；然后代入变分不等式(6-10)并运用相继平均法（method of successive average，MSA）（徐红利等，2011）对其进行求解，计算出两个数据资源供应运作层中以多种传输方式供应的最优数据资源量 $f_{(2)a}^{m^*}$ 和 $f_{(4)a}^{m^*}$。

6.4　用 例 分 析

本部分针对前文的邯郸丛台区火灾风险管理用例，分析社区网格化事件、居民上报事件与微博文本的数据供应规划，对本章提出供应规划方法的合理性进行验证。设定在样本单位，火灾风险识别服务（设为 A）和应用网格化事件数据的其他服务（设为 B）各有两个数据供应方（城管部门和电信部门）、两个中转方（社区和网格员）、两个需求方（社区防火和社区治安），用例中数据供应规划超网络的等价结构共有 40 条连接边、64 条路径、8 个起讫点对：第一，按照连接网络层级的不同将 40 条边分成四类，在表 6-1 中列出不同类别边的相关函数和具体参数设置。为便于算例求解，将此类函数设置为满足连续、可微、凸性的简单常用形式（Nagurney，2006），具有一定代表性，现实数据供应中可根据实际情况作不同程度的改变。第二，64 条路径由分别来自 4 个类别的边组成，其中前 32 条代表以治理场景 A 中的需求方为讫点的路径，后 32 条则以治理场景 B 中的供应方为讫点。第三，8 个起讫点对中，$w = 1, 2, 3, 4$ 是以治理场景 A 中两需求方为讫点的点对，而 $w = 5, 6, 7, 8$ 的讫点是治理场景 B 中需求方。

表 6-1　不同类别的参数设置

四类连接边	起点	终点	$\phi_a(u_a)$	s_a	r_a	$\bar{u}_a$
$a = 1, \cdots, 4$	集成规划	供应方	$u_a^2 + u_a$	0.8	0.2	2
$a = 5, \cdots, 20$	供应方	中转方	$u_a^2 + 5u_a$	0.6	0.5	1
$a = 21, \cdots, 24$	中转方	中转方	$2u_a^2 + 3u_a$	0.8	0.3	3
$a = 25, \cdots, 40$	中转方	需求方	$0.5u_a^2 + u_a$	0.5	0.8	1

设数据供应过程中可采取三种方式传输数据资源以实现协同，分别是区级信息共享平台（$m = 1$）、省级数据开放平台（$m = 2$）、专线（$m = 3$）；在对多种方式进行选择决策时衡量两个因素，分别是成本（$n = 1$）、时间（$n = 2$）。将各种传输方式选择下的决策偏好参数列于表 6-2，主要包括各传输方式在各衡量因素上的实际广义费用函数及相应权重。为突显数据资源传输过程中时间要素的重要性，设数据供应规划优化目标中的转换系数 $\alpha = 10$。各起讫点对间数据资源需求函数设为 $d_w(s_w, r_w) = r_w - s_w$，且 $r_w = 0.8$，$s_w = 0.2$。并令决策偏好下随机选择模型中的参数值 $\theta = 0.5$、$\eta = 1$。

表 6-2　多种传输方式选择下的决策偏好参数设置

层级	因素	区级信息共享平台	省级数据开放平台	专线
传输层(2)a	成本	$\left(1 - s_{(2)a}^1 + r_{(2)a}^1\right)f_{(2)a}^1 + 5$ $\gamma_1^1 = 0.2$	$\left(2 - s_{(2)a}^2 + r_{(2)a}^2\right)f_{(2)a}^2 + 3$ $\gamma_1^2 = 0.6$	$\left(2 - s_{(2)a}^3 + 3r_{(2)a}^3\right)f_{(2)a}^3 + 2$ $\gamma_1^3 = 0.9$

续表

层级	因素	区级信息共享平台	省级数据开放平台	专线
传输层(2)a	时间	$\left(2-s_{(2)a}^1+r_{(2)a}^1\right)f_{(2)a}^1+3$ $\gamma_2^1=0.8$	$\left(1-s_{(2)a}^2+2r_{(2)a}^2\right)f_{(2)a}^2+1$ $\gamma_2^2=0.4$	$\left(2-s_{(2)a}^3+2r_{(2)a}^3\right)f_{(2)a}^3+4$ $\gamma_2^3=0.1$
传输层(4)a	成本	$\left(2-s_{(4)a}^1+r_{(4)a}^1\right)f_{(4)a}^1+5$ $\gamma_1^1=0.2$	$\left(1-2s_{(4)a}^2+3r_{(4)a}^2\right)f_{(4)a}^2+3$ $\gamma_1^2=0.6$	$\left(1-s_{(4)a}^3+2r_{(4)a}^3\right)f_{(4)a}^3+2$ $\gamma_1^3=0.9$
	时间	$\left(2-s_{(4)a}^1+r_{(4)a}^1\right)f_{(4)a}^1+1$ $\gamma_2^1=0.8$	$\left(2-2s_{(4)a}^2+r_{(4)a}^2\right)f_{(4)a}^2+2$ $\gamma_2^2=0.4$	$\left(3-s_{(4)a}^3+3r_{(4)a}^3\right)f_{(4)a}^3+4$ $\gamma_2^3=0.1$

在 MATLAB R2010b 实现求解使用的 Euler 算法和 MSA 算法。将表 6-2 中参数和所设需求函数代入变分不等式（6-2），输入变量初始值均设为 1，收敛精度为 0.0001。得出各路径上有相等的最优数据资源量 $x_p^*=0.0698$，并将此算例求解的其他部分结果列于表 6-3。

表 6-3　决策偏好相关参数变化下以各种传输方式调配的最优数据资源量

部分最优解		模型求解结果	需求变化情况	$\bar{u}_a$ 变化情况	跨场景情况
u_a^*	$a=1,\cdots,4$	0	0	0.9267	0
	$a=5,\cdots,20$	0	0	0.0817	0
	$a=21,\cdots,24$	0	0	0.9204	0
	$a=25,\cdots,40$	0	0	0.0824	0
λ_w^*	$w=1,\cdots,4$	6.7551	6.6284（A 需求方）↑	21.6546↑	0.9468
	$w=5,\cdots,8$		8.9852（B 需求方）↑		6.0038
f_a^*	$a=1,\cdots,4$	1.1293	1.3302↑	1.1321	1.1293
	$a=5,\cdots,20$	0.2823	0.3326↑	0.2830	0.2731
					0.2916
	$a=21,\cdots,24$	1.1293	1.3302↑	1.1321	1.1293
	$a=25,\cdots,40$	0.2823	0.2854（A 需求方）↑	0.2830	0.2575
			0.3797（B 需求方）↑		0.3071

从这个用例求解的结果可以看出：

第一，64 条路径上的最优数据资源量均相等，8 个起讫点对间的最小供应规划成本均相同。原因是两类场景数据需求方处具有相同的数据资源需求量，而且构成任一资源传输路径的 4 条边虽分别代表了 4 个不同的集成环节，但每一环节内的所有函数和参数设置也均相同（参见表 6-2）。

第二，所有的 $u_a^* = 0$，即各环节均无须追加额外成本去提高数据资源供给、储备和传输的能力。这表明此用例中各组织主体的现有能力能够应对数据供应组织的双治理问题。

第三，4 个供应方处数据资源供给总量，与供应方至中转方的数据资源传输总量、4 个中转方处数据资源储备总量、中转方至需求方的数据资源传输总量均相等。这客观体现了整个超网络结构的均衡状态，间接验证了所构模型及求解的合理性。

第四，采用三种方式传输的最优数据资源量各不相同。这是由于决策者对三种传输方式在成本和时间两衡量因素上的选择偏好不同所致，参见表 6-3。

6.5　本章小结

本章围绕复杂双治理问题情景的组织层应对这一核心问题，探讨了双治理的组织路线图构建依据，并聚焦跨部门的数据供应规划问题，研究了双治理组织数据供应规划的超网络模型及其求解方法。首先，基于超网络刻画多种公共安全治理场景的数据供应网络交互，在考虑双治理问题影响、问题应对、数据资源传输和时效约束等复杂情景要素的情况下，构建了数据供应规划模型，实现数据供应规划的优化改进。

参 考 文 献

徐红利，周晶，徐薇. 2011. 基于累积前景理论的随机网络用户均衡模型[J]. 管理科学学报，14（7）：1-7, 54.

周晶. 2003. 随机交通均衡配流模型及其等价的变分不等式问题[J]. 系统科学与数学，23（1）：120-127.

Akinyemi A G, Sun M, Gray A J G. 2020. Data integration for offshore decommissioning waste management[J]. Automation in Construction, 109: 103010.

Hamamoto N, Ueda H, Furukawa M, et al. 2019. Toward the cross-institutional data integration from shibboleth federated LMS[J]. Procedia Computer Science, 159: 1720-1729.

Jenelius E, Petersen T K A, Mattsson L-G. 2006. Road network vulnerability: identifying important links and exposed regions[R]. Gothenburg: Transportation Research Arena.

Margheri A, Masi M, Miladi A, et al. 2020. Decentralised provenance for healthcare data[J]. International Journal of Medical Informatics, 141: 104197.

Nagurney A. 2006. On the relationship between supply chain and transportation network equilibria: a supernetwork equivalence with computations[J]. Transportation Research Part E: Logistics and Transportation Review, 42（4）: 293-316.

第7章　城市公共安全大数据双治理的技术路线图方法

面向城市公共安全中的多源异构数据交互及其关联的复杂双治理情景，需要从主数据与元数据等多个层面重新设计双治理的技术应用。本章归纳技术层次的双治理问题，重点关注主数据层的数据融合分析和元数据层的数据溯源分析两类路线图构建：首先，基于模型驱动构建了数据融合的策略模型及其生成机制，并提出策略执行协同的知识共享框架与交互模式；其次，针对传统数据溯源机制难以满足 Hive 中大规模、复杂的数据处理问题，提出了基于有向无环图的数据溯源方法；最后，通过模拟用例对前述关键技术的效果进行验证。

7.1　双治理驱动的技术层任务

7.1.1　双治理的主数据层问题与分析途径

主数据（master data）是实现跨组织跨部门数据共享的关键。一个组织一般仅有一类核心主数据，如民政部门的户籍数据、建筑部门的楼宇档案数据等，主数据通常以关系数据库的形式存储于各组织政务信息管理系统中。由已有文献和实践可知，在主数据层次的双治理中，需要考虑两类关键问题：第一，针对特定数据供应规划网络，如何高效处理和分析现实数据以更加有效地支持决策，即数据融合策略是什么；第二，围绕数据融合策略，如何提供数据更新和数据服务，促进数据融合策略的落地实现。

针对上述问题，将主数据层双治理的分析途径总结为数据融合分析、数据更新分析以及数据服务分析三个方面。本章力求抓住主数据层双治理分析的主要矛盾，重点分析数据融合分析任务，提出相应的分析方法。

7.1.2　双治理的元数据层问题与分析途径

元数据（metadata），又称中介数据、中继数据，为描述数据的数据（data about data），主要是描述数据属性的信息，用来支持如指示存储位置、历史数据、资源查找、文件记录等功能。元数据帮助建立双治理涉及数据的图书馆，支持决策者识别、评价、追踪数据资源以达到有效管理。根据已有研究对于元数据管理体系内容的阐述，本章认为元数据层面的双治理分析途径至少应包含以下几个方面。

1. 数据溯源分析

数据溯源定义为记录原始数据在整个生命周期内（从产生、传播到消亡）的演变信息和演变处理内容。本章认为，数据溯源强调的是一种溯本追源的技术，根据追踪路径重现数据的历史状态和演变过程，有助于对辖区内的数据构成及使用情况有清晰的认识。

2. 数据映射分析

给定两个数据模型，在模型之间建立起数据元素的对应关系，将这一过程称为数据映射。数据映射是很多数据集成任务的第一步，如数据迁移（data migration）、数据清洗（data cleaning）、数据集成、语义网构造、对等网络（peer-to-peer，p2p）信息系统。

3. 数据推荐分析

数据推荐是在数据溯源基础上，分析各类数据的潜在使用方式和使用价值，并为各组织部门提供推荐可能提升基层社会服务效果的高价值数据。

由上述定义可知，数据映射不涉及复杂问题情景，而数据推荐以数据溯源为基础。鉴于此，本章重点分析双治理数据溯源这一关键元数据层路线任务，探讨相应的分析方法。

7.1.3　双治理的数据融合分析问题

数据融合近年来得到越来越多的关注，是因为数据融合效果直接决定了大数据产生信息增益的程度。最早的定义也是美国国防部在 1991 年所述（Zhang et al.，2019）：数据融合是一个针对多源异构数据信息的加工过程，该过程还包括自动化检测、相关互联以及多级组合等。第二次定义是 Wald 在 1998 年将数据融合技术定义成了一种通过融合算法以及相关工具方式将多源异构数据信息进行关联分析的形式框架。该技术框架不仅是为了获得更加多源优质的数据信息资源，还是为了通过应用该框架改善决策的鲁棒性以及可靠性。截至目前，数据融合的界定仍没有一个统一定论。在应用领域上，数据融合不仅应用在工业控制领域、医疗识别领域、天气预测领域等相关领域，还逐渐向更多更广的交叉领域扩展（罗俊海和王章静，2015）。与数据集成不同的是，数据融合是面向特定数据输入,通过数据关联处理获得新的或更好的数据输出,以帮助改进组织决策。

面向多源异构的基层社会大数据,数据融合需要考虑多种多样的双治理问题情景,包括应用的基层社会服务、涌现的问题类型、各种双治理环境约束以及已经部署的双治理方案等。在这一背景下,单一地通过人工确定数据融合策略可能带来合规性和应用效果的双重考验。为了提升双治理问题解析与相应数据融合策略的可靠性,本章从模型驱动视角出发建立了双治理的数据融合策略模型,并通过与前述情景模型、参考模型等的协同,实现策略模型参数调整与优化方案生成。此外,考虑数据融合策略在执行过程中可能需要多个组织的高效协同,结合已有理论和实践提出了双治理数据融合策略执行的知识共享框架和协同交互模式。

7.1.4　双治理的数据溯源分析问题

在数据信息时代,每时每刻都会产生庞大的数据,即通常说的大数据,对这些数据进行各种加工组合、转换,又会产生新的数据,这些数据之间就存在着天然的联系,把这些联系称为数据血缘关系。为了形象表示双治理中的数据关系,有学者构建基于组织的数据血缘模型,如图 7-1 所示。其中包含四类要素,分别是节点、流向、转换以及注销,它们分别代表某类元数据、数据在组织内部或组织间的传递与共享路径、数据处理技术以及数据清除规则。基于数据血缘模型,治理人员可以对辖区内的数据构成及使用情况有清晰的认识。在后文中,本章将借助数据血缘模型,提出双治理的数据溯源分析方法。

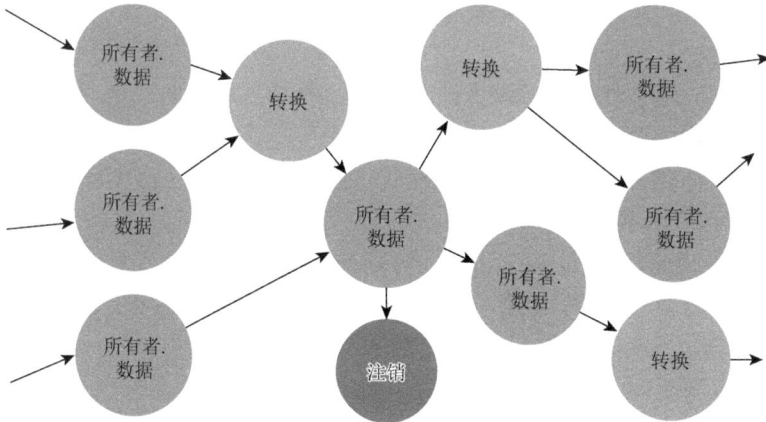

图 7-1　双治理中的大数据血缘

目前针对数据库的数据溯源追踪主要有两种方法：一是基于标注的方法（Zhao et al.，2006），此类方法虽然实施起来比较简单，但需要额外的存储空间且随着处理的数据量增加其执行效率会降低，难以直接应用于维护着海量数据的 Hive 数据仓库；二是基于逆置函数的方法（Dezani-Ciancaglini et al.，2012），此类方法需要的存储空间较小，但不是所有的数据处理都可以逆置，且其溯源追踪的性能完全取决于逆置机制。对于 Hive 数据仓库中复杂的数据处理，要构造一个良好的逆置机制难度较大。Hive 数据的溯源重点在于数据沿袭问题，而给定数据的数据沿袭问题可以概括为建立数据的血缘关系，得到其产生过程以及源数据。

针对传统数据溯源机制难以满足 Hive 中大规模、复杂的数据处理问题，本章提出了基于有向无环图的数据溯源方法。通过对 Apache Atlas（Apache 旗下的一款数据治理和元数据管理技术产品）进行扩展，在 Hive 中实现了该数据溯源方法，并通过实验证明该方法可为 Hive 提供准确、高效的数据溯源机制，也为数据安全审计提供了有力支撑。

7.2　主数据层双治理的数据融合分析

数据融合近年来受到越来越多的关注，是因为数据融合效果直接决定了大数据产生信息增益的程度。针对该问题，本章基于数据融合理论构建主数据融合策略集，再结合本体模型提供的规范化表达研究策略生成与策略执行协同路径。

7.2.1　双治理的数据融合策略建模

本章研究应用软件工程领域方法，建立如图 7-2 所示的双治理数据融合策略模型。结合已有主数据管理的内容、文献整理与实践调查，认为策略模型至少包括策略、大数据类、问题要素、策略形式、变迁、逻辑、关联策略、组织关联、信息状态、标识 10 类元素。

定义 7-1　数据融合策略（data fusion strategies，DFS）表示在信息支持下的主数据管理问题应对策略，包括可以分解的 DFS 和不可分解的 DFS，可分解的 DFS 可以分解为下级的 DFS，而不可分解的 DFS 是原子级的 DFS，无法进行分解。策略的内容来源于两方面：其一，参考模型的最佳实践，是经验性的内容；其二，专业性的知识规则，是共识性的内容。

DFS：: = (Support, BDC, Question, Prop, FatherDFS, FormerDFS)，其中 Support

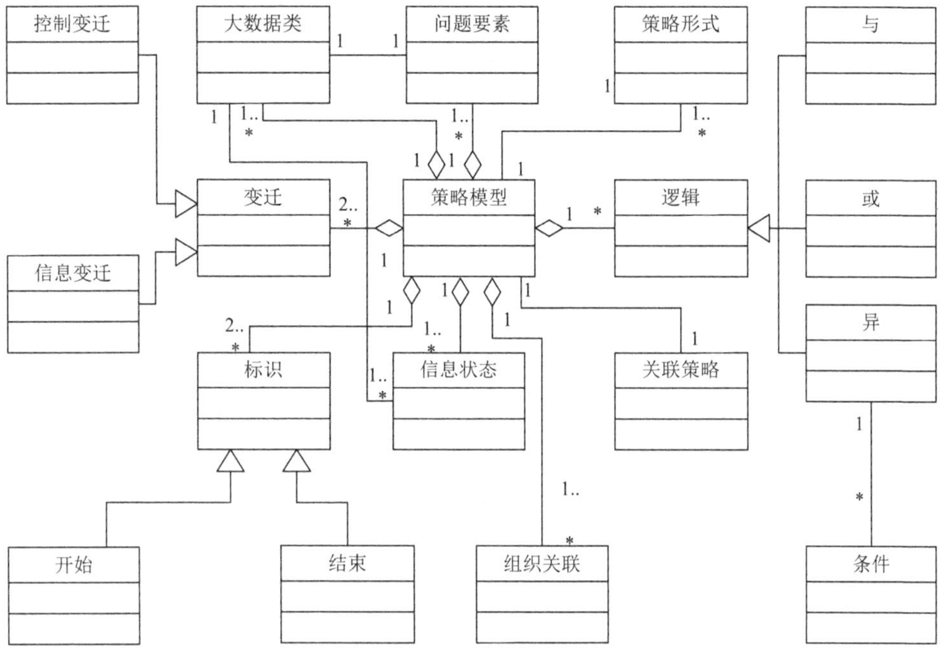

图 7-2　数据融合策略模型

①1（1..*）指一个元素集合中的对象对应另一个集合中的一个或多个对象（如一个策略可以对应一个或多个关联策略），1（2..*）指一个元素集合中的对象对应另一个集合中的两个或两个以上对象，1（1）指一个元素集合中的对象对应另一个集合中的一个对象；②模型元素矩形框中的第一行框表示元素的名称，第二行框表示元素值域，第三行框表示接口，即元素信息的输出系统或终端；③图中菱形表达聚合关系（前者为后者的一个属性或构成），三角形箭头表达继承关系（前者为后者的一个子类）

表示包括信息在内的支持集合，BDC、Question 分别表示策略针对的大数据类及问题要素，Prop 表示 DFS 特征，FatherDFS 表示上级 DFS，FormerDFS 表示同级 DFS 中的前驱 DFS。

定义 7-2　大数据类（big data category，BDC）表示某类具体的大数据资源，与元情景模型相适应，包括可以分解的 BDC 和不可分解的 BDC。大数据类有助于策略分类，另外，在处理相同问题时，不同大数据类对应的解决策略也有差异。

定义 7-3　问题要素表示研究时间段内 BDC 存在的问题集合。Question:∶=(Category, Time, Sub)，其中，Category、Time、Sub 分别代表问题要素类别、时间戳以及子问题要素。问题要素是联系问题情景与应对策略的桥梁，直接决定策略类。

定义 7-4　策略形式表示策略的存储形式，一般包括文档/文件、图片、多媒体等。策略形式将有助于策略的快速调用与维护。

　　定义 7-5　变迁表示 DFS 之间或者 DFS 与信息支持之间的连接关系。DFS 之间的变迁称为控制变迁,表示 DFS 之间的逻辑时序关系;DFS 与信息支持之间的变迁称为信息变迁,表示信息传递关系。

　　Transition∷＝(FElem, BElem), FElem、BElem 分别为变迁的前继元素和后继元素。其中,前继元素和后继元素均可以为 DFS 或者信息支持。

　　定义 7-6　逻辑表示 Transition 之间的逻辑关系,主要包括一个 Transition 分为多个 Transition 和多个 Transition 合为一个 Transition 的情况。

　　定义 7-7　关联策略表示为总体策略方案与 DFS 关联的策略情况。在关联策略的连接下,一张完整的策略方案网络形成,比如为实现主数据合并,需要分析主数据差异、分析主数据合并影响、了解系统对主数据合并的支持等。

　　定义 7-8　组织关联表示策略执行主体集合,决定了策略执行组织基础。由于 DFS 包括下属的子 DFS,因此,此处的策略执行主体可能包含多个。

　　定义 7-9　信息状态表示信息支持对 DFS 的影响。因大数据类与问题要素由情景模型确定,DFS 中的信息状态主要是指对关联策略、组织关联的信息支持。

　　定义 7-10　标识表示 DFS 的开始或者结束,Sign∷＝（Start | End）,Start、End 分别为 DFS 开始和 DFS 结束。

　　双治理数据融合策略的示例如表 7-1 所示。由于篇幅所限,仅采用部分描述特征,此处选择问题要素、关联策略以及策略形式三类特征。

表 7-1　数据融合策略实例

策略示例	问题要素	关联策略	策略形式
设计中间模式	模式对齐	设计属性匹配算法/模式映射	文件/算法
设计实体相似性算法	记录链接	本体建模/匹配评估	算法/文件
冲突消解的规则生成算法	冲突消解	规则匹配/匹配评估	算法/文件
数据交换接口维护	数据交换	交换流畅性检测	文件
数据交换的需求响应算法	数据交换	响应速度评估	算法/文件
数据交换桥接故障维修	数据交换	响应速度评估	文件
增加关联分析模块	数据挖掘	关联分析响应速度评估	文件/算法/多媒体
数据集成价值分析算法	数据挖掘	集成价值界定	文件/算法/多媒体
增加 A 类主数据	主数据管理	主数据冲突检测	文件/日志
主数据冲突检测	主数据管理	主数据冲突定义算法	算法/日志/文件
删减 B 类主数据	主数据管理	主数据冲突检测/删减影响分析	算法/日志/文件
删减影响分析算法	主数据管理	删减主数据/主数据冲突检测	算法/日志/文件

7.2.2　双治理的数据融合策略生成

　　数据融合策略生成是一个模型集成过程，主要涉及情景模型、参考模型、过程模型和策略模型。第一步，过程模型通过启动信号输入而被调用，随即调用情景模型，通过问题要素匹配，确定涉及的具体问题以及对应策略，由此实现策略模型实例化，并将情景模型的问题情景要素汇聚、传递至参考模型。第二步，参考模型接收问题信号，生成策略参考模型；策略模型接收问题情景信号，根据规则生成策略。第三步，过程模型调用生成的策略以及参考模型，通过策略特征取值比对与筛选，生成最终的策略模型。第四步，过程模型调用生成的策略模型与参考模型，进入策略执行，逐步完成主数据的增添/删减/合并等。

　　由前述分析可知，数据融合策略生成的过程模型是实现过程控制的核心组件，其结构化方案是本章关注的内容。据此，本章基于软件工程中的类图，建立数据融合策略生成的过程模型，示例如图 7-3 所示。结合数据融合策略生成的模型集

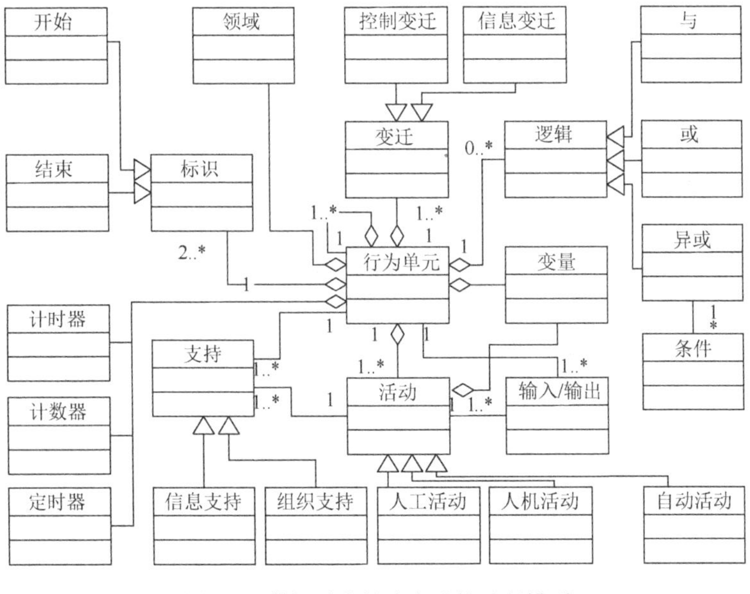

图 7-3　数据融合策略生成的过程模型

①1（1..*）指一个元素集合中的对象对应另一个集合中的一个或多个对象，1（2..*）指一个元素集合中的对象对应另一个集合中的两个或两个以上对象，1（0..*）指一个元素集合中的对象对应另一个集合中的另个或多个对象，1（1）指一个元素集合中的对象对应另一个集合中的一个对象；②模型元素矩形框中的第一行框表示元素的名称，第二行框表示元素值域，第三行框表示接口，即元素信息的输出系统或终端；③图中菱形表达聚合关系（前者为后者的一个属性或构成），三角形箭头表达继承关系（前者为后者的一个子类）

成过程，数据融合策略生成的过程模型包括行为单元、支持、输入/输出、变迁、逻辑、标识六种元素。

定义 7-11　行为单元（unit of behavior，UOB）表示在资源和信息的支持下完成输入到输出转化的方法，包括可以分解的 UOB 和不可分解的 UOB，可分解的 UOB 可以分解为下级的 UOB，而不可分解的 UOB 是原子级的 UOB，无法进行分解。

UOB $::=$ (Support, InputInfo, OutputInfo, Prop, FatherUOB, FormerUOB)，公式中的 Support 表示包括资源在内的支持集合，InputInfo、OutputInfo 分别表示输入信息集合、输出信息集合，Prop 表示 UOB 特征，FatherUOB 表示上级 UOB，FormerUOB 表示同级 UOB 中的前驱 UOB。

定义 7-12　支持表示行为单元能够执行所需的支持集合。在过程建模中，支持集合仅仅包括信息支持和组织支持。但是，在双治理中，大数据资源发挥着至关重要的作用，是 UOB 得以执行的必须要素。因此，本章在对过程模型的扩展中增加了能够处理不确定性的资源集合，处理双治理中的不确定性事件。

Support $::=$ (SupInfo, Suporg, SupRes)，其中，SupInfo、Suporg、SupRes 分别代表支持信息集合、支持组织集合和支持资源集合，SupInfo、Suporg 引用信息模型和组织模型中的定义，SupRes 的定义在扩展模型中定义。

定义 7-13　输入/输出。输入指 UOB 要进行变换的信息，输出指经过 UOB 变换完成的信息。输入/输出引用信息模型中定义的信息。

IO $::=$ (InfoSet, InfoProp)，其中，InfoSet、InfoProp 分别为信息对象的集合和信息特征的集合。

定义 7-14　变迁表示 UOB 之间或者 UOB 与 IO 之间的连接关系。UOB 之间的变迁称为控制变迁，表示 UOB 之间的逻辑时序关系；UOB 与 IO 之间的变迁称为信息变迁，表示信息传递关系。

Transition $::=$ (FElem, BElem)，FElem、BElem 分别为变迁的前继元素和后继元素。其中，前继元素和后继元素均可以为 UOB 或者 IO。

定义 7-15　逻辑表示 Transition 之间的逻辑关系，主要包括一个 Transition 分为多个 Transition 和多个 Transition 合为一个 Transition 的情况。

Logic $::=$ (Type)，Type 为逻辑类型，包括与、或、异或三种逻辑类型。

定义 7-16　标识表示 UOB 的开始或者结束，Sign $::=$ (Start | End)，Start、End 分别为 UOB 开始和 UOB 结束。

为了直观展示数据融合策略生成中各模型之间的关联关系，建立数据融合策略生成的联动模式，构建数据融合策略生成的集成模型，如图 7-4 所示。

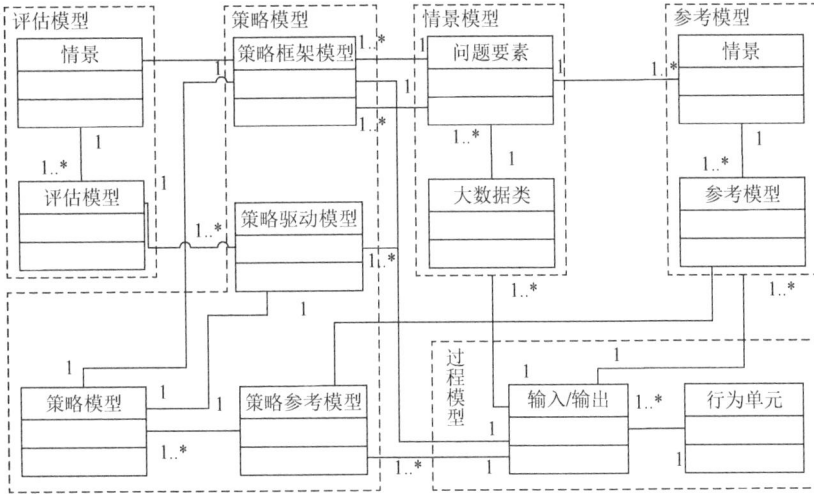

图 7-4　数据融合策略生成的集成模型

①1（1..*）指一个元素集合中的对象对应另一个集合中的一个或多个对象，1（1）指一个元素集合中的对象对应另一个集合中的一个对象；②模型元素矩形框中的第一行框表示元素的名称，第二行框表示元素值域，第三行框表示接口，即元素信息的输出系统或终端；③图中菱形表达聚合关系（前者为后者的一个属性或构成），三角形箭头表达继承关系（前者为后者的一个子类）

7.2.3　双治理的数据融合策略执行协同

由于双治理的数据融合关注的是融合问题应对、融合技术选择等策略层面的内容，其实现往往涉及多个利益相关者的利益关系，若利益相关者之间出现矛盾，将不利于数据融合的策略执行。据此，在双治理的数据融合分析中，需要考虑协同多个利益相关者，以及协同策略的执行过程。

1. 数据融合策略执行协同的知识共享

数据融合策略执行协同启动前，公共安全部门根据双治理情景确定策略执行协同主体。协同主体确认后，启动协同过程。在执行层面上，分为策略生成以及策略修正与确认两部分。在策略生成方面，双治理问题情景提供各知识所有者初始知识来源，生成所掌握的双治理情景与协同对象主体；协同主体基于协同对象主体敦促知识所有者共享其知识，反复推导形成支持策略生成的多维情景；协同主体对初始策略进行约束，生成基于现实情景的融合策略。在策略修正与确认方面，协同主体根据生成的协同策略识别策略相关方，敦促策略相关方进行策略修正与完善；策略相关方进行策略确认后形成修正后协同策略，即最终付诸实施的协同策略。将上述融合策略执行协同的知识共享过程进行整理，形成如图 7-5 所示的数据融合策略执行协同的知识共享框架。

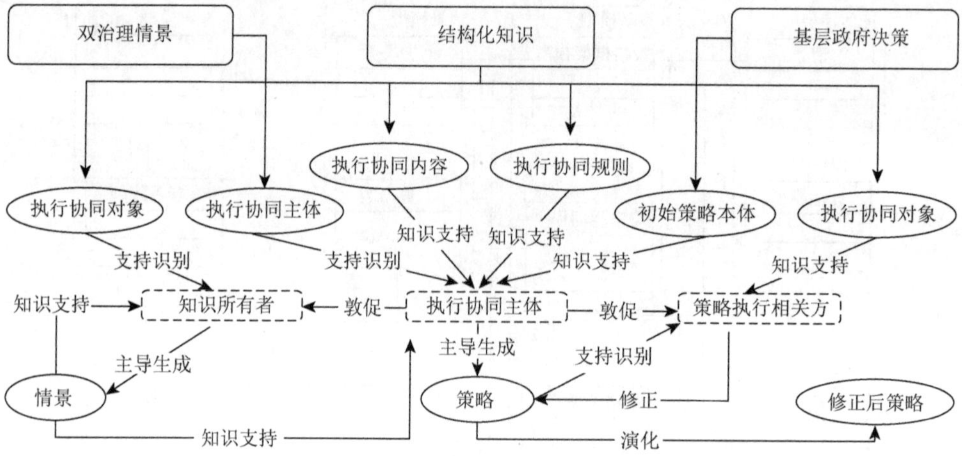

图 7-5 数据融合策略执行协同的知识共享框架

2. 数据融合策略执行协同交互过程

上述策略执行协同知识及其共享关系确定后，可形成如图 7-6 所示的协同交互过程图，聚焦主体磋商、主体合作、主体沟通、主体谈判（包括非正式谈判）、主体相互学习以及协同原则、实践协同能力建设六个方面，过程图可清楚展示协同基本途径之间的直接以及间接关系，便于实际协同工作开展。

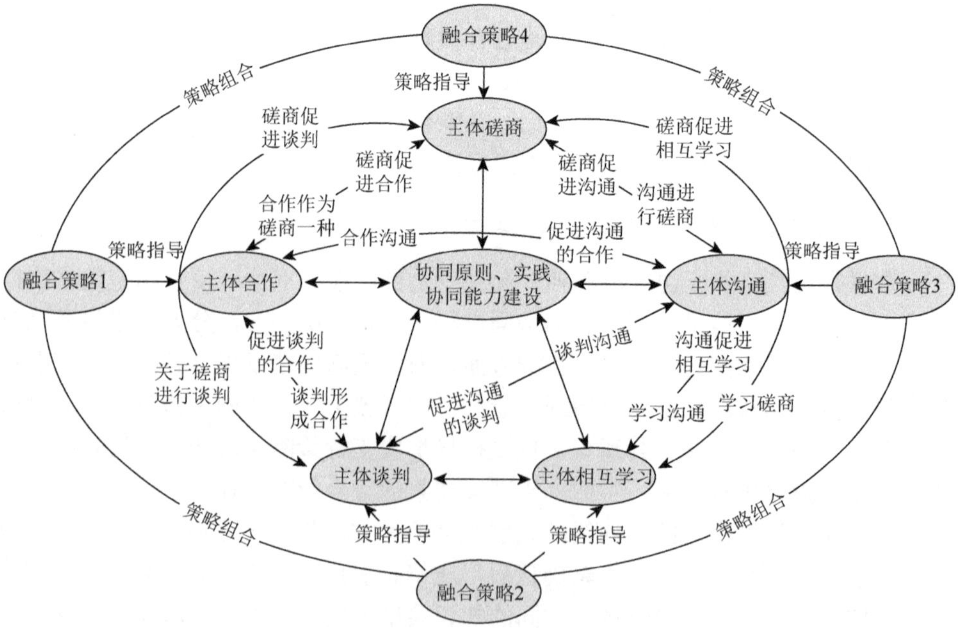

图 7-6 数据融合策略执行协同交互过程

7.2.4　策略执行协同的组织本体构建

知识本体构建支持知识的规范化表述，有利于知识的跨组织共享。本章从数据融合策略执行的知识需求出发，构建策略执行协同的知识本体。

1. 情景本体构建

本书从数据融合策略生成需考虑的关键因素出发，结合大数据治理案例及相关研究文献，构建四类情景本体，即问题标记、问题参数、利益相关者及策略约束。

1）问题标记（Problem_Location）

问题标记用以为数据融合情景添加时间及空间维度。跨组织的数据交互融合情景具有高度动态性与不确定性，不同治理问题对应的融合情景不同，相应的融合策略也会有差异。治理问题的空间维度具象化为问题发生空间，会影响数据融合主导组织的确定。例如，就政务数据而言，部门内部的数据融合一般由主管部门负责；区域性的跨组织数据融合则涉及城区级政府部门主导。

2）问题参数（Problem_Parameter）

问题参数用以提供治理问题客观参数的概括性描述。治理问题参数可应用于利益相关者分析与策略需求分析，与第 3 章的情景分析相对应，包括治理活动（Activity）、服务数据链（Data_Link）、治理成果（Achievement）等方面。

3）利益相关者（Stakeholder）

利益相关者用以分析数据融合的利益相关者状态。利益相关者决定数据融合问题的研究界限，其状态分析有利于认知数据融合引发的主要问题及相应的协同策略需求，利益相关者本体可细分为直接相关组织（Stakeholder_Direct）、间接相关组织（Stakeholder_Indirect）、利益相关者诉求（Stakeholder_Appeal）及立场（Stakeholder_ Standpoint）。其中，利益相关者诉求为策略约束运行的重要依据，如政府部门对数据安全的诉求将引发"主数据管理"策略中关于数据安全技术情况的补充。立场表达各利益相关者在当前情景下所采取的态度，其直接影响策略有效性。

4）策略约束（Strategy_Constraint）

策略约束用以表征特定情景对策略的约束规则。按策略的基本属性，策略约束可分为执行主体约束（Subject_Constraint）、执行任务约束（Task_Constraint）以及执行时间约束（Time_Constraint）。以"融合数据溯源通报"策略为例，执行内容可细分为调查、评估、通报等具体项，则执行内容约束包含情景对上述所有项的约束规则。策略约束以过程知识的形式予以表达，以某部门诉求"数据安全通报"为例，其添加通报内容的策略约束形式如下。

Task_Constraint_Security//调用策略约束"安全"

IF　　Stakeholder_Appeal = Security//如果利益相关者诉求为安全

Then Notification_Content.Add = Security//则在通报内容中增加数据安全情况说明

2. 策略本体构建

数据融合策略实际是一个策略体系，可划分为若干子策略。本章根据表 7-1 的数据融合基本策略，将数据融合子策略按执行顺序细化，得到若干策略执行任务，则数据融合策略可视为执行任务按一定逻辑顺序的组合。另外，与执行任务紧密相关的还有任务执行主体及执行时间。综上，策略本体包括四个部分，即执行主体、执行任务、执行时间、执行逻辑，以下介绍其基本概念。

1）执行主体（Execution_Subject）

表明策略执行任务的执行者，执行主体可按角色分为数据融合发起方（Initiator）、数据融合协同方（Collaborator）、第三方组织（Third_Party）等，可按组织分为政府（Government）、参与企业（Firm_Involved）、行业组织（Industry_Organization）、专家（Expert）等。

2）执行任务（Execution_Task）

数据融合策略的运作单元，即执行任务间可按执行逻辑进行组合。以"融合数据溯源通报"为例，可将执行任务划分为调查（Survey）、评估（Assessment）、处置（Disposition）、通报（Notification）四部分。

3）执行时间（Execution_Time）

执行时间表征元策略执行时间的最高阈值，超过此阈值则元策略面临失效风险。时间阈值（Threshold）一般通过案例总结部分的分析获得。

4）执行逻辑（Execution_Logic）

执行逻辑用以认知执行任务间逻辑关系，可划分为串行（Serial）与并行（Parallel）两类。串行任务表明任务间存在执行顺序差异；并行任务表明任务间可同时进行，无执行顺序差异。串行本体按任务执行的先后关系可细分为前置位串行（Former）与后置位串行（Latter）。例如，调查是通报的前置位串行任务。

3. 协同本体构建

执行协同主体期望通过知识本体共享实现策略生成、利益协调及策略完善。因此，本章界定执行协调包括两个方面：一是在策略本体生成前期，知识本体所有者共享知识，协助策略执行协同主体完成策略生成；二是在策略本体生成后期，策略执行协同主体共享策略本体，通过协调对象间的交流，进行策略完善与达成共识。分析执行协同全过程，主要涉及如下本体概念。

1）协同主体（Coordination_Subject）

数据融合策略执行协同主导者，在保证各方利益前提下，其诉求与立场具有优先权。

2）协同对象（Coordination_Object）

数据融合策略执行的被协同方，根据执行协同概念，划分为知识本体所有者及策略本体相关方。

3）协同内容（Coordination_Content）

数据融合策略执行协同的运作内容，包括知识本体共享及策略本体确认。其中，知识本体共享涉及本体所有者接收及共享的本体。

4）协同规则（Coordination_Regulation）

为保证策略执行有效性，需至少保证一条可实施策略。因此，协同规则包括协同对象认同已生成策略及否认已生成策略。若否认，需要提供修正方案，包括新增、替换及删减策略本体。

7.3　元数据层双治理的数据溯源分析

针对传统数据溯源机制难以满足 Hive 中大规模、复杂的数据处理问题，本章提出了基于有向无环图的数据溯源方法。通过对 Apache Atlas 进行扩展，在 Hive 中实现了该数据溯源方法，并通过实验证明该方法可为 Hive 提供准确、高效的数据溯源机制，也为数据安全审计提供了有力支撑。

7.3.1　数据血缘图定义

Hive 数据仓库中数据的变化主要源于 Hibernate 查询语言（Hibernate query language，HQL）任务，用户可以通过 Hive 访问接口提交 HQL 语句，对 Hive 中的数据执行操作。下面对 HQL 语句中所涉及的相关实体及关系进行定义。

定义 7-17　数据项（Dataset），表示数据处理过程中所涉及的数据。例如 Hive 中的数据库、表、列，以及 Hadoop 分布式文件系统（Hadoop distributed file system，HDFS）中的文件。

定义 7-18　操作（Process），表示数据处理过程中用户执行的具体操作，例如 CRETAE_AS_SELECT、INSERT、SELECT、DTOP，以及 EXPORT、IMPORT 等基本 HQL 操作。

定义 7-19　关系（Relationship），表示实体之间的关联关系，通过关系建立起了数据实体与操作实体之间的联系。

定义 7-20　数据血缘图 $G = (V, E, R, A)$ 为一个有向无环图，其中：

$V \subseteq \mathrm{Du} \times \mathrm{OP} \times \mathrm{Dr}$

$E \subseteq (\mathrm{Di} \times \mathrm{OP} \times R) \bigcup (\mathrm{OP} \times \mathrm{Do} \times R)$

$R = \{\text{usedBy, generated}\}$

$A = \{\text{guid, name, typeName, createTime, createBy, version}\}$

其中，Du 表示使用数据顶点的集合；OP 表示操作顶点的集合；Dr 表示结果数据顶点的集合；Di 和 Do 分别表示第 i 和第 o 项数据；E 表示边的集合；R 表示边类型的集合，包含了 usedBy 和 generated 两种类型。其中，usedBy 表示数据操作所使用的数据，建立了使用数据与操作之间的关系；generated 表示一个结果数据产生的过程，建立了操作与结果数据之间的关系。A 表示血缘图中顶点和边包含的属性，其中 guid 表示实体或关系的唯一标识；name 表示顶点（或边）所表示的实体（或关系）的名称；typeName 表示顶点或边的类型，这里除了边具有两种类型外，顶点的类型也包括数据项（Dataset）和操作（Process）两种类型；creatTime 表示顶点或边的创建时间；creatBy 表示发起创建操作的用户；version 表示版本号。

在一条 HQL 任务中，会存在嵌套子查询或多表关联查询等子操作。所以一条 HQL 语句可能会产生多个使用数据的顶点，但只产生一个结果数据顶点和一个操作顶点。通过对该数据处理过程进行建模，产生了由四个实体顶点和三条边关系的血缘图，如图 7-7 所示。

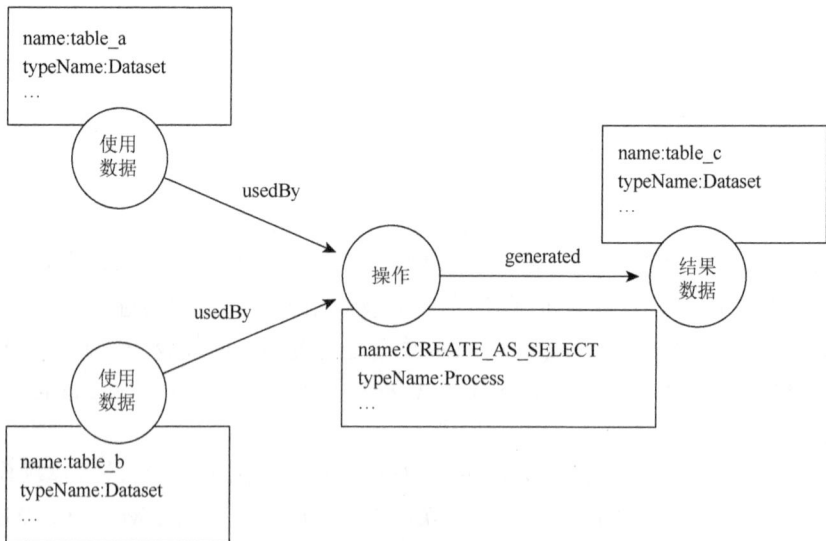

图 7-7　数据血缘图

7.3.2　基于有向无环图的溯源追踪算法

上节利用有向无环图构建了 Hive 中的数据的血缘关系,在此基础上,将给定数据的溯源追踪问题转变为图的连通性问题,利用图连通算法找到数据顶点能连通的所有顶点,从而得到数据的血缘关系图,实现对数据的溯源追踪。因此,本章提出基于有向无环图的溯源追踪算法。引入深度优先搜索(depth first search, DFS)算法(陶华等,2010)的思想,根据给定数据顶点进行深度优先查询,首先得到与该顶点相连的所有边,然后根据邻接边得到相邻顶点,递归执行,最终得到由给定数据顶点能连通的所有顶点构成的数据血缘图。基于有向无环图的溯源追踪算法流程如图 7-8 所示,具体步骤如下。

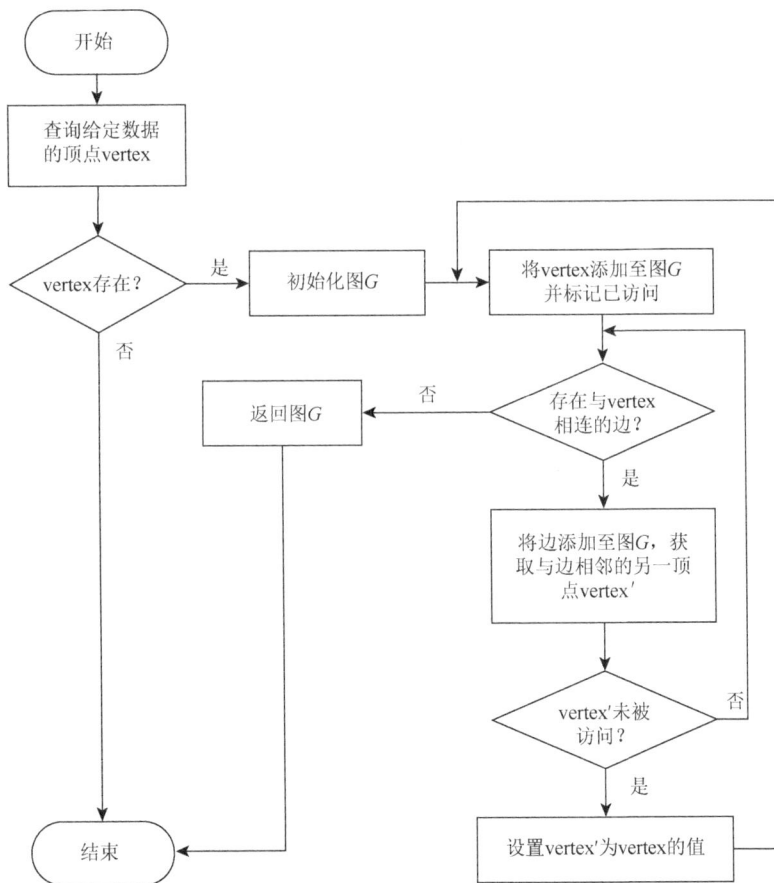

图 7-8　基于有向无环图的溯源追踪算法流程

第一步，初始化用来描述数据血缘关系的图 G。

第二步，将表示给定数据的顶点 vertex 添加至图 G，并标记该顶点已被访问。

第三步，获取所有与该顶点 vertex 相连的边，若不存在与之相连的边，则跳至第五步，否则进行下一步骤。

第四步，根据该边相连的两个顶点 vertex 和 vertex'，如果 vertex'未被访问，则设置该顶点为 vertex 的值，然后跳转至第二步，否则循环该步骤遍历其他相连的边。

第五步，到此对给定数据的溯源已经完成，返回数据的血缘图 G。

7.3.3 基于 Hive 的实现框架

在 Apache Atlas 的基础上进行了扩展，实现了基于有向无环图的数据溯源方法，整体框架如图 7-9 所示。该框架主要包括溯源收集、溯源信息建模和溯源追踪三个模块。该框架的简要工作流程如下：在用户执行 HQL 操作之后，内嵌于 Hive 中的溯源收集模块收集数据操作过程中的溯源信息，并发送给溯源信息建模模块；溯源信息建模模块在收到溯源信息后，对溯源信息进行建模，将收集的溯源信息转换成数据血缘图，并持久化存储在图数据库中；当对给定数据进行溯源追踪时，溯源追踪模块利用基于有向无环图的溯源追踪算法对给定数据进行追踪溯源，最终返回数据的血缘关系图。

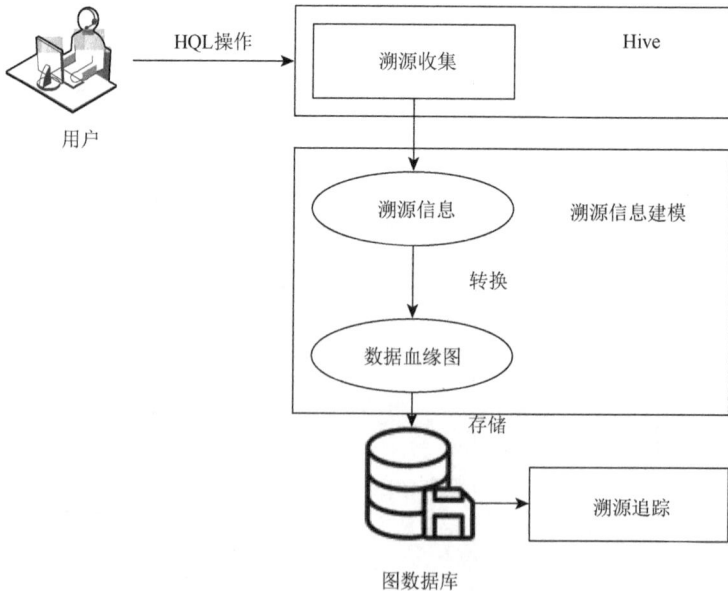

图 7-9　基于 Hive 的实现框架

实现框架采用的图数据库为 JanusGraph（Reynolds et al.，2022），同时利用 AtlasGraphManagement 接口实现对图数据的操作。由于溯源追踪模块主要通过基于有向无环图的溯源追踪算法实现给定数据的溯源追踪，此处不再介绍该模块的实现。

7.4　综合用例分析

7.4.1　主数据层数据融合分析任务的用例分析

在前文所述邯郸市丛台区的火灾风险识别用例中，由于火灾风险文本长度短且噪声多，难以提供风险识别所需的完备风险特征，消防部门提出将地物遥感数据、烟感设备数据、社区用水用电数据、监控图像等多源异构数据与火灾风险事件文本相融合，实现应用场景下的大数据-小数据融合分析，提升火灾风险识别的准确性与动态性。然而，这一过程涉及消防、国土资源、水务、电力、公安等多个部门数据，涉及组织层面的共享融合诉求确认与技术层面的融合策略分析。本部分将对接该用例的数据融合策略生成与执行协同，给出组织、技术双层次的数据融合路线图，验证所提数据融合分析路线图方法的合理性。在策略分析方面，为简化论述与提升论述可读性，以"多信息源数据采集"策略为例进行分析。

1. 组织本体构建

策略执行协同的前提工作为：根据数据共享策略执行协同的知识本体共享框架，构建相关知识本体。此步骤已在前文阐述，将知识本体划分为情景本体、策略本体及协同本体。

2. 组织本体生成与修正

第一步：用例情景输入与情景本体生成。此步骤是根据案例内容及问题全景分析，输入问题涌现时刻的问题情景信息及数据，生成如图 7-10 所示的情景本体实例图。其中，根据数据融合相关文献及实践，情景中涉及若干策略约束规则，如表 7-2 所示。值得注意的是，此处策略以"多信息源数据采集"为例进行阐述。

第二步：策略约束与策略本体生成。由于用例中数据融合涉及多个城区级组织部门，且涉及数据安全问题，其数据采集的难度加大。因此，一般选择权力

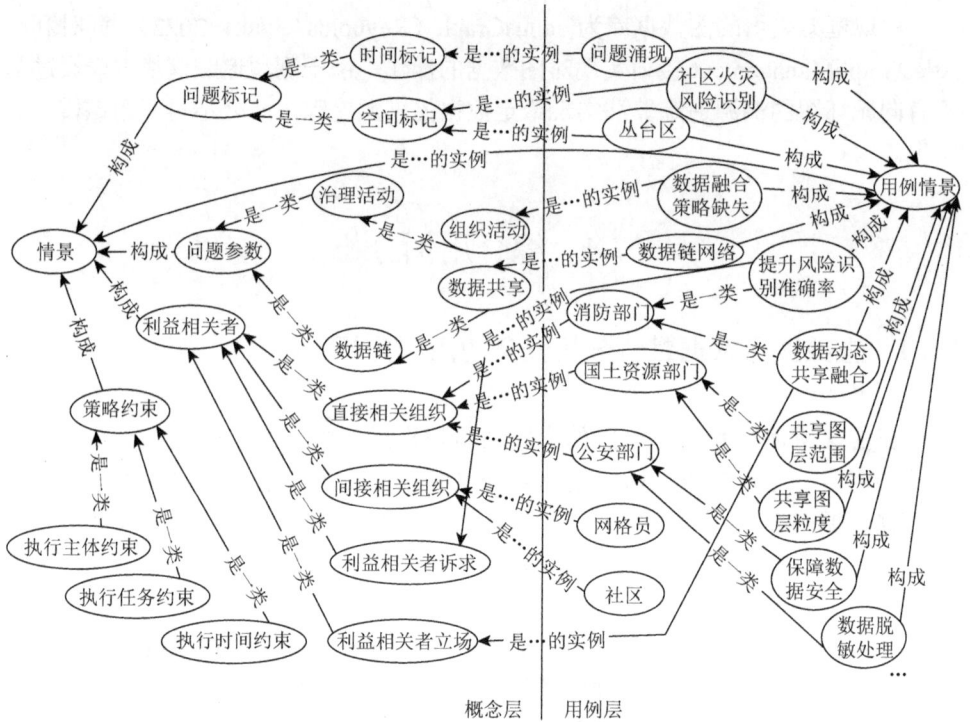

图 7-10　用例情景本体实例图

表 7-2　策略约束本体取值

名称	所属策略约束	情景条件	约束结果
多源数据	执行任务约束	多源数据模式差异	补充数据模式作为调查内容
多源数据	执行主体约束	多源数据缺少组织激励	补充权力部门作为协同组织
多源数据	执行时间约束	多源数据有动态性要求	执行时间与平台运行同步
监控图像	执行任务约束	涉及监控图像采集	在技术部署中增加数据安全技术与脱敏技术，同时提供合规性审计结果
遥感地物	执行任务约束	地物遥感数据范围未指定	将任务细化为采集频次、采集范围等
遥感地物	执行任务约束	地物遥感数据构成未知	补充图层作为技术部署内容
多源数据	执行任务约束	多源数据类型差异	补充冲突消解作为主数据维护内容
电力数据	执行任务约束	涉及电力数据采集	在技术部署中增加脱敏技术

主体（城区级政府）作为协同主体，建立协同本体。通过协调情景本体共享与调用初始策略本体，生成针对用例事件情景的策略本体，这一过程如图 7-11 所示。由图 7-11 可知，组织情景本体中的策略约束本体具有修正策略本体初始属性值，进而使生成的策略本体适应事件情景的作用。其中，策略本体初始属性值来源于一次政府大数据治理的数据融合案例。

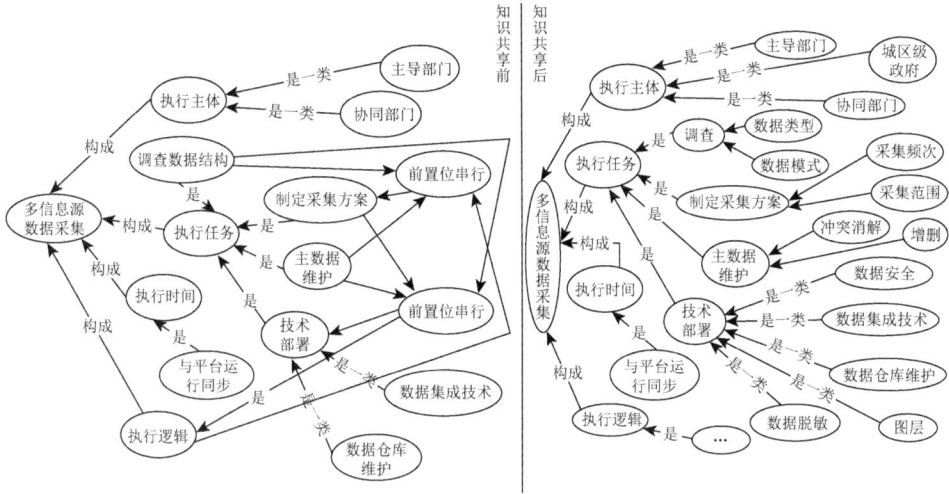

图 7-11　策略本体生成过程

注：分析重点体现知识共享对策略生成的影响，故图中略去部分执行逻辑本体

第三步：策略本体修正与完善。以城区级政府与主导部门（消防部门）的协同为例，消防部门提出"建设消防一张图平台，建立平台与多信息源平台的对接，实现动态数据采集与融合"，这一过程通过协同本体完成，如图 7-12 所示。由图

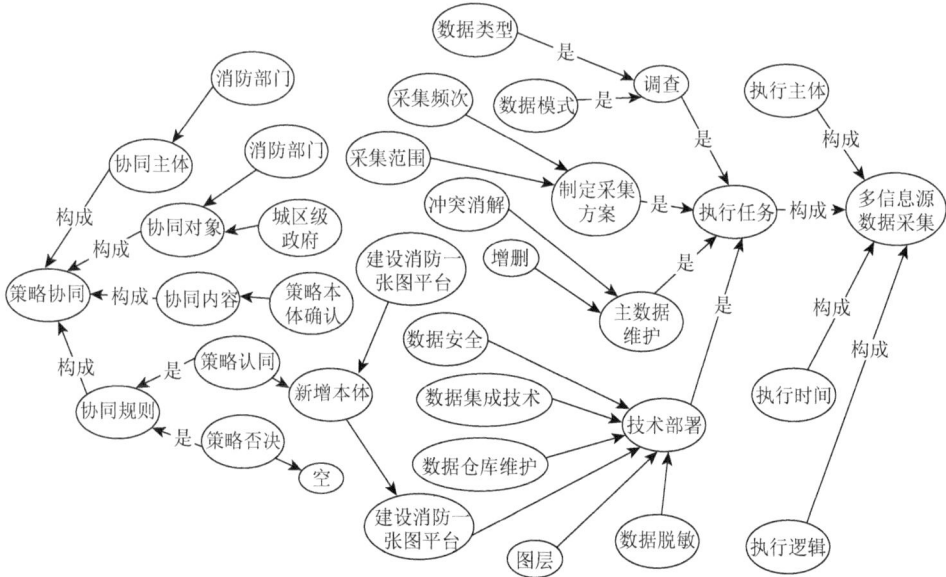

图 7-12　策略执行协调示例

7-12 可知，策略协同过程涉及四类协同本体。在该例中，协同主体为消防部门、协同对象为城区级政府和消防部门（各成员单位）、协同内容为策略本体确认，由于城区级政府与消防部门达成一致，新增策略本体"建设消防一张图平台"。

3. 策略执行协同

此步骤分为策略生成的执行协同及策略修正与完善的执行协同，其在本体逻辑上的运行过程已在知识本体生成与修正中予以体现，此处不再赘述。

7.4.2　元数据层数据溯源分析任务的用例分析

在邯郸市丛台区的火灾风险识别中，遥感地物数据、监控图像等外部数据管理在元数据层面缺少溯源机制，即这些数据从采集、转化到分析、存储缺少数据血缘的全局信息支持。本章结合基于有向无环图的溯源追踪算法以及基于 Hive 的实现框架，构建面向火灾风险识别的数据溯源机制，并结合平台运行日志数据对数据溯源路线图的合理性进行分析。

为了验证 Hive 中数据处理过程中的数据是否被正确地溯源，本节对 Hive 中的数据执行了部分常见的 HQL 操作作为测试，如表 7-3 所示。从表 7-3 可以看出，Hive 过程中的数据均被正确溯源。

表 7-3　数据操作测试示例

编号	HQL 语句	描述
1	IMPORT TABLE netcaseinfo FROM '/home/netcaseinfo.csv'	测试是否对 IMPORT 操作过程构建了数据血缘
2	INSERT INTO TABLE netcaseinfo SELECT r.building building，m.photo net_photo，r.road road FROM remote r LEFT JOIN monitoring m on r.location = m.location	测试是否对 INSERT 操作过程构建了数据血缘
3	CREATE TABLE syncase AS SELECT location，content，type syncase FROM netcaseinfo	测试是否对 CREATE 操作过程构建了数据血缘
4	EXPORT TABLE syncase TO '/home/data/syncase'	测试是否对 EXPORT 操作过程构建了数据血缘
5	SELECT * FROM syncase ORDER BY syncase ID	测试是否对 SELECT 操作过程构建了数据血缘

利用 Apache Atlas 的可视化管理界面查询 Hive 中数据的血缘信息，这里查询了表 syncase 的数据溯源关系，如图 7-13 所示。

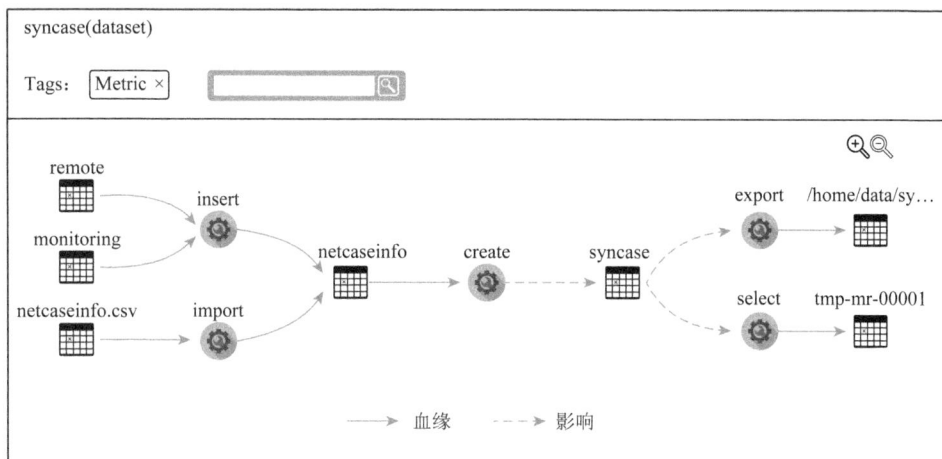

图 7-13 表 syncase 的数据溯源图

由图 7-13 可以看出，表 syncase 的血缘关系分为两种类型：一种关系是与表 syncase 中数据的来源有关；另一种关系是与表 syncase 中数据的去处有关。首先查找表 syncase 的来源，以该表为起点向前追溯，可知它是由用户对表 netcaseinfo 执行了 CREATE AS SELECT 操作得到的。表 netcaseinfo 数据共有三方来源，第一是 HDFS 中的 netcaseinfo.csv 文件；另外两个部分是来自 Hive 中原有的表 remote 和表 monitoring。到此，发现没有可以向前追溯的节点了，然后返回表 syncase，向后查找其生成的数据。发现该表的数据有两个去处，一是经过 EXPORT 操作产生的 HDFS 文件 "syncase.csv"；二是经过 SELECT 操作产生了临时文件。

7.5 本 章 小 结

本章围绕复杂双治理问题情景的技术层应对这一核心问题，探讨了双治理数据融合分析和数据溯源分析两类相互关联的路线图方法。首先，基于模型驱动框架提出了双治理数据融合的策略模型，能够实现与情景模型、参考模型与规制驱动模型的联动；其次，针对传统数据溯源机制难以满足 Hive 中大规模、复杂的数据处理问题，提出了基于有向无环图的数据溯源方法。

参 考 文 献

罗俊海，王章静. 2015. 多源数据融合和传感器管理[M]. 北京：清华大学出版社.

陶华，杨震，张民，等. 2010. 基于深度优先搜索算法的电力系统生成树的实现方法[J]. 电网技术，34（2）：120-124.

Dezani-Ciancaglini M，Horne R，Sassone V. 2012. Tracing where and who provenance in linked data：a calculus[J]. Theoretical Computer Science，464：113-129.

Reynolds O, García-Domínguez A, Bencomo N. 2022. Cronista: a multi-database automated provenance collection system for runtime-models[J]. Information and Software Technology, 141 (8): 1-5.

Zhang Y, Wang Y, Ding H W, et al. 2019. Deep well construction of big data platform based on multi-source heterogeneous data fusion[J]. International Journal of Internet Manufacturing and Services, 6 (4): 371.

Zhao Y, Wilde M, Foster I. 2006. Applying the virtual data provenance model[M]//Moreau L. Provenance and Annotation of Data and Process. Berlin: Springer Berlin Heidelberg: 148-161.

第8章 城市公共安全大数据双治理的绩效评估方法

8.1 能力成熟度视角下的双治理绩效评估

8.1.1 双治理能力建设的发展嬗变

随着城市公共安全治理不断向精细化和智能化推进，大数据已构成了城市公共安全治理决策的血液（谭荣辉等，2021；刘奕等，2021）。为了充分挖掘城市公共安全管理的大数据价值与创新治理模式，加强城市公共安全大数据的双治理能力建设势在必行，涉及对公共安全治理问题的大数据分析模式构建，以及通过组织、规制、流程、技术等组合手段对大数据生命周期的全过程进行有效管控（Benfeldt et al.，2022）。在不断的实践探索中，双治理的能力建设得到有效加强，当前主要面临着三个方面的重要转变。

1. 从被动式的应对能力向主动式的准备能力转变

城市公共安全大数据种类繁多、结构复杂、体量庞大，公共安全治理与大数据治理通常面临复杂问题情景（Liu et al.，2022），需要提前设计适应重大城市公共安全场景的双治理需求方案，对城市公共安全的大数据分析模式以及相应的双治理问题应对模式合理计划，以减少或降低实际双治理过程中的混乱与无序，提高双治理效率（牛春华等，2019）。

2. 从静态能力达标向动态能力发展转变

城市公共安全大数据双治理是一个持续性的过程，是逐步解决城市公共安全治理问题与实现大数据价值的过程（陈万球和石惠絮，2015），而不是一个有着明确范围的一锤子买卖，需要不断适应城市安全场景的治理需求变化（Janssen et al.，2020；吴俊杰等，2020），持续全面提升公共安全治理的问题解决能力，以及相关公共安全大数据的梳理、采集、存储、管理、使用等方面的能力（König，2021；赵发珍等，2020）。

3. 从以应用为中心向以数据为中心转变

从不顾一切汇聚、互通与使用数据的粗放式大数据治理，逐渐向科学理解和发挥数据的城市公共安全治理与大数据价值、以有限目标集合促进管理决策模式创新的大数据双治理转变（朱琳等，2016；陈国青等，2018）。

　　针对这些转变，城市公共安全大数据双治理的重心，是在智能技术手段支持下（张梦茜和王超，2020），更好地控制和改进安全治理、大数据治理及其协同过程，提高双治理的科学化和规范化程度（Abraham et al.，2019）。因此，需要探索与此相适应的城市公共安全大数据双治理评估方法，以便及时掌握双治理薄弱环节，精准定位治理能力提升的突破点。

8.1.2　能力成熟度模型的评估实践

　　卡内基梅隆大学于 1987 年提出能力成熟度模型，最初是作为一套基于软件开发过程的管理和能力提升指导框架（田军等，2014）。该模型能够通过定义不同发展阶段的能力特征，使得组织能不断把握能力发展方向、带动管理从混乱无序走向规范化和持续优化管理（谢刚等，2019），在软件工程领域取得巨大成功，随后被应用于其他领域。城市公共安全的大数据双治理是一项复杂系统工程，从被动式应对到主动式准备、从静态能力达标到动态能力发展、从应用导向到数据导向，同样是从无序走向有序、从不成熟走向成熟的过程，是治理的综合质量不断提升的过程。相对于传统的综合评价模型（张发明，2013）、层次分析模型（吴国新等，2015）等，能力成熟度模型不仅能够帮助发现和识别薄弱环节，还可以提供带有方向性的具体路线指导，更适应城市公共安全大数据双治理的评估特点，有助于双治理能力的持续改进。因此，通过能力成熟度模型研究城市公共安全大数据的双治理评价具有可行性与必要性。

　　在能力成熟度模型用于评估的实践路径方面，传统评估实践多关注组织的广泛数据治理，如国家质量监督检验检疫总局①、国家标准化管理委员会发布的数据管理能力成熟度评估模型，将组织内部数据能力统一划分为数据战略、数据治理、数据架构、数据标准、数据质量、数据安全、数据应用以及数据生存周期八个重要组成部分，描述了每个组成部分的定义、功能、目标和标准。由于不区分应用场景，很多具有场景特性的能力指标并未体现在评估体系中。例如，城市公共安全大数据分析的数据来源于多个职能部门、非政府组织甚至公众，这种由于多源数据共享带来的能力指标在大数据治理评估中不可或缺。综上，本章预期探寻一条更加聚焦具体应用场景的双治理能力成熟度评估路径，从城市公共安全治理的

---

　　① 2018 年 3 月，根据第十三届全国人民代表大会第一次会议批准的国务院机构改革方案，将国家质量监督检验检疫总局的职责整合，组建中华人民共和国国家市场监督管理总局；将国家质量监督检验检疫总局的出入境检验检疫管理职责和队伍划入海关总署；将国家质量监督检验检疫总局的原产地地理标志管理职责整合，重新组建中华人民共和国国家知识产权局；不再保留中华人民共和国国家质量监督检验检疫总局。

具体场景中提炼双治理的能力成熟度的模型要素、构建能力成熟度模型与提出能力成熟度评估方法。

8.1.3　双治理能力成熟度评估的方法研究

双治理能力成熟度评估的基本原理是将能力成熟度划分若干等级，设置不同等级能力成熟度的能力指标（称为关键过程域）及其能力目标，再由专家评价各关键过程域的能力目标满足程度，由此确定具体的能力成熟度等级与能力分布情况（汪霄等，2021）。现有能力成熟度评价方法存在三方面主要问题。

第一，能力指标的权重设置与目标满足情况的判定具有较强的主观性，缺少权威规范的尺度标准，评估结果可靠性极大地依赖于专家的知识积累与实践经验，缺乏一致性。

第二，城市公共安全大数据双治理评估的指标复杂多样，指标体系难以充分体现不同能力指标间的影响关系，导致评价缺乏关联性。

第三，城市公共安全大数据双治理的成效体现需要时间，多数研究难以客观地分析与预见双治理能力，导致评估缺乏预见性。

已有研究多聚焦评价的一致性问题，利用证据推理理论（王刚等，2016；朱佳俊等，2013）实现多专家提供证据的冲突消减，由此完成证据组合与一致性评价。然而，由于证据推理方法是在已有证据的基础上进行证据优化处理（Wang et al.，2021），故并未从理论上解决证据来源缺乏统一权威标准的问题，如何更好地利用能力成熟度模型进行评估，仍然是值得深入研究的重要问题。

8.1.4　基于案例借鉴的能力成熟度评估方法优势

智慧消防、智慧内涝防控等城市公共安全大数据双治理的案例记录包括了城市公共安全管理场景、双治理能力目标满足情况以及双治理能力评价总结在内的全面信息要素，这些要素通过案例这一介质加以集成（Liu et al.，2022；顾天阳等，2022），可以辅助能力成熟度评价。一方面，案例代表权威机构及主体对已有城市公共安全大数据双治理实践的全面总结与评价，其蕴含的评价证据本身即具有较强的可靠性。另一方面，案例作为历史能力项目的描述，在一定程度上可以支持决策者通过案例推理快速准确地筛选与整合案例源证据，有助于解决评价缺少关联性和预见性的问题。本章将历史案例与证据推理方法相结合，提出系统性的案例源证据推理方法，对于拓宽能力成熟度模型和证据推理模型的应用范围，深化和丰富能力成熟度评估的理论方法，探索基于中国实践的城市公共安全大数据治理理论，都具有非常重要的理论和实践意义。

8.1.5　案例借鉴方法的改进与数据流分析方法

虽然案例借鉴方法在能力成熟度评估中具有显著优势，但也存在一个缺陷，即基于案例借鉴的能力成熟度评估往往是静态的，是在特定时刻利用已有案例经验判断能力成熟度所处状态。这种静态评估在绝大多数场景中已经可以有效支持能力提升，如判断当前阶段的项目管理能力成熟度，为未来一段时间的规划提供决策依据。然而，在城市公共安全场景中，双治理的能力指标复杂多样且不断变化，甚至面临突变情况（如在场景中引入新的大数据项，使得相关的数据分析、基础设施、合规审计等状态发生改变）。因此，需要不断监测能力成熟度状态以持续改进双治理能力。针对这一问题，本章在静态能力成熟度评价的基础上，引入数据流分析方法，通过学习与应用机器学习模型来不断调整案例参数，实现基于实时指标数据的动态能力成熟度评价。

8.2　双治理的能力成熟度综合评估框架

本章从历史经验借鉴与动态评价视角出发，集成案例借鉴方法与数据流分析方法，构建了双治理的能力成熟度综合评估框架，如图 8-1 所示。

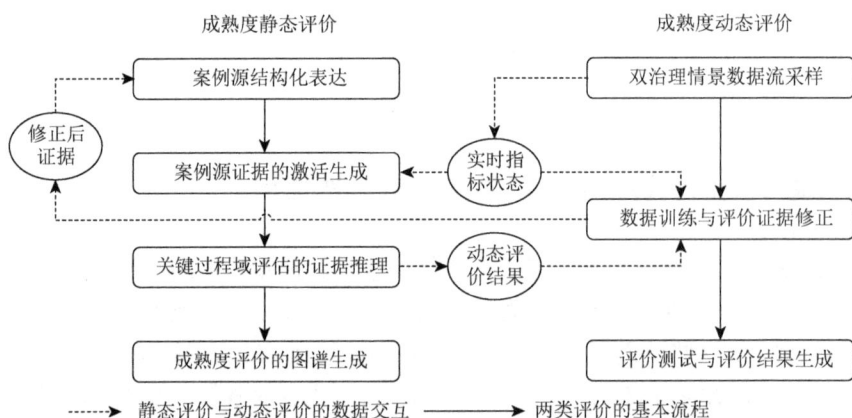

图 8-1　双治理的能力成熟度综合评估框架

8.3　双治理绩效评估的能力成熟度模型构建

8.3.1　双治理能力成熟度的等级划分

根据城市公共安全大数据平台建设的时间维度，可将双治理划分为构建阶段与更新阶段。本章聚焦双治理的构建阶段进行能力成熟度划分,是因为通过调研发现实际中的城市公共安全大数据双治理多处于这一阶段,用智能化手段对该阶段的能力成熟度进行评价更加具有代表性,有助于城市公共安全治理决策者及时感知能力状态与发现能力问题,避免城市公共安全大数据的价值链被阻断。因此,后文所述能力成熟度等级划分与模型建构均针对双治理的构建阶段。

1. 城市公共安全综合治理的能力成熟度等级划分

本章借鉴能力成熟度(成连华等,2021)和项目管理成熟度(李强年等,2022)的等级划分,考虑城市公共安全治理的能力特征,将其能力成熟度划分为五个等级,分别为:初始级、可重复级、已定义级、定量管理级和持续优化级。通过调研,从组织、流程、规制、技术四个维度梳理了各级成熟度的能力特征,具体如表 8-1 所示。

表 8-1 城市公共安全综合治理能力成熟度等级的特征分类表

等级	一般特征	组织特征	流程特征	规制特征	技术特征
初始级	城市公共安全治理过程无序甚至混乱,缺少制度安排	治理活动分散在各层级和类型组织,未形成联动	缺少综合治理的基本业务流程,实际管理流程混乱	未形成关于绩效评价和绩效管理的有效规制	公共安全风险的识别与感知依赖人工
可重复级	已建立了基本的城市公共安全流程,但完整性和规范性不足	城市安全综合治理活动由统一部门负责,但未形成多层级联动	能够借鉴以往经验进行城市安全治理,治理流程有监管指标测度	治理开始形成关于绩效评价和治理效果方面的规制	风险感知处理中初步引入信息技术,提高效率,智能化水平低
已定义级	城市公共安全治理流程规范化标准化,能够追溯存在的问题	城市安全综合治理活动由统一部门负责,不同层级初步建立协同	治理流程已实现文档化和标准化,制度基本完善,记录完整规范	绩效评价和治理效果方面的规制规范更新与体系完善	具备风险动态感知能力,开始探索运用智能技术识别风险
定量管理级	城市公共安全治理流程实现了定量化的认识和控制,治理有技术支撑	具备统一责任部门,各层级和类型的组织有效协同,注重网格化管理	城市公共安全治理流程有完备详细的度量标准,有合理的管理模型	绩效评价和治理效果的规制得到确认,在其他区域推广	善于运用辖区内多样化的大数据来辅助风险感知及其应对
持续优化级	能够不断优化城市公共安全治理流程,大数据应用取得突出成果	统一指挥,各部门协同性提升,网格化精细化管理能力同步提升	能够运用大数据不断优化流程与调整流程结构,持续改进治理效果	绩效评价和治理效果的规制成熟,形成标准并推广应用	管理平台达到行业内领先水平,实现风险感知实时化与精细化

2. 城市公共安全大数据治理的能力成熟度等级划分

与城市安全综合治理的能力成熟度等级划分类似,提炼城市公共安全大数据治理的能力成熟度划分及能力特征如表 8-2 所示。

表 8-2　城市公共安全大数据治理能力成熟度等级的特征分类表

等级	一般特征	组织特征	流程特征	规制特征	技术特征
初始级	城市公共安全大数据的重要性认识不足，大数据治理无序甚至困难	大数据应用效果难以预测、依赖主体能力，主体责任划分不清	缺少解决方案和配套流程，治理被动且存在时间和费用的高浪费	尚未制定治理政策规制，大数据治理问题应对无章可循	大数据分布处于散乱状态，缺少数据治理的关键技术支持
可重复级	建立了基本的城市公共安全大数据治理过程，完整性和规范性不足	数据治理质量依赖成员对过程的理解，工作分配管理有一定规则	研发城市公共安全管理的大数据治理解决方案，能重复以往的成功	对数据采集、共享交换等核心治理过程进行数据合规审计	建立城市公共安全大数据治理技术架构，实现生命周期管理
已定义级	制定标准化管理体系，治理过程规范化，数据血缘清晰可追溯	组织内工作与组织间协调过程有文件规范，组织治理绩效可控	过程均实现文档化、标准化，评估体系健全，适应管理需求追踪	制定了完整的元数据和数据标准体系，数据审计完备规范	各项数据治理技术工具得到规范定义，技术部署合理可靠
定量管理级	城市公共安全大数据的质量与治理过程得到了定量的认识和控制	城市公共安全数据治理需求方、运维方和协同方沟通良好，协调性强	数据质量和数据治理过程有详细的度量标准，建立相关管理模型	量化模型提供动态完备痕迹数据，实现合规审计智能化	建立数据治理过程的基于模型监测管理，实现快速问题应对
持续优化级	集中精力于大数据治理过程持续改进，更好地服务城市公共安全管理	城市公共安全大数据治理组织存在强烈的团队意识，成员积极参与改进	从战略层面制订城市公共安全数据综合治理规划，持续改进已有过程	采用精细化的规制管理，快速识别规制不完备、缺失等情况	持续收集质量和治理过程信息，技术支持按需动态更新

3. 双治理的能力成熟度关联结构

本书依据前述两类治理的能力成熟度划分与描述，结合双治理体系中两类治理关联映射的集对分析结论，提出一种双治理的能力成熟度模型（dual-governance capacity maturity model，DCMM），如图 8-2 所示。在图 8-2 中，上、下两部分分别代表城市公共安全综合治理以及城市公共安全大数据治理的能力成熟度框架，中间部分为两类治理活动映射的关键路径示例（以社区防火为例），其中深粗线代表强关联关系、浅细线代表弱关联关系。

8.3.2　能力成熟度测度的关键过程域提炼

关键过程域是反映能力成熟度水平的关键能力指标（吴锦池和余维杰，2021）。各级能力成熟度的特征不同，对应的关键过程域亦有差异。以大数据治理为例，在关键过程域的提炼上，首先借鉴项目管理的成熟度模型（organizational project management maturity model，OPM3）（田军等，2014），结合城市公共安全大数据治理的特点，将城市公共安全大数据治理过程划分为治理准备、启动、执行、控制、

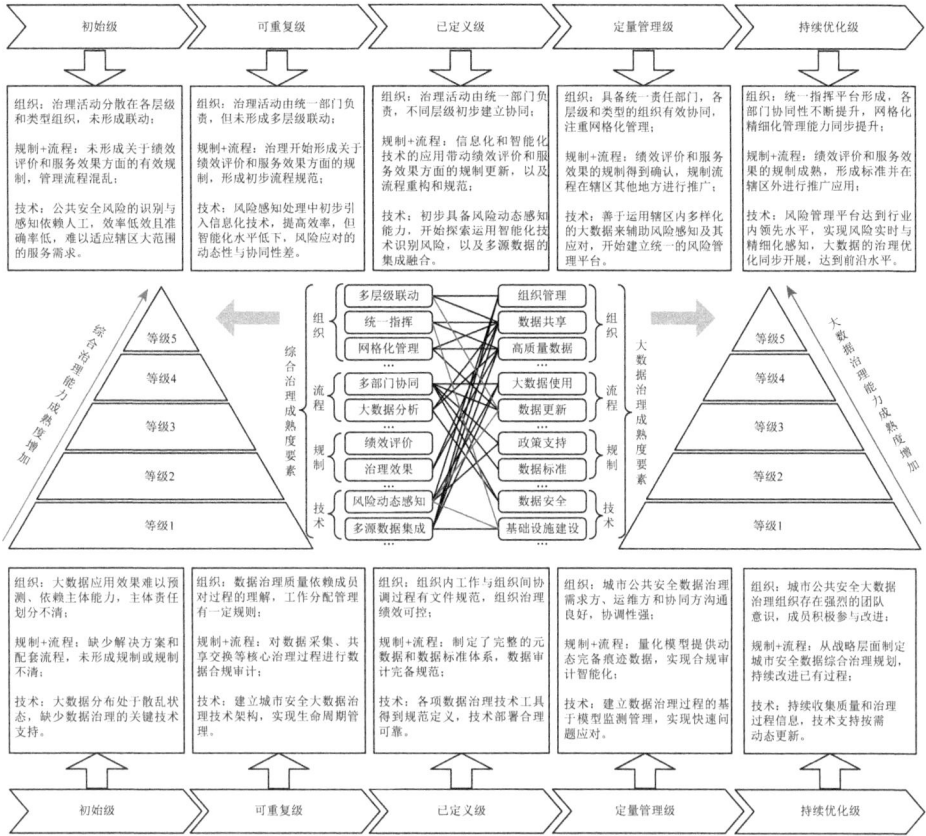

图 8-2　双治理的能力成熟度关联结构

收尾和综合协调等六个关键子过程，各子过程的内容如表 8-3 所示。进一步地，根据表 8-2 所示的四个维度的特征对关键子过程进行分解，建立针对各能力成熟度等级的关键过程域体系。具体而言，先根据数据治理历史文献（Liu et al.，2022；Benfeldt et al.，2022；张宇杰等，2018）凝练关键过程域的基本框架体系，再根据调研获得的实践案例对关键过程域进行修正和完善，由此得到具有指导意义的关键过程域体系如表 8-4 所示。

表 8-3　城市公共安全大数据治理的关键子过程

过程	内容
准备过程	研发城市公共安全大数据治理的解决方案，提高应对各种大数据问题的能力
启动过程	全面认知城市公共安全管理场景与相关大数据问题，同时付诸行动
执行过程	各项治理执行工作，包含理、采、存、管、用等步骤，以及组织、流程、规制、技术等内容

过程	内容
控制过程	监测、追踪城市公共安全大数据治理过程，制定与实施纠正措施，保障安全大数据目标的实现
收尾过程	对安全大数据质量与治理结果进行评估与反馈，总结不足，为未来安全大数据项目提供经验
综合协调	政府对城市公共安全大数据战略进行规划与顶层指导，日常中宣传与重视安全大数据治理协同

表 8-4　城市公共安全大数据治理能力成熟度的关键过程域

初始级	可重复级	已定义级	定量管理级	持续优化级
	数据治理组织建设	元数据和数据标准建设	数据质量监测与控制	数据综合治理
	数据解决方案准备	组织过程定义	数据采集动态分析	缺陷溯源与预防
	数据资源梳理	组织间协调	定量过程监测	过程变更管理
	数据采集管理	运行评估体系建设	过程量化质量控制	
	数据存储管理	管理需求追踪与研究		
	数据共享与交换			
	数据应用服务建设			

注：初始级作为对照，通常不设置能力目标

8.3.3　关键过程域的目标集合定义

为客观准确地测度各关键过程域，本章依据历史文献与实践调研资料，构建了各关键过程域的目标集合，这些目标概括了关键过程域的内容以及应达到的效果，可作为关键过程域的能力评价标准。设计的目标集合具体如表 8-5 所示。

表 8-5　各关键过程域的目标集合

符号	关键过程域	目标集合
A1	数据治理组织建设	A1.1 具有专门的城市公共安全大数据治理组织；A1.2 由上级领导牵头；A1.3 配备专业的数据治理人员；A1.4 数据治理职责划分明确
A2	数据解决方案准备	A2.1 具有城市公共安全管理的大数据解决方案；A2.2 解决方案具有专门的数据治理架构；A2.3 解决方案已产生成功案例
A3	数据资源梳理	A3.1 制定数据资源清单；A3.2 建设元数据自动采集机制
A4	数据采集管理	A4.1 具有明确的数据来源和采集方式；A4.2 制定了数据采集规则
A5	数据存储管理	A5.1 根据存储需求确定存储架构、方式和技术；A5.2 建设数据存储平台；A5.3 实现数据的基础、业务、主题分库联动管理
A6	数据共享与交换	A6.1 具备对采集数据的 ETL 处理能力；A6.2 构建共享数据目录；提供数据查阅推送（A6.3）、汇聚（A6.4）、审计（A6.5）等共享服务

续表

符号	关键过程域	目标集合
A7	数据应用服务建设	A7.1 根据城市公共安全管理需求建立业务模型；A7.2 提供自定义模块供用户进行数据检索与分析；A7.3 实现数据应用综合展示
B1	元数据和数据标准建设	B1.1 在元数据采集基础上建立了规范化的元数据体系；B1.2 实现数据血缘关系溯源；B1.3 构建完备的数据资源目录、出台数据标准
B2	组织过程定义	B2.1 对理、采、存、管、用等数据治理过程有文件定义；同时（B2.2）根据城市公共安全管理需求定义数据共享和数据分析过程体系
B3	组织间协调	B3.1 政府出台规制政策定义跨组织数据共享，或（B3.2）牵头部门与其他组织间的数据协调过程有文件规范
B4	运行评估体系建设	B4.1 阶段性大数据治理工作完成后，对执行过程的经验教训进行总结；同时（B4.2）对问题进行评估，落实解决方案
B5	管理需求追踪与研究	B5.1 持续调研确认城市公共安全管理需求，（B5.2）制订长期大数据治理规划并执行
C1	数据质量监测与控制	C1.1 预设质量模型，质量问题快速检测与控制；C1.2 能够通过数据链快速准确追溯质量问题；C1.3 实现数据合规审计智能化
C2	数据采集动态分析	C2.1 实现数据来源动态分析；C2.2 支持数据来源的选择规划；C2.3 数据采集异常报警与快速控制
C3	定量过程监测	C3.1 尽可能采用定量方法进行过程监测和管理；C3.2 建立合理的数据治理过程监测模型
C4	过程量化质量控制	C4.1 能够对每一个数据治理过程及其结果进行及时的质量控制
D1	数据综合治理	D1.1 对城市公共安全大数据治理过程进行战略规划与顶层指导，并且（D1.2）保证数据治理各过程能够良好衔接
D2	缺陷溯源与预防	D2.1 对城市公共安全大数据治理过程进行缺陷查找和溯源，（D2.2）及时制订补缺方案
D3	过程变更管理	D3.1 依据战略规划对已有大数据治理解决方案进行调整和完善

注：A1，…，A7、B1，…，B5、C1，…，C4、D1，…，D3 分别为成熟度分级中的可重复级、已定义级、定量管理级、持续优化级的关键过程域，详见表 8-4

8.4 双治理能力成熟度静态评价的案例源证据推理方法

8.4.1 基本假设

面对目标案例场景，可参照与利用历史案例中的经验知识解决新问题（于峰等，2016；张涛等，2020），其能够为能力成熟度评价提供相对客观权威的评价标准与证据。城市公共安全的大数据双治理的能力成熟度评价涉及广泛多样的评价指标，评价证据的可靠性极大地依赖于专家的知识积累与实践经验；同时，由于涉及庞杂的评价等级与指标体系，能力成熟度评价的工作量较大而存在主观性问题。案例代表政府部门或权威机构及主体对已有双治理实践的全面总结与权威评价，其蕴含的评价证据本身即具有较强的可靠性。而基于相似案例则能够在一定程度上快速有效地筛选与整合案例源证据，有助于更有针对性地分析目标案例的能力成熟度水平。在具体阐述能力成熟度评价的基于案例方法前，做出如下几点假设。

假设 1：相似性假设。针对特定场景下的关键过程域，目标满足情况相近的案例（本章称之为相似案例）包含相似的评价结果；同时，目标满足情况不相近的案例包含的评价结果间具有较大差异。

假设 2：完备性假设。考虑能力成熟度评价关键过程域的多样性特征，同一案例涵盖所有关键过程域的评价证据是不切实际的（但可以不断补充案例以扩充评价证据）。因此，假定在一次评价中，未记录在案的评价证据是忽略不计的，仅考虑已有关键过程域的评价证据。同时，考虑证据的可推理需求，本章假定案例中已有关键过程域的目标满足情况描述完备。

假设 3：推理性假设。单案例源不能保证评价的准确性，当筛选出的相似案例仍有多个时，需要结合证据推理方法进行证据的合成推理，本章假定涉及的证据推理不会造成其他方面的影响。

综上，本章所述能力成熟度评价的案例源证据推理方法主要是根据相似案例中提供的评价证据对目标案例的关键过程域进行评价，通过多次检索与整合相似案例的评价证据生成涵盖各关键过程域的完整评价结果，其主要流程如图 8-3 所示。

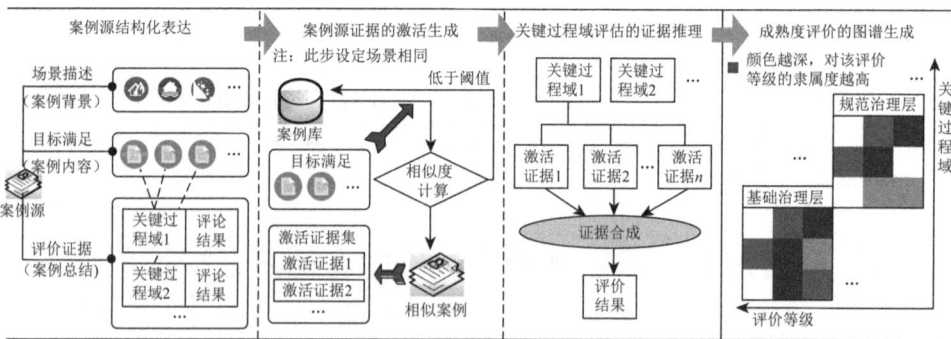

图 8-3　能力成熟度评价的案例源证据推理方法流程

8.4.2　案例源的结构化表达

以城市公共安全大数据治理为例，案例源通常包含三部分内容，分别为案例背景（大数据治理实施的场景阐述）、案例内容（大数据治理的内容和成果）以及案例总结（大数据治理的效果评价）。然而，原始案例多以长文本形式表达，结构化程度差，难以直接用于能力成熟度评价的智能推理。鉴于此，本章通过从案例背景中提炼场景特征、从案例内容中提炼能力目标满足情况、从案例总结中提炼评价证据清单，建立案例源的结构化表达。

1. 案例背景→场景特征

案例背景中涵盖对大数据治理实施场景的特征描述，如城市公共安全场景类型（城市内涝、社区火灾、城市治安等）、管理活动类型（决策、分析、监督等）、大数据治理的组织、规制、技术环境等。在考虑多场景的能力成熟度评价时，可利用场景特征对案例进行初筛，以生成具有场景针对性的评价证据。

2. 案例内容→能力目标满足情况

量化指标取值来源于案例内容部分对大数据治理实践内容和成果的详细描述。在构建案例结构时，按照表 8-5 的目标集合，采用（目标项，目标满足情况）的二元组形式进行内容表达。例如，二元组（B1.1, 1）代表子目标 B1.1 被满足。

3. 案例总结→评价证据清单

评价证据来源于案例总结部分对治理效果的评价，被结构化为（关键过程域，语义评价）二元组。针对多个关键过程域，案例包含的评价证据亦有多个，构成能力成熟度评价的证据清单。在语义评价表达方面，将评价文本的语义按情感极性划分为低、中、高三级，情感极性根据波森情感词典进行计算（张汉鹏等，2016）。为消减语义评价的不确定性影响，设置三个等级的情感极性三角模糊数分别为 $(a, a, 0)$、$(a, 0, b)$、$(0, b, b)$，a 和 b 分别为波森情感词典中情感极性的下、上阈值。例如，语义评价（0, 0.3, 0.7）代表对低、中、高三级的隶属度分别为 0、0.3、0.7。

8.4.3　案例源证据的激活生成

针对特定关键过程域，案例源证据的激活生成是根据相似案例筛选目标案例所需的评价证据。其中，相似案例是指双治理能力目标满足情况相近的案例，这些案例对应的评价证据在目标案例能力成熟度评价中的可用性更强。在目标满足情况的相似度计算上，基于欧氏距离计算法（Mustapha，2018），增加目标项权重以提高相似度计算的可靠性，具体而言：

对关键过程域 a_r，记案例的论域为 U_r^p，案例 HC_i 的第 k 个目标满足情况为

$s_k(P_i)$，第 k 个目标项的权重为 w_k，量化指标的论域为 Ω，则案例 HC_i 和目标案例 TC 在关键过程域 a_r 的目标满足相似度 $\mathrm{Sim}_r(HC_i, TC)$ 可表达为

$$
\begin{aligned}
\mathrm{Sim}_r(HC_i, TC) &= \left(\sum_{k \in \Omega} w_k \mathrm{Sim}_r^k(HC_i, TC) \right)^{\frac{1}{2}} \\
&= \left(\sum_{k \in \Omega} w_k \left| s_k(HC_i) - s_k(TC) \right|^2 \right)^{\frac{1}{2}}, \ HC_i \in U_r^P
\end{aligned}
\tag{8-1}
$$

其中，$\mathrm{Sim}_r^k(HC_i, TC)$ 是案例 HC_i 和目标案例 TC 在第 k 个目标满足情况上的相似度，目标项权重采用变异系数法（刘天畅等，2017）确定。案例源证据的激活生成规则是：由决策者设定阈值 λ，若 $\mathrm{Sim}_r(HC_i, TC) > \lambda$，则认定案例 HC_i 为相似案例并筛选。由此，将相似案例中的评价证据抽取出来，构成评价关键过程域 a_r 水平的激活证据集。

8.4.4　关键过程域评估的证据推理

针对特定关键过程域，可利用生成的激活证据进行特定关键过程域的评估。对上一阶段生成的多个不确定性证据，本章采用证据推理方法（尤天慧等，2019）进行证据整合与推理，涉及评价证据的 mass 函数生成以及证据合成两步关键工作。

第一，mass 函数生成。由 8.4.2 节可知，关键过程域的评价证据可转化为证据推理的 mass 函数。例如，对某关键过程域的评价证据 i 的三角模糊数表达（0，0.3，0.7），其 mass 函数 m_i 为 $\{ m_i(d_1) = 0, m_i(d_2) = 0.3, m_i(d_3) = 0.7 \}$。

第二，mass 函数的证据合成。对有多个激活证据时，利用规则 1（Dempster 合成规则）对这些证据进行证据合成，合成规则的具体介绍如下。

规则 1（王刚等，2016）对关键过程域的评价结果集合 D，有限个 mass 函数 $m_1, m_2, \cdots, m_n$ 的证据合成规则为

$$
m_\kappa = (m_1 \oplus m_2 \oplus \cdots \oplus m_n)(D) = \frac{1}{\psi} \sum_{d_1 \cap d_2 \cap \cdots \cap d_n = D} m_1(d_1) \cdot m_2(d_2) \cdot \cdots \cdot m_n(d_n) \tag{8-2}
$$

其中，

$$
\psi = \sum_{d_1 \cap d_2 \cap \cdots \cap d_n \neq \varnothing} m_1(d_1) \cdot m_2(d_2) \cdot \cdots \cdot m_n(d_n) = 1 - \sum_{d_1 \cap d_2 \cap \cdots \cap d_n = \varnothing} m_1(d_1) \cdot m_2(d_2) \cdot \cdots \cdot m_n(d_n)
$$

$$
\tag{8-3}
$$

对合成的 mass 函数 m_κ，最终的评价结果可表达为 $\{ m_\kappa(d_1), m_\kappa(d_2), \cdots, m_\kappa(d_n) \}$。

8.4.5　能力成熟度评价的关键过程域图谱生成

推理得到各关键过程域的评价结果后，利用矩阵热力图谱进行结果可视化分析。具体而言，矩阵热力图的纵坐标为各关键过程域，横坐标为各评价等级（即低、中、高三个情感等级），热力值则代表推理所得评价结果，同时将热力值值域划分[0, 0.25)、[0.25, 0.5)、[0.5, 0.75）以及[0.75, 1]的四个区间，分别用白色、浅灰色、灰色与深灰色表示。颜色越深，代表评价结果对该评价等级的隶属度越高。

利用以上矩阵热力图谱，分别对各能力成熟度等级的关键过程域进行结果展示。进一步，可通过关键过程域的满足情况体现能力成熟度等级；同时，根据矩阵热力图谱确定未满足目标要求的工作内容，辅助确定需改进的工作内容。

8.5　双治理能力成熟度动态评价的数据流分析方法

8.5.1　数据流分析路线

前述双治理能力成熟度评价是基于截取的数据进行的，仅能实现静态双治理能力成熟度评价。在现实中，为实现双治理能力成熟度的动态监测与问题及时改进，需要考虑双治理能力成熟度评价的时效性问题。针对此问题，本章提出基于数据流的双治理能力成熟度评价路线，如图 8-4 所示。双治理能力成熟度评价路线在双治理情景数据流的触发下开始，可归纳为三个顺序阶段，即数据流采样、数据训练与评价证据修正、评价测试与评价结果生成。

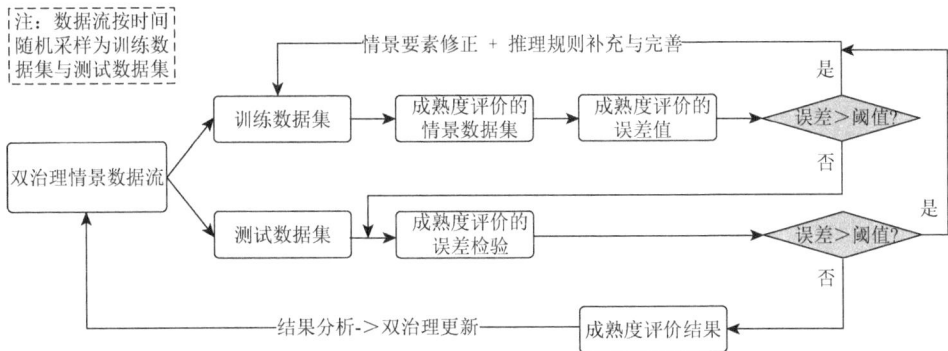

图 8-4　基于数据流的双治理能力成熟度评价路线

8.5.2　数据流采样

双治理平台会定期收集一段时间内的双治理平台运行数据，如问题解决成功的次数、解决方案满意程度（可通过运行日志数据得到）等。这些数据以数据流的形式不断在平台中生成，而数据流采样就是运用随机化方法，从中收集具有一般代表性的数据形成数据集。为了提高评价模型分析的有效性，还需要预留一部分数据用于评价模型测试。最终，收集到的数据被分为训练数据与测试数据两部分。

8.5.3　数据训练与评价证据修正

首先，利用训练数据进行情景要素赋值，形成情景数据集；紧接着，调用置信规则模型，根据情景数据集来判断每条规则的置信度，之后通过推理模型生成评价结果。其中，评价结果中有未被解释的部分（这里称之为误差值），将作为判断评价模型是否有效的指标，若误差值过大，则说明评价模型存在缺陷，需要进行修正与完善；若误差值满足要求，则进入下一阶段。

8.5.4　评价测试与评价结果生成

误差值被界定为满足要求后，会调用测试数据集再进行一次评价，以降低评价模型的数据依赖性。此次评价后，若误差满足要求，则将此次生成的评价结果作为最终评价结果，可以根据评价结果对双治理进行下一阶段更新，更新后将产生新的数据流，实现双治理的实时监测；若误差不满足要求，则与训练数据处理相似，需要对评价模型中的情景要素与推理规则进行修正与完善。

值得注意的是，若想实现评价系统的完全自动运行是有困难的，因为涉及评价误差过大的情况，需要双治理平台管理人员进行情景要素修正以及推理规则的补充与完善。因此，需要在平台自动运行的基础上嵌入一个问题解决平台，它能够实现双治理管理平台运行的问题人机协同解决。本书研究认为这一平台需要至少提供以下三部分服务，即评价结果与误差显示、误差分析、情景要素修正以及规则补充。其中，评价结果与误差显示是在问题解决平台上提供关于平台运行的各类参数，运维人员可以对运行情况进行实时监测。误差分析是指当误差值过大时，运维人员能在显示面板上看到引起误差的原因，以辅助制订解决方案。例如，通过分析情景数据以及各条规则对评价结果的解释程度，能够得出哪些情景要素没有被规则调用，这些情景要素对应的规则将作为补充的重点。情景要素修正以及规则补充是运维人员通过置信规则生成平台搜索新的规则，并将新的规则通过问题解决平台传递至系统中。

8.6 双治理绩效评估的用例分析

8.6.1 内涝防控场景描述与数据来源

内涝防控作为城市公共安全治理的重点工作内容之一，涉及对城市范围内的气象、地形、建筑、交通、人口等情况的全方位分析，尤其是在暴雨和洪水等灾害影响期间，需要高频共享多方的海量大数据，帮助提升内涝监测预警、人员疏散、物资配置、关键基础设施保护等核心工作的运作与管理，减少内涝灾害对人民生命财产安全的影响。

在河南省濮阳市，2021 年的"7·20"极端暴雨内涝对城市居民生活与社会运行发展造成严重后果，也暴露出应急管理工作中的诸多大数据治理问题。在该事件发生之后，为了建立更加有效的内涝防控模式，提高内涝灾害的预防和应对能力，濮阳市政府积极建设城市大数据平台，打通气象、民政、水务、通信等不同部门的数据屏障，通过大数据治理能力建设推动内涝防控的数据赋能。为此，本章选取濮阳市为用例，对该市内涝大数据治理能力成熟度开展两次评估：第一次评估是内涝大数据的治理构建阶段（2021 年 8 月至 12 月）的能力成熟度评估，该阶段的评估结果支持发现内涝大数据治理的薄弱点与改进方向；第二次评估是内涝大数据的治理更新阶段（2022 年 1 月至 6 月），该阶段的评估结果是对前一阶段评估的检验，也是对本阶段能力提升的确认。本章通过围绕平台初建阶段的两次能力成熟度评估，展示所提能力成熟度评价方法在能力缺陷识别与能力提升指导方面的双重优势。

本章所提方法以案例库构建为基础。具体而言，针对内涝防控场景的大数据治理案例源收集分为两个阶段，第 1 阶段（2019 年 1 月至 2021 年 12 月），在国家自然科学基金委员会重大研究计划"大数据驱动的管理与决策研究"资助支持下，通过对全国多个城市应急部门的实地调研，搜集到内涝防控场景下的城市公共安全大数据治理共 55 例，构成现实大数据治理案例集；第 2 阶段（2020 年 1 月至 2021 年 12 月），通过文献整理、网络大数据治理案例搜索与实地调研数据补充，获取到网络案例共 64 例，构成网络案例集。上述 119 例大数据治理案例均并入源案例库中，以前文所述的案例结构形式进行存储。

8.6.2　内涝大数据平台初建阶段的能力成熟度评估

在濮阳市内涝大数据平台初建阶段末期（2021 年 12 月始），根据表 8-5 的能力目标集合，结合现实情况确定了各能力成熟度的能力目标的满足情况，具体如表 8-6 所示。为节省空间，仅展示了各能力成熟度等级的部分关键过程域的能力目标满足情况。其中，目标满足情况为"1"代表该目标被满足，"0"代表目标未被满足。

表 8-6　目标案例的能力成熟度的能力目标满足情况取值（部分）

能力目标项	值	能力目标项	值
A1.1 具有专门的城市公共安全大数据治理组织	1	B1.1 建立了规范化的元数据体系	0
A1.2 由上级领导牵头	1	B1.2 实现数据血缘关系溯源	1
A1.3 配备专业的数据治理人员	1	B1.3 构建数据资源目录、出台数据标准	0
A1.4 数据治理职责划分明确	1	B2.1 对数据治理过程有文件定义	0
A2.1 具有城市公共安全管理的大数据解决方案	1	B2.2 根据需求定义数据共享和分析过程	1
A2.2 解决方案具有专门的数据治理架构	1	C1.1 预设质量模型，质量问题快速检测与控制	0
A2.3 解决方案已产生成功案例	1	C1.2 能够通过数据链快速准确追溯质量问题	0
A3.1 制定数据资源清单	1	C2.1 实现数据来源动态分析	0
A3.2 建设元数据自动采集机制	0	C2.2 支持数据来源的选择规划	0
A4.1 具有明确的数据来源和采集方式	1	D1.1 对治理过程进行战略规划与顶层指导	0
A4.2 制定了数据采集规则	1	D1.2 保证数据治理各过程能够良好衔接	0

注：由于篇幅限制，对部分能力目标项名称进行了精简表达，完整名称请参照表 8-5

第一步，量化指标匹配与证据激活。针对各关键过程域，利用相似度计算公式[式（8-1）]计算目标案例与历史案例大数据治理能力的目标满足相似度（相似度阈值由决策者设定为 0.8），检索相似案例，提取其评价证据构成激活证据集。对不同关键过程域，激活证据的来源案例数量分布如表 8-7 所示。可以发现，现实案例与网络案例所含证据在能力成熟度评价中起到了互补作用，共同支持关键过程域的完整能力评估。

表 8-7　激活证据来源案例的数量分布

关键过程域	现实案例	网络案例	关键过程域	现实案例	网络案例
数据治理组织建设（A1）	32	19	运行评估体系建设（B4）	13	5

续表

关键过程域	现实案例	网络案例	关键过程域	现实案例	网络案例
数据解决方案准备（A2）	28	20	管理需求追踪与研究（B5）	15	22
数据资源梳理（A3）	30	31	数据质量监测与控制（C1）	21	16
数据采集管理（A4）	17	26	数据采集动态分析（C2）	14	20
数据存储管理（A5）	5	12	定量过程监测（C3）	7	11
数据共享与交换（A6）	11	17	过程量化质量控制（C4）	4	9
数据应用服务建设（A7）	9	10	数据综合治理（D1）	12	19
元数据和数据标准建设（B1）	15	8	缺陷溯源与预防（D2）	18	23
组织过程定义（B2）	29	14	过程变更管理（D3）	10	14
组织间协调（B3）	10	16			

第二步，关键过程域评估的证据推理。完成激活证据集构建后，采用规则 1 对各激活证据进行证据合成推理，证据推理结果如表 8-8 所示，结果中的数值分别代表其对不同评价等级的隶属度。例如，关键过程域 A1 评价结果属于"低"的程度为 0.05、属于"中"的程度为 0.10、属于"高"的程度为 0.85。

表 8-8　关键过程域评估的证据推理结果

关键过程域（符号）	证据推理结果	关键过程域（符号）	证据推理结果
A1	（0.05, 0.10, 0.85）	B4	（0.05, 0.70, 0.25）
A2	（0.00, 0.05, 0.95）	B5	（0.00, 0.25, 0.75）
A3	（0.00, 0.25, 0.75）	C1	（0.55, 0.35, 0.10）
A4	（0.00, 0.15, 0.85）	C2	（0.85, 0.10, 0.05）
A5	（0.05, 0.05, 0.90）	C3	（0.75, 0.25, 0.00）
A6	（0.00, 0.10, 0.90）	C4	（0.20, 0.65, 0.15）
A7	（0.10, 0.10, 0.80）	D1	（0.85, 0.10, 0.05）
B1	（0.15, 0.20, 0.65）	D2	（0.15, 0.80, 0.05）
B2	（0.25, 0.65, 0.10）	D3	（0.70, 0.25, 0.05）
B3	（0.15, 0.80, 0.05）		

第三步，能力成熟度评价图谱生成。利用 8.4.5 节所述矩阵热力图对各能力成熟度等级的评价结果进行表达，如图 8-5 所示。从图 8-5 中可以看出，濮阳市内涝大数据治理平台初建阶段的能力成熟度已达到可重复级。进一步地，根据评价图谱，从中找出评价较低的内容，剖析能力提升的关键路径，可获得如下信息。

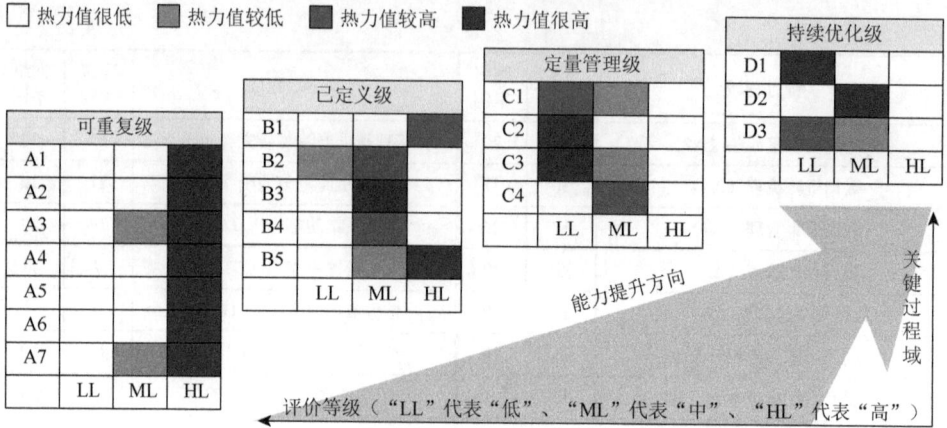

图 8-5　内涝大数据平台初建阶段的能力成熟度评价图谱

第一，在向"已定义级"提升的过程中，需要改进的内容比较多。最突出的问题是组织间协调（B3），组织间的数据共享协调过程的规范化与目标存在的差距比较大。一方面，在濮阳市内涝大数据平台初建阶段，人（居民、法人、重点人群等）、地（气象、地形、地理、建筑等）、事（网格化、交通、关键基础设施故障等）等数据的跨组织共享协调主要依赖上级部门统筹，各部门的数据供应缺少规范化的文件支持，数据更新不及时，数据服务经常受到影响，这方面问题需要得到充分解决。另一方面，平台初建阶段的数据规范性建设不足，体现在元数据和数据标准建设（B1）以及运行评估体系建设（B4）两方面，在平台更新阶段亦需得到改进。

第二，从长远发展看，平台更新阶段仍需考虑关注"定量管理级"的能力需求，首要工作是建立关键数据治理过程的量化监测与评估模型，涉及数据质量、数据采集、过程监测与过程质量控制等方面。

8.6.3　内涝大数据平台更新阶段的能力成熟度评估

在濮阳市内涝大数据平台更新阶段（2022 年 1 月至 6 月），由研究团队与平台运维团队联合组建能力提升小组，就上一阶段发现的能力薄弱点，制订与部署新阶段的大数据治理改进方案。在平台更新阶段末期（2022 年 6 月始），由能力提升小组牵头开展第二轮次的成熟度评估，结果如图 8-6 所示。由于篇幅所限，仅展示最终结果，具体数据可联系作者获取。

由图 8-6 可知，平台更新阶段大数据治理的能力提升工作精准补足了已定义能力成熟度的能力缺失，验证了前一轮评价结果指导的有效性。通过制定与执行能力项目，濮阳市内涝防控的大数据治理能力成熟度已经达到"已定义级"，具体情况如下。

热力值很低　热力值较低　热力值较高　热力值很高

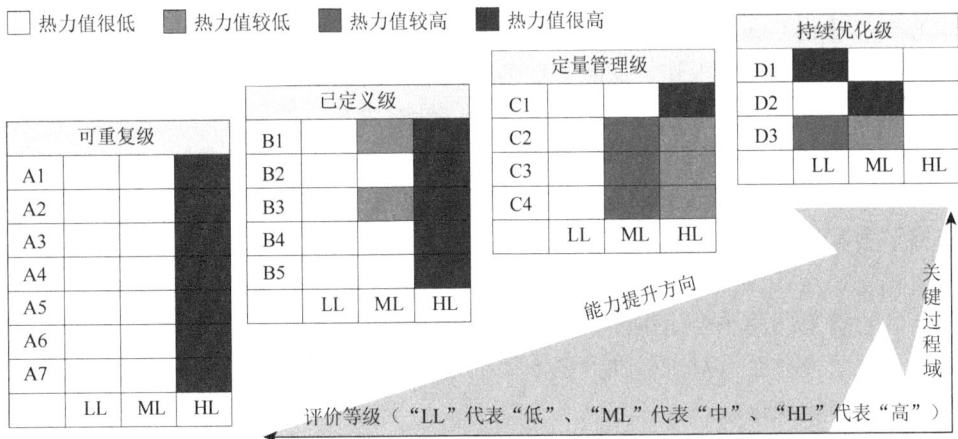

图 8-6　内涝大数据平台更新阶段的能力成熟度评价图谱

第一，跨部门的数据共享协调问题得到规范化、标准化的文件支持。在平台初建阶段，跨部门的数据共享交换主要是基于上级部门统筹的数据申请和调用，各部门数据缺少统一接口和联动模式，大规模数据采集、清洗和处理难度均较大。在平台更新阶段，濮阳市通过建立统一的城市内涝大数据共享交换中心，实现不同业务部门的系统对接，对内涝防控涉及的各类基础数据进行实时获取与存储，形成规范化的跨部门数据共享交换流程，如图 8-7 所示。同时，该数据共享交换

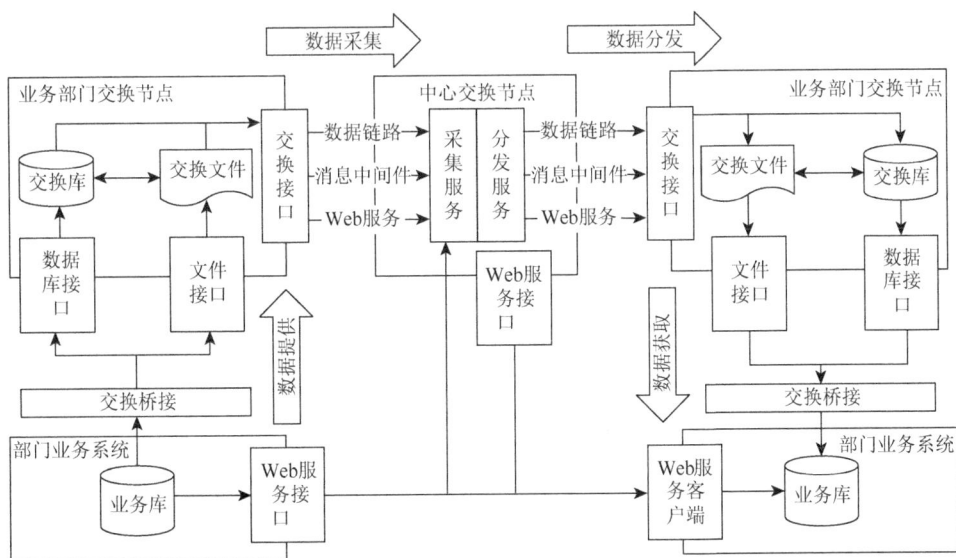

图 8-7　濮阳市内涝大数据平台的跨部门数据共享交换过程

中心以"秘钥"和"脱敏"形式进行数据授权,且内涝大数据平台只是接收业务部门数据而无法反向操作,保障了业务部门数据的安全性。

第二,建设了元数据与数据标准体系。针对内涝防控大数据涉及多部门、多模态基础数据的问题,平台更新阶段在内涝防控主题库基础上建立元数据的数据标准体系,结合商业智能技术,实现内涝防控场景下智能分析模型的获取与应用,丰富了数据应用的业务模型。

第三,运行评估体系得到规范化支持。在平台更新阶段,由内涝防控大数据平台的主管部门与平台运维团队共同组建内涝大数据治理小组,建立了数据治理的全周期管理体系,对阶段性数据治理工作进行问题总结与应对,同时落实了相关的责任与管理措施。

8.6.4　内涝防控能力成熟度评估的数据流分析

为进一步检验能力成熟度评估方法在动态不确定性环境下的有效性,随机生成 $\hat{x}_i(i=1,2,\cdots,30)$ 作为输入数据流,对比分析动态输入下的能力成熟度评价结果。$\hat{x}_{27}$、$\hat{x}_{28}$ 考察输入值为极端的情况,$\hat{x}_{29}$、$\hat{x}_{30}$ 考察输入信息不完备的情况。

第一,对于结果的一致性。如图 8-8 所示,针对所有输入,本章所提方法所得具有最大隶属度的评估结果均与传统综合评价法一致,且最大隶属度均有所提升,提高了评估结果的区分性。

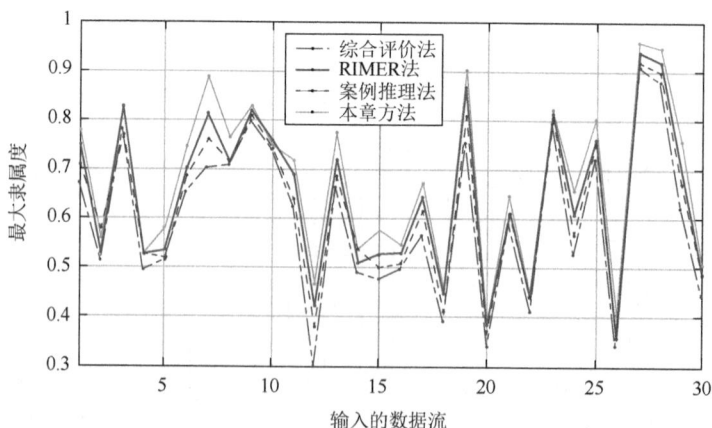

图 8-8　能力成熟度评估结果一致性分析

第二,对于不确定性检验。如图 8-9 所示,针对所有输入,本章所提方法所得结果的不确定程度显著降低,说明更多的有效信息被用于能力成熟度评估中,决策者对评估结果把握程度得以提升。

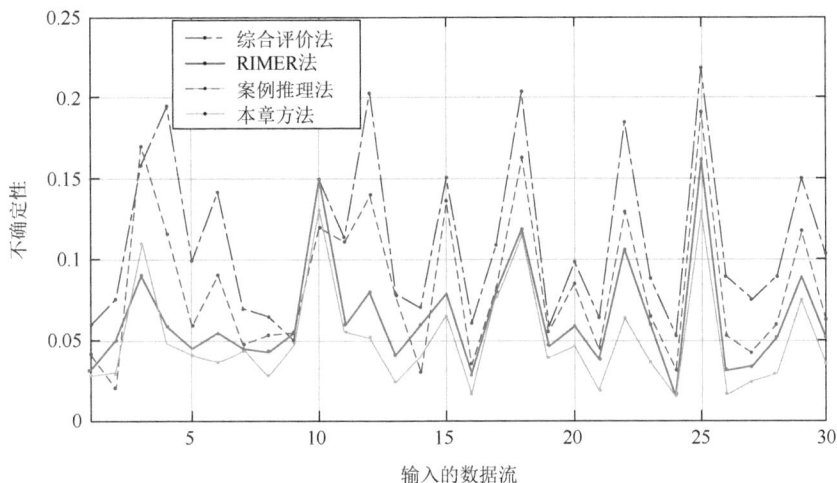

图 8-9　能力成熟度评估结果鲁棒性分析

第三，不完全信息下的鲁棒性分析。$\hat{x}_{29}$ 和 $\hat{x}_{30}$ 分别是在 $\hat{x}_{23}$ 和 $\hat{x}_{24}$ 的基础上加入不完备信息。各评估方法的计算结果显示，当加入不完备信息时，虽然造成评估的无把握程度增大，但不影响评估结果判断，评估结果不变。

第四，极端值影响下的鲁棒性分析。$\hat{x}_{27}$ 和 $\hat{x}_{28}$ 分别代表前提属性的输入均为 0 和均为 1 的情况。相比于传统的综合评价法、使用证据推理的置信规则库推理法（belief rule-base inference methodology using the evidential reasoning approach，RIMER）和案例推理法，利用所提方法获得的评估结果均具有更强的指向性。

8.7　本 章 小 结

现有研究对城市公共安全及其大数据治理能力的评估比较偏重于静态能力达标的评估，对过程能力发展的指导较弱。本章提出的城市公共安全及其大数据双治理的能力成熟度评估是一种面向过程的方法，可以在发现能力薄弱之处的同时提供发展性的改进指导。同时，本章提出的能力成熟度评估方法将历史案例与证据推理相结合，从历史案例中提炼适应现实场景的评价证据，较好地解决了传统评估过程缺乏一致性、关联性和预见性的问题。此外，本章将案例借鉴方法与数据流方法相结合，提出能力成熟度的动态分析方法，拓展了传统案例方法在动态能力评价中的适用性。未来研究主要关注所提方法在更多场景中的应用发展，以及在案例缺失、不完备等极端情况下的能力成熟度评估问题。

参 考 文 献

陈国青，吴刚，顾远东，等. 2018. 管理决策情境下大数据驱动的研究和应用挑战——范式转变与研究方向[J]. 管理科学学报，21（7）：1-10.

陈万球，石惠絮. 2015. 大数据时代城市治理：数据异化与数据治理[J]. 湖南师范大学社会科学学报，44（5）：126-130.

成连华，周瑞雪，严瑾，等. 2021. 煤矿应急救援能力成熟度评价模型构建及应用[J]. 中国安全科学学报，31（7）：180-186.

顾天阳，赵旺，曹林. 2022. 跨组织医疗健康大数据聚合与案例知识推理方法研究[J]. 情报科学，40（3）：40-44.

李强年，陶靖雯. 2022. 基于 DPSIR 的绿色建筑项目风险管理成熟度研究[J]. 土木工程与管理学报，39（2）：70-78.

刘天畅，李向阳，于峰. 2017. 案例驱动的 CI 系统应急能力不足评估方法[J]. 系统管理学报，26（3）：464-472.

刘奕，张宇栋，张辉，等. 2021. 面向 2035 年的灾害事故智慧应急科技发展战略研究[J]. 中国工程科学，23（4）：117-125.

牛春华，吴艳艳，刘红兵. 2019. 公共安全数据管理能力成熟度模型构建[J]. 图书与情报，（4）：22-28.

谭荣辉，徐晓林，傅利平，等. 2021. 城市管理的智能化转型：研究框架与展望[J]. 管理科学学报，24（8）：48-57.

田军，邹沁，汪应洛. 2014. 政府应急管理能力成熟度评估研究[J]. 管理科学学报，17（11）：97-108.

汪霄，顾家明，刘财源. 2021. 基于改进未确知测度法的隧道工程施工安全管理成熟度研究[J]. 土木工程与管理学报，38（1）：24-30，78.

王刚，汪杨，王珏，等. 2016. 基于证据分组合成的企业数据治理评价研究[J]. 系统工程理论与实践，36（6）：1505-1516.

吴国新，李竹宁，李元旭. 2015. IT 提供商执行外包业务过程中的风险识别与度量[J]. 系统管理学报，24（5）：682-689.

吴锦池，余维杰. 2021. 图书馆数据治理成熟度评价体系构建[J]. 情报科学，39（1）：65-71.

吴俊杰，郑凌方，杜文宇，等. 2020. 从风险预测到风险溯源：大数据赋能城市安全管理的行动设计研究[J]. 管理世界，36（8）：189-202.

谢刚，孙玉军，李月云. 2019. 基于未确知测度理论的多科性医院医疗大数据治理能力成熟度评价[J]. 技术经济，38（9）：89-96.

尤天慧，张瑾，樊治平. 2019. 基于情感分析和证据理论的多属性在线评论决策方法[J]. 系统管理学报，28（3）：536-544.

于峰，李向阳，王诗莹. 2016. 基于基因图谱的电网应急案例构建结构与检索方法[J]. 系统管理学报，25（2）：282-292.

张发明. 2013. 一种融合相似与差异特征的组合评价方法及应用[J]. 系统管理学报，22（4）：498-504.

张汉鹏，高春燕，马立娜. 2016. 基于情感分析与证据理论的新产品在线竞争力测度方法及实证研究[J]. 系统管理学报，25（1）：150-155.

张梦茜，王超. 2020. 大数据驱动的重大公共安全风险治理：内在逻辑与模式构建[J]. 甘肃行政学院学报，（4）：37-45，125.

张涛，翁康年，张倩帆，等. 2020. 基于情境案例推理的播前收视率预测方法[J]. 管理工程学报，34（6）：156-164.

张宇杰，安小米，张国庆. 2018. 政府大数据治理的成熟度评测指标体系构建[J]. 情报资料工作，（1）：28-32.

赵发珍，王超，曲宗希. 2020. 大数据驱动的城市公共安全治理模式研究——一个整合性分析框架[J]. 情报杂志，39（6）：179-186，151.

朱佳俊，郑建国，覃朝勇. 2013. 基于证据理论的不确定可拓推理及应用[J]. 系统管理学报，22（6）：876-881.

朱琳，赵涵菁，王永坤，等. 2016. 全局数据：大数据时代数据治理的新范式[J]. 电子政务，（1）：34-42.

Abraham R, Schneider J, vom Brocke J. 2019. Data governance: a conceptual framework, structured review, and research agenda[J]. International Journal of Information Management，49：424-438.

Benfeldt O，Persson J S，Madsen S. 2022. Data governance as a collective action problem[J]. Information Systems Frontiers，22（2）：299-313.

Janssen M，Brous P，Estevez E，et al. 2020. Data governance：organizing data for trustworthy artificial intelligence[J]. Government Information Quarterly，37（3）：101493.

König P D. 2021. Citizen-centered data governance in the smart city：from ethics to accountability[J]. Sustainable Cities and Society，75：103308.

Liu Z G，Li X Y，Zhu X H. 2022. Scenario modeling for government big data governance decision-making：Chinese experience with public safety services[J]. Information & Management，59（3）：103622.

Mustapha S S M F D. 2018. Case-based reasoning for identifying knowledge leader within online community[J]. Expert Systems with Applications，97：244-252.

Wang H L，Qin K，Lu G M，et al. 2021. Document-level relation extraction using evidence reasoning on RST-GRAPH[J]. Knowledge-Based Systems，228：107274.

第9章 城市公共安全大数据双治理的政策建议方法

本章面向城市公共安全大数据双治理的政策分析，建立了双治理的全局性政策支持框架，并聚焦其中的政策议程启动问题。针对政策议程的启动流程不平衡问题，考虑不同政策领域间的过程相似性，提出一种基于跨领域知识迁移的议程启动流程挖掘方法，通过情景相似度分析来筛选适应性流程样本，再结合本体建模、贝叶斯网络和线性规划将大样本集政策领域的丰富规则映射至小样本集领域的流程轨迹中，生成的流程模型能够帮助实现双治理的政策议程启动。

9.1 双治理的全局性政策支持框架

9.1.1 双治理的政策支持需求

治理实践通常离不开政策制定，这在基层社会治理、公共安全治理等众多领域已得到体现（Blahak，2021）。索尔斯在其著作《大数据治理》中指出，大数据治理实践中的数据优化、数据变现等内容均关乎政策制定，更是将大数据治理视为一类政策制定活动（Soares，2013）。在本书关注的双治理中，政策支持的影响主要反映为治理路线图中的驱动任务实现。例如，规制条款的补充与执行本身就属于政策支持任务；组织结构的调整、数据集成的机制补充等任务通常涉及政策制定。此外，一些驱动任务虽然不完全依赖政策，但政策制定对其实现具有重要的推动作用。例如，数据确权问题中的组织授权任务可由领导者利用自身职权实现，但涉及不同主体（领导者、数据治理方、数据权所有方等）的沟通交流，此时，关于数据确权的政策制定（如组织授权流程、主体责任确认等）将在最大程度上消减多主体间的沟通困难，由此带动任务的有效实现。根据路线图中涉及驱动任务的政策依赖情况，可将特定公共安全场景下的双治理划分为两类，分别为政策依赖型双治理以及政策推动型双治理。

1. 政策依赖型双治理

该类双治理的确认有两个基本条件：第一，治理路线图中至少有一类驱动任务的实现依赖政策支持；第二，政策缺失将显著影响治理路线图的效果实现。例如，规制条款的补充、元数据标准的规制落实等。值得注意的是，此处路线图的效果与最佳实践的效果相匹配，总体上可划分为城市公共安全治理效果的提升和数据安全风险的降低；但制定政策的效果通常不仅包含路线图的效果实现，还涉及外部场景增益、跨组织数据共享等长期效果。这一类双治理与政策支持直接相关，是本书关注的重点。

2. 政策推动型双治理

该类双治理的确认条件为：第一，治理路线中没有驱动任务完全依赖政策支持；第二，在政策缺失情况下，仍能够在较大程度上实现路线图的预期效果。例如，权力主体（如领导人）推动进行的数据确权任务、数据分析算法更新、数据集成算法补充等。

9.1.2　双治理的政策支持框架

城市公共安全大数据双治理的政策支持是一项复杂系统工程，包含的影响因素和构成要素多样，需要以全局性视角开展分析。从时间维度上看，治理政策支持包含双治理分析、政策议程启动、政策制定、政策执行和政策反馈等关键阶段；从空间维度看，每一政策支持阶段又各自包含其核心组分，这些组分共同影响相应阶段目标的实现。例如，政策议程启动阶段的议程三流交汇、政策执行阶段的政策评价和问题诊断等。本章在系统梳理历史文献的基础上（王国华和武晗，2019；张超和官建成，2020；贺东航和孔繁斌，2019），结合双治理分析的特点，建立了双治理的政策支持全局性框架，如图 9-1 所示。

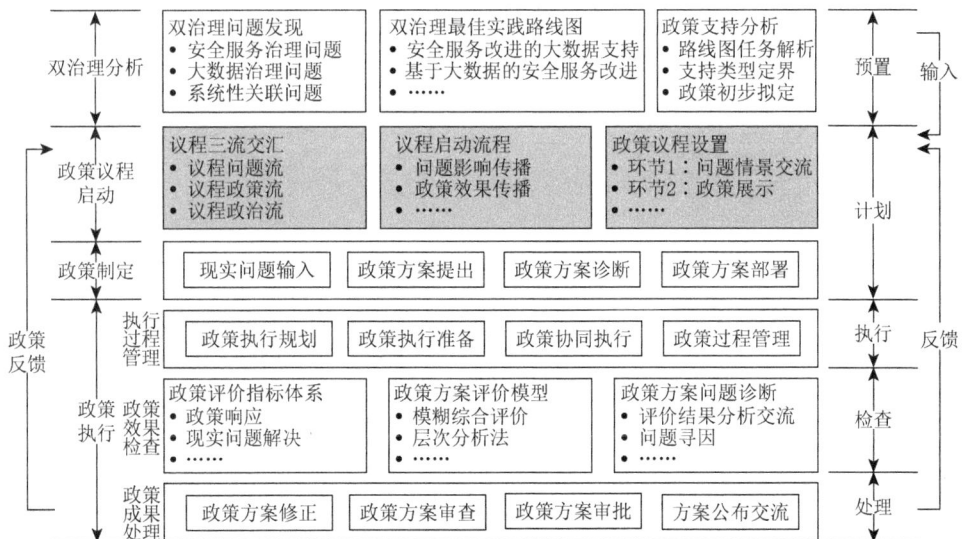

图 9-1　双治理的政策支持框架

1. 双治理分析

本书前述章节提出的各类双治理分析方法（全情景分析、最佳实践分析与路线图分析等）为新政策或更新政策的推动提供关键依据。具体而言，全情景分析发现的双治理问题导入最佳实践分析中，导出不同方向的治理路线，如公共安全治理改进的大数据支持发现、基于已有大数据的公共安全治理改进。针对路线图中的具体任务，界定其政策支持类型，初步拟定政策方案以供后续分析。

2. 政策议程启动（政策之窗打开）

根据多源流理论，政策议程启动意味着政策之窗被打开，即政策达到制定或改进的契机（王国华和武晗，2019）。一般地，政策支持是以政策议程启动为触发机制，以政策制定、执行和改进为辅助机制的（董石桃和蒋鸽，2020）。因此，本章重点关注双治理政策的议程启动。具体而言，政策的议程启动通常被视为议程问题流、议程政策流、议程政治流三流交汇的结果，如图9-2所示。其中，议程问题流是各类公共安全场景中的各类双治理问题（如数据确权、流程冗余、合规性审查等），其对公共安全治理的影响（如效率低下）和引发的恶性事件（如数据安全和数据泄露）是触发政策议程启动的重要因素；议程政策流亦被称为政策方案，主要来源于双治理分析（全情景分析、最佳实践分析和路线图分析）生成的驱动任务网络，政策方案的可预测效果亦是政策之窗开启的重要条件之一；议程政治流包括社会舆论、政治制度变化等，对议程的选择和启动具有推动作用。

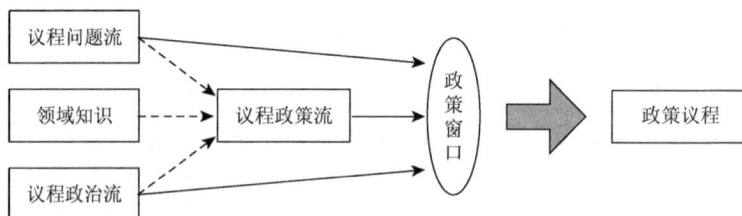

图 9-2　基于多源流理论的政策议程启动

3. 政策制定

政策制定包含现实问题输入、政策方案提出、政策方案诊断和政策方案部署四类核心程序。其中，现实问题指的是城市公共安全场景内存在的各类双治理问题，它们为政策制定提供议程选项；政策方案以治理路线图中的驱动任务为制定依据，根据其政策需求进行政策方案的具体内容设置，如元数据标准、数据保护责任主体、合规性审查的机制流程等；针对提出的政策方案，需要从方案可预测效果（短期/长期）、方案可行性等做出详细诊断，以确保方案是切实可行的；政策方案部署关注方案执行前的组织主体配置、执行流程设置、执行资源支持等细节，为政策执行做好充足准备。

4. 政策执行

政策执行划分为执行过程管理、政策效果检查、政策成果处理三类串行联动的组分。其中，执行过程管理为政策的有效执行提供各类监督和管理支持，包括政策执行规划、政策执行准备、政策协同执行等；政策效果检查的目标是有效评价政策方案的实际执行效果，涉及政策评价指标体系构建、政策方案评价模型部署以及政策方案问题诊断等重要工作内容；政策成果处理是针对政策效果检查中得到的有效政策（即未核查出显著问题的部分），经过政策方案修正、审查、审批和公布交流，最终实现政策成果固化。

5. 政策反馈

对政策执行中核查出的政策方案问题，需要反馈给相关主体，对这些涌现出的问题进行分析与应对，不断完善已有双治理政策，这构成政策反馈阶段的主要工作内容。

9.2　双治理政策议程的启动流程推荐问题

9.2.1　问题定界

在双治理的政策议程启动中，现实问题及潜在政策分别由情景分析和路线图分析获取，政策效果亦可根据治理的最佳实践效果进行部分预测。因此，双治理分析结果已经提供了较为完备的治理政策议程选项（即各类双治理问题）和情景要素（如治理问题的影响和政策的可预测效果），政策议程启动的关键不再是确定这些议程选项及其情景要素，而是促成议程启动的支持要素，如组织流程、技术平台等。当前，由于双治理的政策制定刚刚起步，政策议程的启动流程管理还不成熟，难以确保政策议程按预期启动，进而影响治理问题的有效政策支持。在这一背景下，本章针对政策议程启动涉及的复杂影响因素，开展双治理政策议程的启动流程研究。

传统政策议程的启动流程研究多关注顶层指导，如各利益相关者的协同机制、通用的关键流程及其关联逻辑框架等（王国华和武晗，2019）。然而，政策议程启动的情景复杂多样，对应的启动流程不应是一成不变的。例如，对具有不同影响范围和影响程度的治理问题，所需的启动流程活动及其关联关系应具有差异。此外，不同地方政府的组织和制度环境有差异，涉及的具体流程活动亦具有异质性。例如，不同主体（政府部门、专家、公众等）进行政策建议的组织、机制和渠道不同，对应的政策议程启动流程亦不同。因此，传统政策议程的启动流程研究在方法上需解决两类核心问题：第一，促成政策议程启动的流程活动需要被进一步细化，以建立启动情景和启动流程间的映射关系；第二，启动流程分析应符合地方政府的组织和制度环境，以确保在实际中的可操作性。

9.2.2　基于流程挖掘的启动流程推荐方法

流程挖掘是一种从历史流程日志中归纳和提炼流程模型的流程分析方法，这些提炼的流程模型能够反映历史流程全貌，进而可以被用来指导未来的流程制定及其更新优化（Günther and van der Aalst，2007）。流程挖掘方法为解决政策议程的启动流程问题提供了新的可能性：一方面，流程挖掘是从历史工作日志中提炼流程模型，可以保证流程活动与组织及制度环境的匹配性；另一方面，通过对历史日志的流程样本进行情景嵌入，可以建立情景与流程的映射关系（Politowski et al.，2018）。由此，前述政策议程的启动流程问题预期可以得到较好解决。

然而，受流程样本收集方式和议程启动经验影响，不同政策领域的议程启动流程样本量具有差异，很多政策领域仅仅拥有小样本数据集。例如，大数据治理政策被提出的时间较晚，积累的议程及其启动流程样本较少；相对地，医疗、民生等政策领域的政策议程工作经验丰富，积累了丰富的议程启动流程样本。当政策领域内的启动流程样本量不足时，流程模型受噪声数据、流程不完备（即活动缺失增加了活动间关系的不确定性）影响严重，流程挖掘通常难以获得可信结论（Huang and Kumar，2012）。在这一背景下，有学者在传统 Alpha（阿尔法）算法基础上提出启发式挖掘算法，即通过构建关联规则（反映活动间的关联程度）将关联关系进行区分，选择满足特定条件（如出现频率足够高）的关联规则用于流程发现，能够在很大程度上消减噪声数据（Weijters and van der Aalst，2003）。还有学者利用概率学方法对关联规则进行推理，比对识别样本中缺失的流程活动，以提升启发式方法对流程不完备问题的处理能力（Ayo et al.，2017）。除此之外，学者还关注复杂关联关系、抽象关联关系对流程挖掘效果的影响，提出相应的关联规则挖掘方法，如模糊启发式算法、Fodina 算法等（van den Broucke and de Weerdt，2017；Günther and van der Aalst，2007）。

由上述分析可知，学者针对小样本集领域的流程发现做了较为丰富的研究，其核心在于深度挖掘或推理流程样本中存在的各类关联规则，消减因样本不足带来的噪声、流程不完备、关联关系缺失等问题。然而，已有方法仍假定能够基于本领域样本直接或经推理获得完善的关联规则，使得这些方法在很多受样本量影响严重的领域中难以得到有效应用。

9.2.3　政策议程的启动流程建模元语

在本节中，对政策议程流程挖掘中涉及的一些关键知识做出描述，包括流程日志和流程模型表达、问题情景描述以及政策效果预测与情景嵌入。

1. 政策议程启动的流程日志

政策议程启动的流程日志 L 可以表达为一个四元组 $L = \{E, A, O, S\}$。其中，E 表示议程启动事件集，A 表示事件中的流程活动集，O 表示活动的主导组织集，S 表示活动发生的时间戳集合。在流程分析理论中，事件常被表示为活动及其发生的先后顺序，称之为轨迹。基于此，流程日志也被广泛认知为流程轨迹的集合，表达为 $T_L = \{\sigma_i \mid \sigma \in L, i = 1, 2, \cdots, |\sigma|\}$。其中，$|\sigma|$ 为特定政策领域的启动流程轨迹数量。例如，在表 9-1 展示的流程日志中，事件 E201800932 的流程轨迹可表达为 $\{a, b, c, d, e, f, g, h, i, j\}$。

表 9-1　政策议程启动的流程日志示例

事件 ID	政策领域	活动	属性		
			名称	时间戳	组织
E201800932	应急管理-应急预案	a	政策制定任务接收	2018-04-23	区环境保护部门
		b	设计政策草案	2018-04-23	区环境保护部门
		c	政策效果评估	2018-04-28	区环境保护部门
		d	政策议程发起	2018-04-30	区环境保护部门
		e	政府意见批复	2018-05-06	区管理委员会
		f	议程预备会发起	2018-05-10	区环境保护部门
		g	议程预备会批复	2018-05-12	区管理委员会
		h	议程预备会召开	2018-05-15	区管理委员会
		i	政府议程审批	2018-05-20	区管理委员会
		j	建立议程	2018-05-25	区管理委员会
E201801249	大数据治理-信息公开	a	政策收集	2019-07-08	区大数据局
		b	政策需求诊断	2019-07-11	区大数据局
		c	设计政策草案	2019-07-19	区大数据局
		d	政策效果评估	2019-07-28	区大数据局

续表

事件 ID	政策领域	活动	属性		
			名称	时间戳	组织
E201801249	大数据治理-信息公开	e	政策议程发起	2019-07-30	区大数据局
		f	政府意见批复	2019-08-08	区管理委员会
		g	政策修正完善	2019-08-09	区大数据局
⋮	⋮	⋮	⋮	⋮	⋮

2. 政策议程启动的流程模型表达

从政策议程启动的流程日志中挖掘得到的业务流程模型可以被表达为 Petri 网、工作流网、因果网等多种形式。在应用启发式方法挖掘流程模型时，常采用因果网模型，具体定义与模型示例详见 5.3.3 节。

3. 政策议程启动的问题情景描述

政策议程启动被视为议程问题流、政策流、政治流三流交汇的结果，议程启动流程的挖掘应充分考虑这三类情景特征。由此，本书基于历史文献和实践调研提炼了政策议程启动的具体情景特征及其取值计算方法，详见表 9-2。为了方便情景存储和调用，采用框架形式表达各情景特征。此外，考虑政策存续时间和影响范围对议程启动流程的影响，增加问题情景的时空特征。

表 9-2 问题情景结构的框架表示

框架名：〈问题情景〉			
框架结构	数据类型	数据存储	数据取值计算
槽 1：时间范围	数值型	Time_scope	政策预期的存续时间长度
槽 2：空间范围	字符型	Space_scope	政策影响范围（区、街道等）
槽 3：问题流特征			
面 31：问题类型	字符型	Problem_type	结构性、变迁性、行为性问题[1]
面 32：识别主体	字符型	Identify_subject	主体域（政府部门、专家、公众等）
面 33：触发渠道	字符型	Trigger_channel	政府内触发、事件触发、舆论触发
面 34：问题影响	字符型	Problem_impact	政府关切、公众舆论、群体性事件
槽 4：政治流特征			
面 41：公众关注	数值型	Public_attention	关注问题的当时搜索指数
面 42：政策提案主体	字符型	Suggest_subject	政府部门、领域专家、公众等
面 43：政策领域关注	数值型	Domain_attention	政府在特定政策领域的政策数量

续表

框架名：〈问题情景〉			
框架结构	数据类型	数据存储	数据取值计算
槽 5：政策流特征			
面 51：效果定位	字符型	Effect_position	定位域（短期效果、长期效果）
面 52：当时政策效果	字符型	Current_effect	当时政策评价[2]的文本分析结果
面 53：政策短期效果	字符型	Short_term_effect	潜在政策的短期效果增益[3]评价
面 54：政策长期效果	字符型	Long_term_effect	潜在政策的长期效果增益[3]评价

1 结构性问题指由社会内部结构不合理导致的治理问题，如区域贫困严重、就业率低等；变迁性问题指因传统模式被打破而涌现出的各类治理问题，如大数据技术应用、城乡发展等；行为性问题是指社会内部主体的不良行为导致的治理问题，如滴滴安全事件等

2 当时政策评价由政策议程报告对当时政策的评价文本经文本分析得到

3 潜在政策的短期/长期效果增益由政策议程报告对潜在政策的评价文本经文本分析得到

第一，时空特征。包含政策预期的存续时间与影响范围。

第二，问题流特征。在政策制定中，涉及的问题包含结构性问题、变迁性问题和行为性问题三类，这些问题由政府部门、专家、公众等多元主体识别，并通过特定机制触发（政府内触发、事件触发、舆论触发）。此外，一些问题已经产生了显著的影响，如政府关切、公众舆论、群体性事件等，在议程启动上体现为紧迫性和灵活性。

第三，政治流特征。政策议程启动受众多环境特征影响，较有代表性的是公众问题关注的推动作用和政府的政策领域关注与优先考虑。此外，不同政策提案主体（政府部门、领域专家、公众等）在提案渠道、流程等方面往往具有差异性，亦需在情景分析阶段予以考虑。

第四，政策流特征。在当前政策效果不理想的情况下，潜在政策的效果增益是促成议程启动的基本途径。一般认为政策效果包含短期效果和长期效果两部分，分别关注治理问题的解决情况以及政策的外部增益。针对已结束的政策议程，可从议程报告中获取对当时政策效果以及潜在政策效果的文字描述，通过文本分析可以将这些文本描述转化为不同等级的评价结果（如低、中等、高）；针对本书研究中由双治理分析得到的政策，其短期和长期效果可由最佳实践分析得到，再转换为相应的结果等级。

4. 政策效果预测与情景嵌入

由前文可知，双治理的政策效果可划分为短期效果和长期效果两类。最佳实践分析已提供了大数据治理驱动所能达到的预测效果，通过数值处理和分析，可以生成相应的政策效果增益与增益程度级别，具体如下。

第一，短期效果。政策短期效果指的是制订该政策方案能够带来的问题解决

效果提升，这里的问题指的是所关注的双治理问题，如主数据集成、数据确权等。由于关注的是效果提升，需要计算政策支持前后的问题解决效果差异。根据最佳实践分析术语，当前政策效果又被称为目标实践效果，潜在政策短期效果又被称为最佳实践效果，分别表示为 ET 和 EB，则政策短期效果 SE 可计算如下：

$$SE = \frac{EB - ET}{ET} \times 100\% \tag{9-1}$$

其中，SE 代表了政策方案所能带来的最大的短期效果增益。实际上，在未采取政策方案的情况下，治理路线图的部署亦能在一定程度上提升问题解决效果，即当前政策效果应当包含除了政策支持之外的治理驱动带来的效果提升，如设备替换、算法更新等。设定在不制定任何政策情况下的实践效果为 ET^*，则式（9-1）转化如下：

$$SE^* = \frac{EB - ET^* + ET}{ET} \times 100\% \tag{9-2}$$

根据 SE^* 的值，由决策者设置阈值，即可将评价结果转化为等级形式。例如，设置两个阈值 Th_1 和 Th_2，可将评价结果划分为低、中等、高三个等级。

第二，长期效果。双治理政策长期效果指的是该政策方案所能带来的外部效果增益，即该方案在其他应用场景（公共安全、医疗卫生、民生等）中的问题解决效果。双治理的最佳实践通常既包含对问题解决效果（短期效果）的分析，还包含对外部效果增益的描述（如多源网格化事件的元数据标准制定可解决治安、消防、城管等多个场景中的数据集成问题，进而带动办事效率提升）。通过文本分析，可以将这些描述转化为对政策长期效果的评价等级（如低、中等、高）。在这一过程中，仍需注意识别驱动任务的政策依赖性，去除与政策无关的驱动任务所带来的效果增益。

第三，情景嵌入。将前述的当时政策效果、政策短期效果以及政策长期效果的评价结果嵌入至表 9-2 的情景框架中，即可实现启动情景的相似度分析与流程轨迹的筛选。

9.2.4　政策领域的流程不平衡

作者从河南濮阳市数据中观察到某些政策领域虽然样本量差异较大，但在议程启动流程上具有很强的相似性，如"应急管理"和"食品安全"。由此，本章研究提出一种小样本领域的流程挖掘方案：在本区域政策领域类别多且各类样本数据不平衡时，通过相似领域的知识迁移机制来提升小样本领域的流程挖掘效果，即将相似大样本领域（本章称之为源域）提供的丰富关联规则映射到小样本领域（本章称之为目标域）的流程轨迹中，以补充目标域的规则缺失。这一方案的实现存在三个难点：第一，跨领域流程活动在语义表达上存在差异，流程活动缺失标准化表达方案。针对这一问题，本章建立活动本体（Ma et al., 2012），将各领域流程活动与标准化活动本体相关联，实现活动语义冲突消减。第二，面向源域提供的丰富关联规则，规则映射存在大量可行解。本章综合各流程模型评价指标设定目标函数，利用最优化理论生成规则映射的最优解（Wang et al.，2019），以优化规则映射。第三，当存在多个相似领域时，直接映射所有领域规则将显著增加运算量。为提升知识迁移效率，本章构造一个面向领域规则检索的迁移度评价算子（Li et al.，2014），用于筛选具有高适用性的规则用于规则映射。

在提出跨领域知识迁移方法的同时，需要考虑议程启动情景与启动流程之间的映射关系构建，其核心在于启动情景的结构化和系统化表达。本章以第 3 章的问题情景模型为基础，嵌入了与治理问题相关的问题影响和潜在政策效果等情景要素，构建了适用于政策议程启动的情景表达方案。进一步地，以构建的情景表达方案为基础，设计了对应的情景相似度计算方法，由此实现流程样本约简与提升流程模型的情景适应性。

9.3　双治理政策议程的启动流程挖掘方法

针对小样本的双治理政策领域（即目标域，包括消防、内涝、疫情等公共安全场景领域的双治理政策），所提方法会建立其与大样本政策领域（即源域，如商务、民生、政务服务）间的规则映射，补充目标域缺失或不完备的活动关联规则，将映射后的过程轨迹用于目标域的议程启动流程挖掘。首先，根据问题情景的相似度筛选各领域关联规则（即活动间关联关系），将规则以贝叶斯网络形式进行表达与存储；其次，利用本体建模消减不同领域间的活动语义冲突，实现规则标准化，再通过迁移度评价筛选具有高适应性的源域规则；再次，利用最优化理论生成领域间的最优规则映射矩阵；最后，将映射后轨迹导入启发式方法，生成目标域流程模型。针对每一政策领域，选取 50%样本用于学习映射矩阵，50%样本用于检验知识迁移效果。所提方法的流程图如图 9-3 所示。

9.3.1　启动情景相似度计算

情景相似度计算是为筛选流程轨迹样本，即用于流程挖掘的流程轨迹在启动情景上应具有相似性，由此建立情景与启动流程间的映射关系。记流程轨迹的论域为 U^T，流程轨迹 i 的第 k 个情景特征为 f_{ik}，第 k 个情景特征的权重为 w_k，则流程轨迹 T_i 和 T_j 间的情景相似度 $\mathrm{Sim}(T_i, T_j)$ 可表述如下：

$$\mathrm{Sim}(T_i, T_j) = \sum_k w_k \mathrm{Sim}_k(T_i, T_j), \quad T_i, T_j \in U^T \tag{9-3}$$

其中，$\mathrm{Sim}(T_i, T_j)$ 表示两个流程轨迹在第 k 个情景特征上的相似度。

步骤1：情景分析与关联规则抽取

目标域流程轨迹　　　　　　　源域流程轨迹　　　　　　　规则贝叶斯网络

轨迹1　a b d e f　　　　　　轨迹1　a b d e f

关联规则1 $a \Rightarrow b$　　　　　　关联规则1 $a \Rightarrow b$

关联规则2 $a \Rightarrow b \Rightarrow c$　　　　关联规则2 $a \Rightarrow b \Rightarrow c$

关联规则3 $a \Rightarrow b \Rightarrow d \Rightarrow e$　　关联规则3 $a \Rightarrow b \Rightarrow d \Rightarrow e$

关联规则4 $a \Rightarrow b \Rightarrow d \Rightarrow e \Rightarrow f$　　关联规则4 $a \Rightarrow b \Rightarrow d \Rightarrow e \Rightarrow f$

...　　　　　　　　　　...

轨迹2　a b d e f　　　　　　轨迹2　a b d e f

...　　　　　　　　　　...

步骤2：规则处理与检索

消减活动语义冲突　　　　　　　　　　适用规则检索

目标域流程活动　　　　高适用度规则　　　　各候选源域规则

标准化方案　　本体建模　　标准化规则　　适用度分配　　适用度分配

源域流程活动　　　　　　　　　　　　高适用度源域规则

标准化规则　　高适用度规则

步骤3：跨领域规则映射

源域关联规则　　　　　　　　　　　　目标域流程轨迹

源域关联规则1　　　最优化理论　　　目标域流程轨迹1
源域关联规则2　　　（0-1规划）　　目标域流程轨迹2
...　　　　　　　　　　　...
源域关联规则M　　——映射矩阵W——　目标域流程轨迹N

步骤4：目标域流程挖掘

目标域轨迹｜源域轨迹　　目标域轨迹｜源域轨迹　　目标域轨迹｜源域轨迹　　目标域轨迹｜源域轨迹

50%样本（领域1）｜100%样本（源域1）　　50%样本（领域2）｜100%样本（源域2）　　50%样本（领域3）｜100%样本（源域3）　…　50%样本（领域k）｜100%样本（源域k）

目标域规则｜源域规则　　目标域规则｜源域规则　　目标域规则｜源域规则　　目标域规则｜源域规则

学习映射矩阵　　学习映射矩阵　　学习映射矩阵　…　学习映射矩阵

生成映射后轨迹　　生成映射后轨迹　　生成映射后轨迹　　生成映射后轨迹

启发式挖掘（领域1）　启发式挖掘（领域2）　启发式挖掘（领域3）　…　启发式挖掘（领域k）

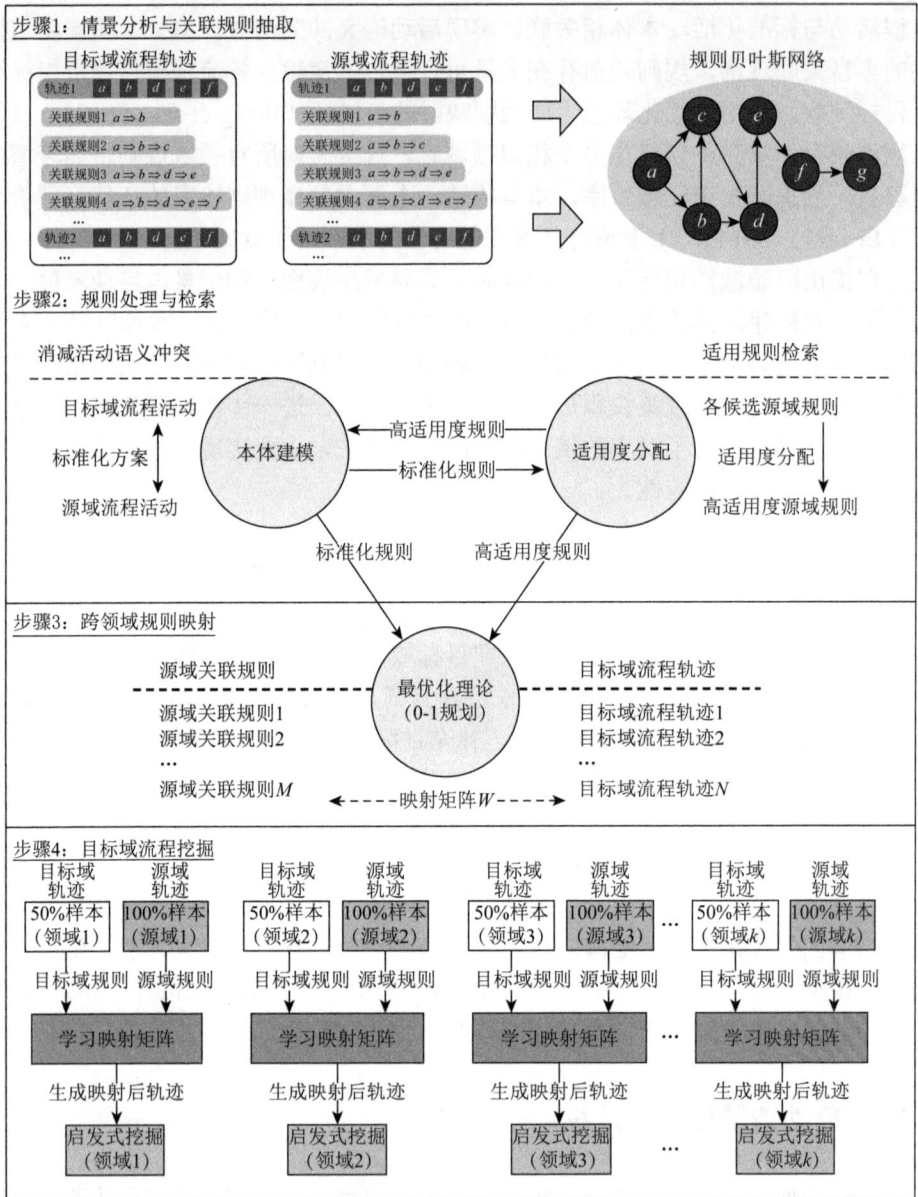

图 9-3　双治理政策议程启动的流程挖掘原理图

9.3.2　基于贝叶斯网络的关联规则表达

本章通过关联规则的跨领域映射实现知识迁移，需要事先提取各政策领域流程日志中的活动关联规则。在应用传统 Apriori 算法挖掘关联规则时，需重复遍历集合中的所有活动数据，造成规则生成效率低下（李杰等，2009）。实际上，在流程挖掘时，潜在的关联规则已在流程日志的流程轨迹中被定义，仅需评估这些关联规则的有效性即可实现规则挖掘。基于这一思想，本章将流程轨迹记录的潜在关联规则映射到一个贝叶斯网络（图 9-4），由此实现潜在规则存储与后续数据遍历的运算量约简。

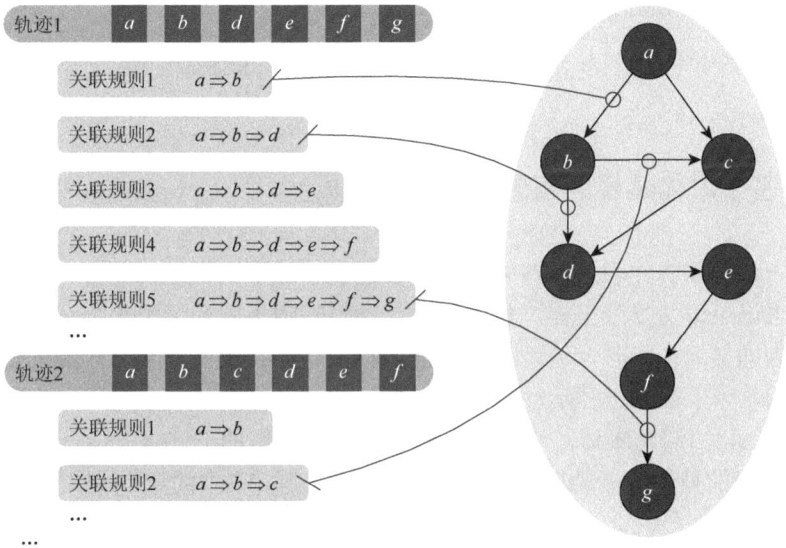

图 9-4　关联规则的贝叶斯网络映射

对潜在的关联规则 $a \Rightarrow b$ 而言，其有效性有三个评价指标，分别是支持度 $\mathrm{Supp}(a,b)$、置信度 $\mathrm{Conf}(a,b)$ 和提升度 $\mathrm{Lift}(a,b)$（Ayo et al.，2017）。其中，a 既可以是单一活动，也可以是多个活动构成的活动集合。一般而言，支持度、置信度和提升度需分别满足 $\mathrm{Supp}(a,b)>0.5$、$\mathrm{Conf}(a,b)>0.5$ 和 $\mathrm{Lift}(a,b)>1$（Huang et al.，2011）。同时满足上述三个条件的规则被称为强关联规则，这类规则代表领域知识，被用来进行流程挖掘的跨领域知识迁移。下面给出三类评价指标的定义及计算方法（Ayo et al.，2017）。

定义 9-1　支持度。$\mathrm{Supp}(a,b)$ 是包含活动集合 $a \bigcup b$ 的轨迹数量占总轨迹数量的比例，它反映活动集合 a 与 b 间的非定向关联。公式为

$$\mathrm{Supp}(a,b) = S(a \bigcup b) = \frac{x}{n}, \quad a \bigcap b = \varnothing \tag{9-4}$$

其中，x 表示包含活动集合 $a \bigcup b$ 的轨迹数量；n 表示过程轨迹总量。

定义 9-2　置信度。$\text{Conf}(a, b)$ 是在活动集合 a 存在的情况下，活动集合 b 在过程轨迹中出现的频率，它反映活动集合 a 与 b 间的定向关联。公式为

$$\text{Conf}(a, b) = \frac{S(a \bigcup b)}{S(a)} \tag{9-5}$$

其中，$S(a \bigcup b)$ 表示包含活动集合 $a \bigcup b$ 的轨迹出现频率。

定义 9-3　提升度。$\text{Lift}(a, b)$ 是在规则 $a \Rightarrow b$ 的置信度与活动集合 b 出现频率之比，它反映活动集合 a 与 b 间的独立性。公式为

$$\text{Lift}(a, b) = \frac{\text{Conf}(a, b)}{S(b)} = \frac{S(a \bigcup b)}{S(a)S(b)} \tag{9-6}$$

9.3.3　基于本体建模的领域关联规则生成

第一，活动本体表达。各领域政策议程多涉及不同组织或业务人员的业务处理，日志记录语义复杂多样。相同流程活动可能由不同的词汇来描述，这样的词汇被称为同义词；同时，流程活动的描述特征亦存在语义差异，这样的词汇被称为描述词。为了消减过程活动间的语言表达差异，将活动本体定义如下。

定义 9-4　活动本体。活动本体表示为知识元组的形式 $A = \langle A_O, R \rangle$。在该元组中，$A_O$ 指的是领域活动概念，R 指活动概念关联，典型的如"从属"关系和"依赖"关系。$A_O = \langle A_E, A_T, A_S, A_D \rangle$。$A_E$ 指的是活动概念的（唯一）符号表示，A_T 指的是流程活动概念统一表达，A_S 指的是由流程活动概念同义词构成的词汇集合，A_D 指的是由活动概念描述词构成的词汇集合。

第二，利用活动本体对不同政策领域的启动流程活动进行统一表述。首先，采用 TF-IDF 方法（Cong et al., 2017），计算概念在流程日志中的权重，提取权重较高的概念词；其次，利用构造的活动本体将这些概念词中的同义词汇替换为通用词汇；最后，利用本体中的概念关系继续搜索概念词，不断消减流程活动的语言表达差异。

第三，活动本体的更新。随着启动流程轨迹的积累，活动概念构成及其重要性权重是动态变化的，应及时调整（增加或减少）活动概念以保证活动本体能切实为消减语言表达差异以及提高知识迁移能力服务。

9.3.4　源域规则检索

在迁移源域知识前，需要先分析源域知识在目标域过程发现中的知识迁移适用性。本章借鉴人工智能领域的概率分配函数（Li et al., 2014），构建政策领域适

用性的迁移度评价算子。其中，迁移度用概率分配函数中的基本概率数表达，表征决策者根据实践经验得到的其他领域规则的适用程度，其形式化定义如下。

定义 9-5　迁移度。设定政策领域集合为 D_m，在集合 D_m 的幂集 2^k 中构建迁移度评价映射 $M : 2^k \rightarrow [0,1]$，其需满足 $M(\varnothing) = 0$，$\sum M(d_i) = 1$，且当 $|d_i| > 1$ 时，$M(d_i) = 0$，此时将 M 记为 D_m 上的迁移度评价算子。其中，d_i 指的是政策领域集合 D_m 的子集，$M(d_i)$ 为 d_i 知识的迁移度，$|d_i|$ 为 d_i 包含的政策领域数。

针对各政策领域，由分析主体或领域专家进行迁移度评价，如由分析主体 i 评价政策领域 d_1 和 d_2 的迁移度 $\{M_i(d_1) = 0.5, M_i(d_2) = 0.3, M_i(u) = 0.2, M_i(\varnothing) = 0\}$。其中，$M_i(u)$ 指分析主体对迁移度评价的无把握程度，如果 $M_i(r) > \alpha$，则可以认为分析主体就给出的迁移度评价的确定性不高，不满足要求，因此可以从评价集合中进行删减，α 通常由分析主体或领域专家给出。特别地，若分析主体不止一位，则给出的迁移度评价可能存在分歧，此时应给出不同迁移度评价的整合算法，本节称之为整合迁移度，其本质是一类正交和。

定义 9-6　整合迁移度。以 $M_1, M_2, \cdots, M_l$ 表达多位分析主体给出的迁移度评价结果，整合迁移度 $M = M_1 \oplus M_2 \oplus \cdots \oplus M_k$ 可计算如下：

$$
\begin{cases}
M(\varnothing) = 0 \\
M(d_i) = K^{-1} \times \sum\limits_{\cap d_i} \prod\limits_{1 \leq j \leq l} M_j(d_i)
\end{cases}
\tag{9-7}
$$

其中，

$$
K = 1 - \sum\limits_{\cap d_i = \varnothing} \prod\limits_{1 \leq j \leq l} M_j(d_i) = \sum\limits_{\cap d_i \neq \varnothing} \prod\limits_{1 \leq j \leq l} M_j(d_i)
\tag{9-8}
$$

针对计算结果，如果 $K = 0$，说明整合迁移度 M 不存在，即各迁移度评价 $M_1, M_2, \cdots, M_l$ 存在较大分歧，有必要重新评价。

若 $K \neq 0$，则可以根据分析主体给出的迁移度阈值 T，检索满足 $M(d_i) > T$ 的领域规则用于关联规则跨域映射。

9.3.5　跨领域规则映射

设源域 D_s 和目标域 D_t 的规则集合分别为 $R_s = \{r_{s1}, r_{s2}, \cdots, r_{sp}\}$ 和 $R_t = \{r_{t1}, r_{t2}, \cdots, r_{tp}\}$。其中，目标域中的规则即是其轨迹。关联规则映射是通过建立一个映射矩阵 W，将源域的关联规则映射到目标域的流程轨迹中，补充目标域过程轨迹中缺失的活动或活动集合，使得经训练得到的目标域过程模型能够最大限度反映流程轨迹（即映射后过程模型与测试轨迹的一致性最高），由此实现流程挖掘知识由源域向目标域的迁移。

1. 映射方式界定

为实现上述目标，首先给出关联规则 $a \Rightarrow b$ 的映射方式为：（Ⅰ类）如果目标轨迹中存在前项 a 但不存在后项 b，则补充后项 b 至目标轨迹；（Ⅱ类）若目标轨迹中同时存在前项 a 和后项 b，则认为目标轨迹完备，不需补充活动或活动集合；（Ⅲ类）若目标轨迹中不存在前项 a，则认为该规则对目标轨迹不适用，亦不采取映射动作。上述过程示例如图 9-5 所示。对Ⅱ类及Ⅲ类映射方式，由于其对目标域轨迹不产生影响，可将相应的源域规则进行删减，以减少映射矩阵生成时的计算量。

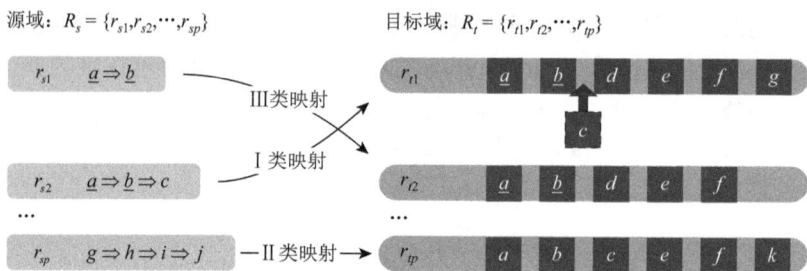

图 9-5　关联规则映射示例

2. 映射矩阵生成

针对上述映射方式，定义映射矩阵 W 为一个 $p \times q$ 的整数矩阵，矩阵中元素 $\sigma_{ij} = \{0, 1\}$ 代表从源域规则 r_{si} 到目标域轨迹 r_{tj} 的映射行为。若 $\sigma_{ij} = 1$，则将源域规则 r_{si} 映射到目标域轨迹 r_{tj} 中；否则，则不采取映射动作。将一致性函数表达为 $\gamma(W)$，则可建立如下目标函数：

$$\max_{W} \gamma(W), \quad W = (\sigma_{ij})_{p \times q}$$
$$\text{s.t.} \quad \sigma_{ij} = \{0, 1\}, i = 1, 2, \cdots, p, j = 1, 2, \cdots, q \tag{9-9}$$

流程模型与测试轨迹的一致性有多种评价方式，较为常用的有行为精确率（Precision）、行为召回率（Recall）和 F_1 得分。其中，F_1 得分能够同时兼顾精确率和召回率两项指标，在评价一致性时更为常用。本章采用 F_1 得分作为一致性评价指标，即 $\gamma(W) = F_1(W)$，具体计算方式如下（van den Broucke et al.，2014）：

$$\text{Precision} = \frac{\text{TP}}{\text{TP} + \text{FP}}, \quad \text{Recall} = \frac{\text{TP}}{\text{TP} + \text{FN}}, \quad F_1 = 2 \cdot \frac{\text{Precision} \cdot \text{Recall}}{\text{Precision} + \text{Recall}} \tag{9-10}$$

其中，TP 表示真正类轨迹数，即能够在流程模型中重现的正类轨迹数量；FP 表示假正类轨迹数，即未能被正确识别而在流程轨迹中重现的负类轨迹数量；FN 表示假负类轨迹数，即未能在流程模型中重现的正类轨迹数量。其中，负类轨迹是包含噪声、效率低下、实现困难等负面情况在内的轨迹统称（通常由人工编码设定标注），应尽量避免该类轨迹在最终的流程模型中出现；除负类轨迹外的其他轨迹被视为正类轨迹。

目标函数 $F_1(W)$ 建立了映射矩阵、过程模型以及模型 F_1 得分间的关联关系。其中，流程模型的生成采用启发式方法，详见 9.3.6 节。

综上，求解式（9-9）的 0-1 规划问题，生成最优映射矩阵（Wang et al.，2019）。

9.3.6　目标域过程挖掘

利用生成的映射矩阵 W，将经过规则映射的目标域、流程轨迹导入启发式算法，实现目标域流程挖掘。基于启发式算法的流程挖掘包含四个基本步骤（Weijters and van der Aalst，2003）。

步骤 1：生成基本关联关系。从政策议程启动的流程日志中抽取潜在的关联关系，对 $a, b \in T_L$，通常用 $a \Rightarrow b$ 表达关系二者的定向关联，即"活动 b 出现在活动 a 之后"。在本章中，这些关系被映射到一个贝叶斯网络中（图 9-4）。

步骤 2：构建关联图谱。定义基本关联关系后，利用特定的关联算子来计算关联规则的有效性，由此选择有效性高（超过设定阈值）的关联规则构建关联图谱。在本章中，启发式算法集成了支持度、置信度和提升度三类算子。经过数值实验发现，这种集成式算子优于传统算子，能够更好地挖掘关联规则。

步骤 3：挖掘活动的输入输出关联。流程模型除包含基本关联关系外，还包含"分类""合并"等复杂关联关系。此时，会通过其他算子来计算这种并行规则的有效性。简单来说，针对"活动 b、c 同时出现在活动 a 之后"这一规则，将同时计算 $a \Rightarrow b$、$a \Rightarrow c$ 以及 $a \Rightarrow b, c$ 的规则有效性，以确定其输出关联。

步骤 4：挖掘长距离关联。长距离关联通常难以直接发现，这是因为无论活动间是否存在长距离关联，其支持度、置信度和提升度不会有明显区别。在启发式算法中，通过检验在 e 不出现的情况下，从活动 a 到结束活动的执行可能性来识别长距离关联。

值得注意的是，启发式算法已在 ProM 软件框架中被定义。在具体操作时，仅需将映射后流程轨迹导入启发式算法程序中即可。

9.4　用　例　分　析

针对前述政策议程启动的流程挖掘方法，本节通过河南省濮阳市的内涝风险分析用例来验证其可行性与有效性。河南省濮阳市内涝灾害多发，为有效应对内涝，濮阳市政府建立了内涝风险分析的大数据平台，通过汇聚多源大数据实现内涝风险监控分析，该数据链关系如图 3-23 所示。由双治理问题发现的全情景分析部分可知，当前双治理存在流程冗余问题，即降雨量数据共享、电信和社交媒体数据匿名化等流程与内涝风险分析无关，却浪费了大量服务时间。通过全情景分析的用例分析获知，该问题的解决预期使内涝风险分析的平均时间缩短 33%，同时减少冗余流程带来的额外分析成本，得到高新区政府的重视和批示。将问题情景导入双治理路线图分析，发现与政策制定关联紧密的驱动任务为内涝风险分析的流程调整，该任务的执行需要相应的政策支持。

9.4.1 政策支持分析

表 9-3 展示了该用例中双治理路线图实现的政策支持分析用例。从中可以发现，流程再造的规划部署涉及人员培训、组织安排、财政支持等组织激励以及成果固化的制度支持，这些任务的实现离不开政策的支持，属于政策依赖型双治理；其他任务亦与政策相关，但依赖关系不显著，属于政策推动型双治理。综上，本章在该用例中重点分析与流程再造组织激励以及制度支持相关的政策议程启动。

表 9-3   用例双治理路线图实现的政策支持分析示例

路线图任务清单	任务详情	政策支持需求	支持类型
流程再造规划部署	为减少数据匿名化带来的流程冗余，原本应急指挥部负责的部分流程任务由电信部门承担	1. 电信部门的流程变更依赖人员招聘培训、组织安排、财政支持等组织激励； 2. 相关部门的组织协调依赖政策支持； 3. 流程再造成果固化需要制度支持	政策依赖型
	原本由气象部门负责的降雨量数据收集改由应急指挥部直接通过网络数据接入	1. 气象部门的相关流程删减； 2. 应急指挥部的相关流程增加，需要开展人员培训等组织激励工作	政策推动型
流程再造资源支持	伴随相关部门规划变更关联的业务流程，其流程维护、数据治理等工作均需资源支持	1. 应急指挥部的工作流程调整需进一步规范完善，同时避免数据流程冲突； 2. 应急指挥部需协同电信部门进行相关数据治理的工作指导	政策推动型
	降雨量网络数据的接入需保障共享与渠道安全性	1. 降雨量网络数据的收集、分析、处理等需要规范化的制度安排； 2. 平台安全性的资源投入依赖组织支持	政策推动型

在上述现实背景下，濮阳市政府为政策制定主体，濮阳市政府会同应急指挥中心为政策议程、政策方案的提出主体，聚焦其在内涝风险大数据分析中的流程

冗余问题及流程调整的政策议程启动。在情景认知分析阶段，基于本书提出的情景特征指标收集相关情景数据；同时，基于最佳实践分析流程调整前后的治理效果差异，生成政策方案的效果评价，最终生成情景特征取值，见表 9-4。其中，对公众关注数据以及政策效果类指标数据做了标准化处理。

表 9-4　用例"流程冗余"问题的情景特征取值

情景特征	取值	情景特征	取值
时间范围（单位：年）	5	政策提案主体	政府部门
空间范围	市辖区	政策领域关注	18
问题类型	变迁性问题	效果定位	短期＋长期效果
识别主体	政府部门	当时政策效果	中等
触发渠道	政府内触发	政策短期效果	高
问题影响	公众舆论	政策长期效果	高
公众关注（标准化）	0.81		

9.4.2　议程启动的知识迁移

针对前述双治理政策方案，挖掘政策议程的启动流程。首先，关注与城市公共安全服务及其大数据治理分析具有潜在关联的政策领域（表 9-5），收集了 5264 条流程轨迹样本；其次，利用情景相似度公式对流程轨迹进行筛选，生成适应前述启动情景的样本共 1782 条，各样本的领域分布如表 9-5 所示；最后，通过本体建模消减各领域活动的语义冲突，再利用贝叶斯网络抽取与存储各领域流程轨迹中蕴含的关联规则。可以发现，相对其他政策领域，大数据治理政策的启动流程样本积累较少，难以确保生成流程模型的有效性。

表 9-5　流程轨迹样本的政策领域分布

政策领域大类	政策领域小类	领域符号	流程轨迹数	平均活动数
应急管理	生产安全	#a	86	9.7
	消防安全	#b	234	8.2
	自然灾害防控	#c	215	11.3
市场监管	食品安全	#d	242	8.1
	信用监督	#e	343	10.8

续表

政策领域大类	政策领域小类	领域符号	流程轨迹数	平均活动数
信息技术	大数据治理	#f	22	9.7
	产业发展	#g	276	8.4
	平台建设	#h	162	9.2
交通运输	交通安全	#i	107	9.8
	综合管理	#j	95	9.9
总计			1782	

对于流程发现的实现，利用 ProM 6.9 的启发式算法功能生成各政策领域的流程模型，再从鲁棒性得分、精确率、召回率和 F_1 得分四个方面对模型进行评价，评价结果如图 9-6 所示。其中，鲁棒性得分是指能够在流程模型中重现的轨迹数量占总轨迹数量的比率（van den Broucke and de Weerdt，2017）。对每个政策领域类别的效果得分，图 9-6 展示的是 10 次重复实验结果的平均值。

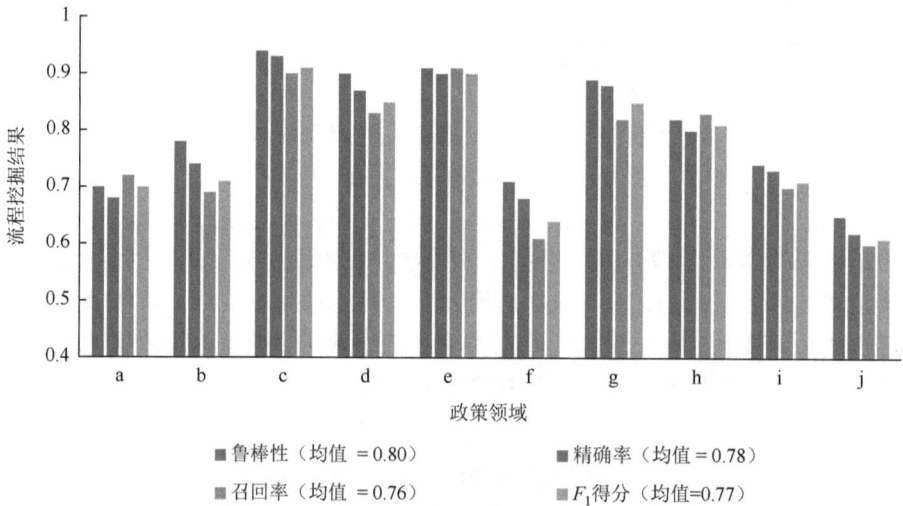

图 9-6 传统启发式算法在各领域流程挖掘中的效果评价

从图 9-6 中可以发现，传统启发式算法的效果与样本量强相关，造成效果在各政策领域类别上的分布差异较大。对具有大样本的政策领域类（如#c、#d、#e、#g），传统算法能够实现较好的流程挖掘效果；对小样本政策领域类（如大数据治理政策领域#f），流程模型容易受到噪声数据和不完备轨迹影响，造成流程挖掘的效果较差。

在源域规则检索阶段，由五位政策领域专家根据专业知识给出各源域知识的迁移度评价，再根据式（9-7）和式（9-8）计算五位决策者意见综合后的迁移度，经数据规范化后得到源域知识的迁移度评价矩阵如表 9-6 所示。设定迁移度阈值为 0.85，在表 9-6 中将满足要求的迁移度值加粗。例如，对目标域#a 而言，源域#b 及#j 在知识迁移时具有较好的迁移度，则检索这两个政策领域的规则用于规则跨域映射。

表 9-6　源域知识的迁移度评价矩阵

源域	目标域									
	#a	#b	#c	#d	#e	#f	#g	#h	#i	#j
#a	1	**0.92**	0.54	0.61	0.59	0.83	0.72	0.75	0.56	**0.88**
#b	**0.92**	1	0.57	0.59	0.56	0.81	0.74	0.77	0.53	**0.86**
#c	0.54	0.57	1	0.79	**0.89**	0.82	0.79	0.81	**0.87**	0.76
#d	0.61	0.59	0.79	1	0.81	**0.91**	0.83	0.82	0.72	0.80
#e	0.59	0.56	**0.89**	0.81	1	0.73	0.76	0.78	**0.90**	0.74
#f	0.83	0.81	0.82	**0.91**	0.73	1	0.80	0.79	0.77	**0.85**
#g	0.72	0.74	0.79	0.83	0.76	0.80	1	**0.96**	0.82	0.80
#h	0.75	0.77	0.81	0.82	0.78	0.79	**0.96**	1	0.83	0.81
#i	0.56	0.53	**0.87**	0.72	**0.90**	0.77	0.82	0.83	1	0.72
#j	**0.88**	**0.86**	0.76	0.80	0.74	**0.85**	0.80	0.81	0.72	1

9.4.3　所提流程挖掘方法的应用效果

由表 9-7 结果数据可知，在采用跨领域知识迁移后，各领域的流程挖掘效果均得到提升。具体而言，总体鲁棒性得分提升 13 个百分点（达到 93%），说明各领域的流程模型已经能够较好地重现过程轨迹，更加有效地利用了领域内的低频轨迹；精确率、召回率和 F_1 得分分别提升了 13、17 和 15 个百分点，达到 91%、93%和 92%，说明经过知识迁移的流程模型不仅能有效重现正类轨迹，还能够有效地识别并避免领域内的负类轨迹（如噪声、效率低下、实现困难等）。尤其是针对如大数据治理政策领域#f，F_1 得分经过知识迁移被提升了 0.27 个百分点。通过比对知识迁移前后的流程模型（图 9-7）可知，知识迁移帮助识别并移除噪声数据，并补充了缺失的关键流程活动。

表 9-7　不同情景下的流程挖掘效果对比

情景	指标	#a	#b	#c	#d	#e	#f	#g	#h	#i	#j	平均
情景 1	RB	0.70	0.78	0.94	0.90	0.91	0.71	0.89	0.82	0.74	0.65	0.80
	P	0.68	0.74	0.93	0.87	0.90	0.68	0.88	0.80	0.73	0.62	0.78
	R	0.72	0.69	0.90	0.83	0.91	0.61	0.82	0.83	0.70	0.60	0.76
	F_1	0.70	0.71	0.91	0.85	0.90	0.64	0.85	0.81	0.71	0.61	0.77
情景 2	RB	0.80	0.82	0.94	0.90	0.91	0.76	0.90	0.85	0.79	0.74	0.84
	P	0.77	0.80	0.92	0.90	0.90	0.75	0.89	0.83	0.78	0.71	0.83
	R	0.76	0.77	0.91	0.86	0.88	0.71	0.88	0.80	0.76	0.70	0.81
	F_1	0.76	0.78	0.91	0.88	0.89	0.73	0.88	0.81	0.77	0.70	0.81
情景 3	RB	0.92	0.91	0.95	0.96	0.97	0.91	0.92	0.94	0.93	0.89	0.93
	P	0.91	0.90	0.94	0.92	0.93	0.90	0.93	0.91	0.88	0.87	0.91
	R	0.88	0.94	0.95	0.96	0.95	0.92	0.91	0.95	0.91	0.90	0.93
	F_1	0.89	0.92	0.94	0.94	0.94	0.91	0.92	0.93	0.89	0.88	0.92

注：情景 1 代表未采用知识迁移、情景 2 代表采用知识迁移但未进行本体建模、情景 3 代表同时采用本体建模和知识迁移；指标 RB 代表鲁棒性得分，P 代表精确率、R 代表召回率、F_1 代表 F_1 得分

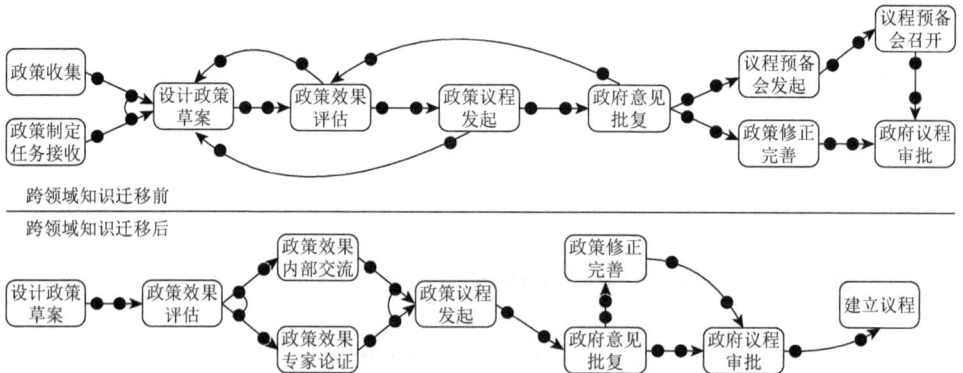

图 9-7　知识迁移前后关注领域#f（大数据治理）的流程模型比对

另外，从表 9-7 中可以发现，在未应用本体建模进行语义冲突消减时，知识迁移对过程发现的作用被限制，总体 F_1 得分仅提升 4 个百分点（从情景 1 的 77%至情景 2 的 81%），有些领域的过程发现效果基本未得到提升。相对地，在使用本体建模支持规则映射后，流程挖掘效果得到了大幅度提升（F_1 得分从情景 1 的 77%提升至情景 3 的 92%，提升幅度达到 15 个百分点）。上述结果说明了语义冲突对过程发现效果具有负面影响，应用本体建模可以有效地对语义冲突进行消减。

9.4.4　与其他流程挖掘方法的效果对比

本节将所提方法与已有方法进行对比，以验证所提方法的有效性。本书共比较了五类典型的过程发现方法，包括 Alpha 算法、遗传算法、启发式算法、模糊启发式算法以及 Fodina 算法。各类方法的简介如下。

Alpha 算法是流程挖掘领域的早期标志性算法，它根据活动间的关联关系构造过程模型，能有效地处理并发流程，被广泛应用于工作流流程挖掘。然而，Alpha 算法不考虑活动及活动间关联的差异性，对噪声、不完备轨迹和复杂关联关系的处理能力较差。

遗传算法基于随机矩阵表征潜在的流程模型集合，通过模拟世代演化来选择最优流程模型。然而，当活动数过多时，此算法存在效率低下、运算量巨大的缺陷。

启发式算法在 Alpha 算法的基础上，考虑活动及活动间关联的差异性，选择强关联关系用于构建流程模型，能够有效避免噪声和低效活动。此方法的缺点在于过分依赖关联强度评价，易损失一些有效但发生频率低的关联规则。

模糊启发式算法侧重于对非结构化关联关系的挖掘，如聚集、强调和定制等，与传统启发式算法相比能够识别流程轨迹中的隐藏关联关系；此方法缺陷在于识别规则的构造依赖人工。

Fodina 算法是集成各类启发式算法的优势提出的，它能在噪声存在的情况下实现强鲁棒性，且能识别流程中的重复活动，具有较好的灵活性；缺点在于其流程挖掘效果受到小样本集约束。

表 9-8 展示了不同过程发现方法下的效果对比。可以发现，所提方法在各流程挖掘指标上优于五类标杆方法。总体来看，启发式算法的应用效果优于 Alpha 算法和遗传算法，体现了关联规则挖掘的合理性与有效性。针对三类启发式算法，Fodina 算法效果最优，这得益于其对复杂关联关系的深度挖掘以及方法应用的灵活性。与 Fodina 算法相比，本章方法迁移了其他相似政策领域的关联规则，补充了本领域缺失的流程挖掘知识，能够更好地处理小样本集规则贫乏以及规则不完备的问题，流程挖掘效果更优。

表 9-8　不同情景下的流程挖掘效果对比

方法	指标	#a	#b	#c	#d	#e	#f	#g	#h	#i	#j	平均
Alpha 算法	RB	0.74	0.82	0.96	0.92	0.96	0.78	0.92	0.88	0.79	0.72	0.85
	P	0.62	0.70	0.90	0.84	0.87	0.65	0.81	0.74	0.70	0.60	0.74
	R	0.60	0.67	0.85	0.80	0.82	0.57	0.76	0.78	0.65	0.54	0.70
	F_1	0.61	0.68	0.87	0.82	0.84	0.61	0.78	0.76	0.67	0.57	0.72

续表

方法	指标	#a	#b	#c	#d	#e	#f	#g	#h	#i	#j	平均
遗传算法	RB	0.68	0.75	0.93	0.90	0.90	0.68	0.87	0.81	0.71	0.64	0.79
	P	0.67	0.73	0.93	0.86	0.88	0.66	0.84	0.77	0.70	0.59	0.76
	R	0.65	0.67	0.91	0.85	0.87	0.60	0.81	0.74	0.66	0.55	0.73
	F_1	0.66	0.70	0.92	0.85	0.87	0.63	0.82	0.75	0.68	0.57	0.75
启发式算法	RB	0.70	0.78	0.94	0.90	0.91	0.71	0.89	0.82	0.74	0.65	0.80
	P	0.68	0.74	0.93	0.87	0.90	0.68	0.88	0.80	0.73	0.62	0.78
	R	0.72	0.69	0.90	0.83	0.91	0.61	0.82	0.83	0.70	0.60	0.76
	F_1	0.70	0.71	0.91	0.85	0.90	0.64	0.85	0.81	0.71	0.61	0.77
模糊启发式算法	RB	0.73	0.77	0.94	0.92	0.90	0.74	0.88	0.84	0.75	0.68	0.82
	P	0.69	0.75	0.92	0.88	0.88	0.73	0.86	0.83	0.72	0.67	0.79
	R	0.75	0.70	0.91	0.85	0.86	0.70	0.83	0.83	0.70	0.64	0.78
	F_1	0.72	0.72	0.91	0.86	0.87	0.71	0.84	0.83	0.71	0.65	0.78
Fodina算法	RB	0.79	0.82	0.95	0.91	0.94	0.80	0.91	0.87	0.78	0.74	0.85
	P	0.77	0.81	0.95	0.86	0.92	0.77	0.89	0.85	0.76	0.71	0.83
	R	0.76	0.78	0.93	0.84	0.89	0.76	0.85	0.83	0.73	0.68	0.81
	F_1	0.76	0.79	0.94	0.85	0.90	0.76	0.87	0.84	0.74	0.69	0.82
本章方法	RB	0.92	0.91	0.95	0.96	0.97	0.91	0.92	0.94	0.93	0.89	0.93
	P	0.91	0.90	0.94	0.92	0.93	0.90	0.93	0.91	0.88	0.87	0.91
	R	0.88	0.94	0.95	0.96	0.95	0.92	0.91	0.95	0.91	0.90	0.93
	F_1	0.89	0.92	0.94	0.94	0.94	0.91	0.92	0.93	0.89	0.88	0.92

注：指标 RB 代表鲁棒性得分、P 代表精确率、R 代表召回率、F_1 代表 F_1 得分

9.5 本 章 小 结

治理离不开政策支持。本章从系统视角出发，构建了双治理的全局性政策支持框架，聚焦并解决了双治理政策议程启动的小样本流程挖掘问题。具体地，考虑跨领域活动语义冲突以及关联规则的适用性问题，基于规则映射与最优化理论提出了一种流程挖掘的跨政策领域的知识迁移方法。基于河南省濮阳市 10 类政策领域的实证结果说明，在政策议程启动流程仅具有小样本集的情况下，所提方法实现了更优的流程挖掘，较好地处理了流程不完备和噪声数据问题，生成的流程模型对双治理政策的议程启动具有较高的指导价值。进一步地，在面临多个小样本集政策领域的情况下，本章方法在四个指标上均优于五类标杆方法，体现了跨域知识迁移在小样本议程启动流程挖掘中的应用优势。

参 考 文 献

董石桃，蒋鸽. 2020. 渐进性调适：公众议程、网媒议程和政策议程互动的演进过程分析——以"网约车"政策出台为研究对象[J]. 中国行政管理，（1）：99-105.

贺东航，孔繁斌. 2019. 中国公共政策执行中的政治势能——基于近 20 年农村林改政策的分析[J]. 中国社会科学，（4）：4-25，204.

李杰，徐勇，王云峰，等. 2009. 面向个性化推荐的强关联规则挖掘[J]. 系统工程理论与实践，29（8）：144-152.

王国华，武晗. 2019. 从压力回应到构建共识：焦点事件的政策议程触发机制研究——基于 54 个焦点事件的定性比较分析[J]. 公共管理学报，16（4）：36-47，170.

张超，官建成. 2020. 基于政策文本内容分析的政策体系演进研究——以中国创新创业政策体系为例[J]. 管理评论，32（5）：138-150.

Ayo F E，Folorunso O，Ibharalu F T. 2017. A probabilistic approach to event log completeness[J]. Expert Systems with Applications，80：263-272.

Blahak J. 2021. A critical junctures approach to disaster recovery policies—an idea whose time has come？[J]. International Journal of Disaster Risk Reduction，58：102164.

Cong Y N，Chan Y B，Phillips C A，et al. 2017. Robust inference of genetic exchange communities from microbial genomes using TF-IDF[J]. Frontiers in Microbiology，8：21.

Günther C W，van der Aalst W M P. 2007. Fuzzy mining—adaptive process simplification based on multi-perspective metrics[C]//Alonso G，Dadam P，Rosemann M. International Conference on Business Process Management. Berlin：Springer：328-343.

Huang Z，Kumar A. 2012. A study of quality and accuracy trade-offs in process mining[J]. INFORMS Journal on Computing，24（2）：311-327.

Huang Z X，Lu X D，Duan H L. 2011. Mining association rules to support resource allocation in business process management[J]. Expert Systems with Applications，38（8）：9483-9490.

Li M Z，Lu X，Zhang Q，et al. 2014. Multiscale probability transformation of basic probability assignment[J]. Mathematical Problems in Engineering，（4）：1-6.

Ma J A，Xu W，Sun Y H，et al. 2012. An ontology-based text-mining method to cluster proposals for research project selection[J]. IEEE Transactions on Systems，Man，and Cybernetics-Part A：Systems and Humans，42（3）：784-790.

Politowski C，Fontoura L M，Petrillo F，et al. 2018. Learning from the past：a process recommendation system for video game projects using postmortems experiences[J]. Information and Software Technology，100：103-118.

Soares S. 2013. Big Data Governance：An Emerging Imperative[M]. Boise：Mc Press.

van den Broucke S K L M，de Weerdt J，Vanthienen J，et al. 2014. Determining process model precision and generalization with weighted artificial negative events[J]. IEEE Transactions on Knowledge and Data Engineering，26（8）：1877-1889.

van den Broucke S K L M，de Weerdt J. 2017. Fodina：a robust and flexible heuristic process discovery technique[J]. Decision Support Systems，100：109-118.

Wang M M，Wang Y，Gao X R，et al. 2019. Combination and placement of sustainable drainage system devices based on zero-one integer programming and schemes sampling[J]. Journal of Environmental Management，238：59-63.

Weijters A J M M，van der Aalst W M P. 2003. Rediscovering workflow models from event-based data using little thumb[J]. Integrated Computer-Aided Engineering，10（2）：151-162.

第 10 章　城市公共安全大数据双治理的平台系统

10.1　双治理平台系统的集成体系

10.1.1　双治理功能的综合集成原理

1. 双治理平台构建的核心功能

双治理平台构建的综合集成是指将双治理相关主要分析与决策的功能集成到一个平台中，以实现数据共享、流程优化和业务协同。根据前述各章节内容，将双治理平台构建的核心功能划分为四类，分别为问题情景规划、路线图分析研讨、最佳实践分析以及政策分析，其功能集成如图 10-1 所示。其中，双治理关联的集对分析与绩效评价分析为问题情景规划提供依据，共同构成问题情景规划功能的理论与方法基础。

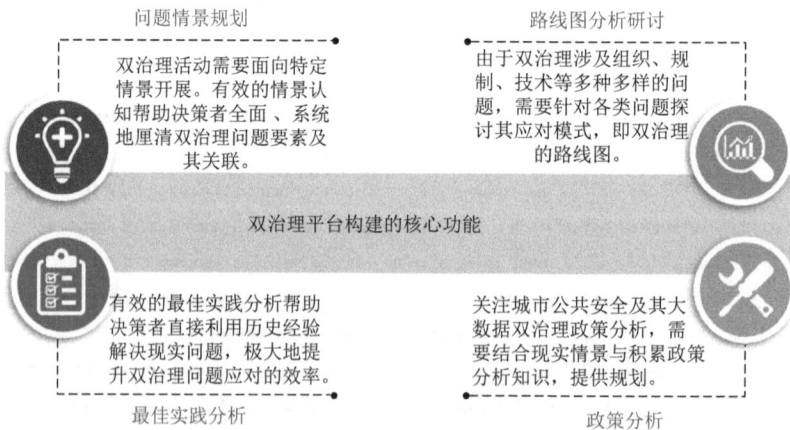

图 10-1　双治理平台构建的核心功能集成

1）问题情景规划

所有治理活动需要面向特定情景开展，双治理亦是如此。有效的问题情景规划帮助决策者全面、系统地厘清情景信息及其关联关系。由于双治理有效性受组织、规制和技术等的多方面因素影响，故在开展双治理的情景分析时，需要综合考虑情景层次（反映行政层级）、情景类型（反映不同双治理问题）、情景粒度（反映情景信息的细化程度）等不同维度的情景划分。

集对分析提供的多层面双治理活动要素及其关联关系是双治理情景认知的重要知识来源。本章将集对分析功能嵌入问题情景规划，实现情景要素及其关联知识的动态更新与维护，帮助双治理应对决策适应不断涌现的新情景。

双治理绩效评价与情景规划对接，一方面利用双治理情景数据实现双治理问题评价的指标计算，从而提供双治理问题识别的决策依据；另一方面，各类情景数据提供了双治理绩效评价的指标状态，可以利用第 8 章所述绩效评价模型监测与改进双治理成熟度水平，帮助实现双治理的动态分析。

2）路线图分析研讨

由于双治理涉及组织、规制（政策）、技术等多种多样的问题，需要针对各类问题规划其应对模式，即双治理路线图。例如，针对规制层面可能存在的双治理不合规问题，提出合规性核查模式，涉及规制文件分类、治理行为合规性分析等多类模型的构建和集成。

3）最佳实践分析

最佳实践凝练针对特定问题情景的成功案例、技术、方法、过程、活动、机制等，有效的最佳实践分析帮助决策者直接利用历史经验解决现实问题，极大地提升了双治理路线图规划和执行的效率。

4）政策分析

双治理政策分析是一项复杂的系统工程，包含的影响因素和构成要素多样，需要以情景为抓手、从全局性视角开展分析。根据双治理规划路线图的政策依赖（情景），需要从议程启动、政策制定、政策执行与政策反馈四个方面设计双治理平台的政策分析功能，支持政策议程的智能化推荐与政策效果的动态监测与执行反馈，不断优化双治理政策体系。

2. 双治理平台构建的基本内容

双治理平台构建需要采用合适的流程，分析与平台相关的需求、功能、信息流等，以评估系统是否满足用户需求，优化双治理平台系统性能、提高系统的可用性（徐志凯等，2020）。具体而言包括以下几方面。

1）需求分析

双治理平台构建的需求分析是指对系统平台所要满足的需求和用户需求的分析。主要应结合合理论研究、调查用户需求等方式，通过对样本单位原有公共安全治理系统的需求进行识别、分类和管理，为双治理平台系统的构建和优化提供决策依据。

2）功能分析

双治理平台构建的功能分析是指对系统所具备的全部功能的识别、分类、描述、建模和验证。主要包括用例分析、功能树建模等方式，通过对功能的分析，为系统平台的架构设计、软件开发、系统使用等程序提供指导。

3）性能分析

双治理平台构建的性能分析是指对系统所具备的性能指标的识别、检验和测试，以验证系统的性能指标是否满足预期目标。主要包括负载测试、性能评估、资源利用率分析等方式，通过对系统的性能进行分析，为后续的优化和改进提供依据。本章将通过试点应用的方式，探索所开发双治理平台系统的实际应用效果，同时为平台系统的推广应用提供改进依据。

3. 双治理平台构建的分析方法

本章主要采取原型法进行双治理平台构建分析，其是一种系统开发方法，它的主要思想是通过快速开发出一个可用的初始系统原型，然后再将原型逐步完善直至最终系统。通过应用原型法，可以利用较低成本，实现双治理平台构建分析的高柔性，从而提高平台的适用性。具体来说，原型法的开发过程分为以下几个步骤（姜文和刘立康，2019）。

1）确定需求

在这一步中，开发者需要与用户沟通，确定平台系统的需求。这个过程可以采用一些常用的需求搜集方法，如面谈、问卷、讨论、工作坊等。

2）设计原型

在这一步中，开发者需要根据用户需求快速设计出一个可用的初始系统原型，可以是简单的界面或功能模型。这个原型应该能够展示出系统的最基本的功能，使得用户能够对其进行初步的测试和评估。

3）测试和评估

在这一步中，用户需要使用原型进行测试和评估，检验原型是否符合需求和期望。用户还可以提出改进建议和新增功能需求，以便开发者能够在后面的开发中逐步完善和添加原型功能。

4）迭代开发

在这一步中，开发者根据需求和用户反馈，逐步完善系统原型，不断迭代开发，直到系统完全符合需求为止。在迭代开发中，开发者可以不断增强原型的功能、优化系统的性能，同时也可以将新的技术和方法应用到开发过程中，提高系统开发效率和质量。

5）正式交付

当系统原型经过反复测试和改进之后，可以进行正式交付。在正式交付之后，系统还可以继续进行后续的维护和升级，以保障系统的安全性和稳定性。

4. 双治理平台构建的持续改进

运用文字、图形等描述双治理平台构建的持续改进过程，是要通过形象化的描述，使双治理平台构建的持续改进更加可行且直观（叶波等，2021），从而帮助突破一系列持续改进目标，包含四个基本组分，即设计预配与参数分析、设计运行与问题发现、设计改进方案诊断以及设计改进计划落实，如图 10-2 所示。

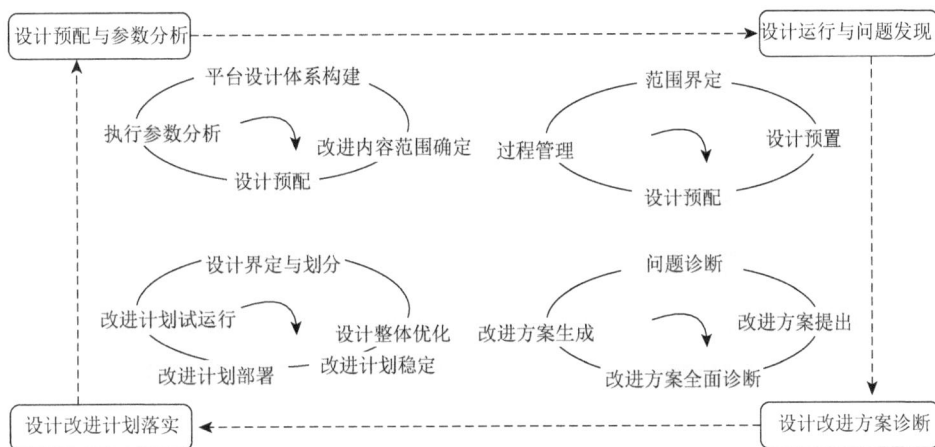

图 10-2 双治理标准化体系的持续改进原理

10.1.2 问题情景规划

问题情景规划的用例图如图 10-3 所示，主要包括情景构建、情景录入、情景更新、情景嵌套、情景要素集对分析、双治理绩效评价和情景移除等细分功能。

1. 情景构建

定义大数据治理情景的聚焦属性，划分为基本属性和拓展属性。其中，基本属性不可删减，为描述情景的必要属性；拓展属性是用户根据自身决策需要而增加的定制化属性。属性划分结果详见后文"情景属性表"。以区级综合治理网格化情景为例，用户通过情景构建来认知情景特征，如情景名称（社会治安网格化）、情景范围（区级）、下级情景（街道和社区级社区治安网格化情景）、社会治理责任组织（区级综合治理中心）、数据治理责任组织（区级大数据中心）等。

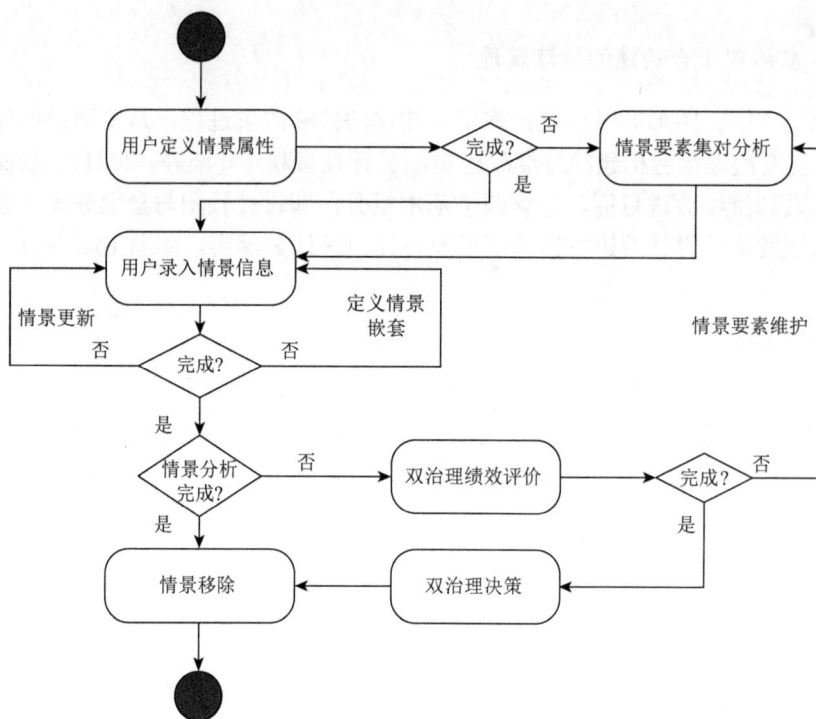

图 10-3　问题情景规划功能用例的活动图

2. 情景录入

用户根据情景属性录入情景的具体信息，录入方式有手动录入、自动导入和选择已有情景三类。其中，手动录入即由用户按属性逐项录入；自动导入是指将情景的基本属性信息封装到.txt 或.xsl 文件中，由计算机自动读取；选择已有情景是将先前录入至系统的情景导出。情景录入完成后，展示情景的业务流程、数据流程等基本属性的可视化状态。

3. 情景更新

用户对已录入的情景信息进行修改维护，界面与情景录入相统一，点击"更新"后实现情景更新。

4. 情景嵌套

定义不同"行政层级"情景间的嵌套关系。例如，社会治安网格化涉及"区级""街道级"和"社区级"三个层级，则在区级社会治安网格化的"下级属性"中可嵌套街道级和社区级社会治安网格化情景。

5. 情景要素集对分析

根据情景要素库与集对分析知识库中的规则，生成情景要素的集对分析知识图谱，用户根据需求选择是否补充情景要素及其关联关系。

6. 双治理绩效评价

导入情景指标数据，激活双治理成熟度评价模块，生成与情景状态对应的双治理成熟度等级与各关键过程域情况，为决策者监控与改进双治理提供依据。

7. 情景移除

清空当前情景，重新进入情景录入界面。

10.1.3　路线图分析研讨

双治理路线图分析研讨的用例图如图 10-4 所示，包括治理路线图构建、治理路线图合规检查、治理路线图修正研讨、最佳实践情景匹配、最佳实践效果评估、实践差异评估和路线图优化生成等主要功能需求。

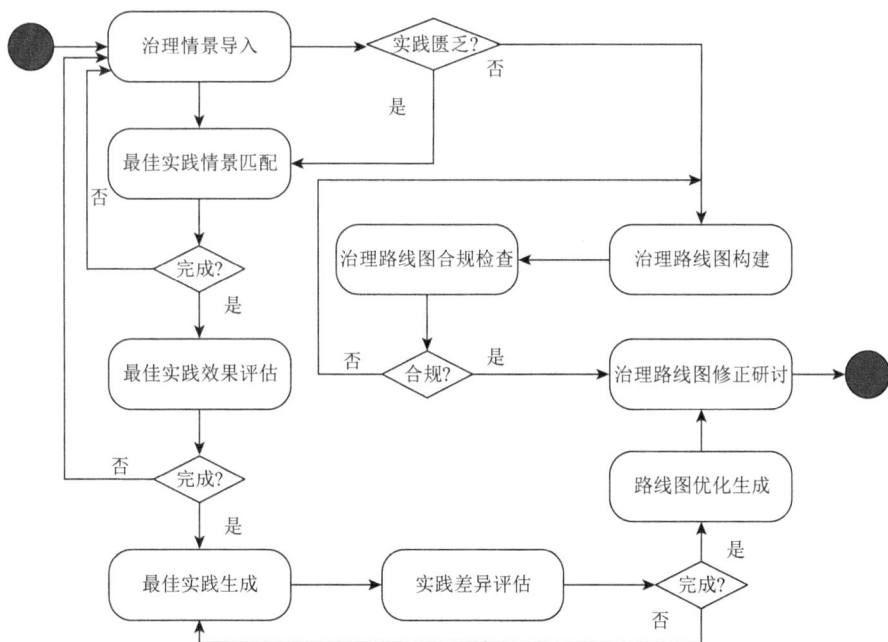

图 10-4　路线图分析研讨功能用例的活动图

1. 治理路线图构建

用户根据导入的情景，完成对驱动任务及其关联顺序的定义与修改，生成自定义的治理路线图，可供构建的路线图包括组织层、规制层与技术层三层，分别采用前述各章节的路线图方法机理生成。

2. 治理路线图合规检查

预设不同驱动任务的关联规则，如"失规议程设计"前需完成"失规诊断分析"和"管理平台建设"（详见第 5 章的驱动任务网络清单），对构建的治理路线图进行合规检查。

3. 治理路线图修正研讨

用户群体针对构建的治理路线图，各自提出修正意见，嵌入德尔菲模型等群决策模型综合各方意见，生成修正后的治理路线图。

4. 最佳实践情景匹配

在最佳实践参考模型的框架结构基础上，最佳实践的情景匹配通过计算目标情景与最佳实践情景之间的相似度，来选择能够适应目标情景的最佳实践，这一过程涉及路线图规划与情景分析模块之间的联动。

5. 最佳实践效果评估

通过诊断目标案例与历史案例存在的治理问题，基于规则推理对历史案例进行评价（详见第 4 章内容），筛选能够有效应对现实问题的优质方案。

6. 实践差异评估

面向最佳实践实现的路线图分析旨在从最佳实践与目标实践的差异中解析驱动主任务。在这一过程中，实践项差异的精确评估需要从要素视角出发，深入理解实践项在不同要素的匹配性。针对这一问题，采用集对分析理论建立实践差异评估算法，实现实践差异评估。

7. 路线图优化生成

以模糊置信规则为知识依据，通过置信规则库推理算法建立实践差异程度与驱动主任务间的关联映射，实现任务清单生成；进一步地，将清单中的主任务分解为元任务，根据信息输入满足情况识别与求解任务执行问题，再基于模型集成优化策略生成最优元任务执行关联方案，实现路线图生成。

10.1.4　政策分析

双治理政策分析的用例图如图 10-5 所示，包括政策样本情景匹配、源域政策规则检索、跨领域规则映射、目标域政策议程启动流程生成和启动流程修正研讨等主要功能需求。

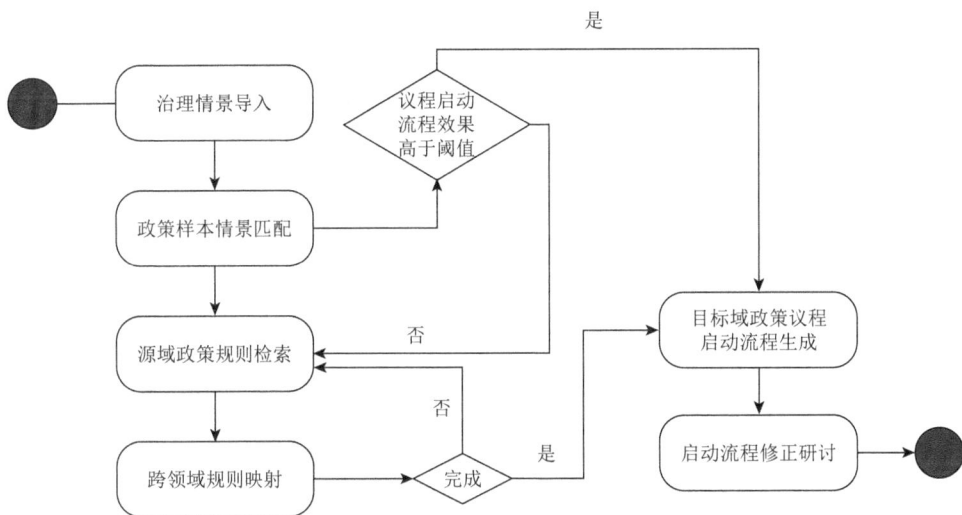

图 10-5　政策分析功能用例的活动图

1. 政策样本情景匹配

用户根据导入的情景，通过政策议程情景的框架结构表达和情景的相似度计算（详见第 9 章内容）实现情景匹配，生成适应所关注情景的政策议程启动流程样本，用于生成政策议程启动流程模型，为相关决策提供依据。

2. 源域政策规则检索

将政策领域适用性的迁移度评价算子嵌入政策分析模块，实现各类源域政策规则的自动化提取；同时，增加人机交互模块，用于实现决策者评价证据与规则检索模式的集成。

3. 跨领域规则映射

将 0-1 规划模型嵌入政策分析模块，用户可通过导入源域政策规则，对目标域流程轨迹中缺失的活动或活动集合进行补充，使得经训练得到的目标域过程模型能够最大限度反映流程轨迹，由此实现跨领域知识迁移。

4. 目标域政策议程启动流程生成

将 ProM 软件框架中定义的启发式算法嵌入政策分析模块，实现基于流程样本的目标域政策议程启动流程自动生成。

5. 启动流程修正研讨

类似地，用户群体针对生成的启动流程，各自提出修正意见，嵌入德尔菲模型等群决策模型，综合各方意见，实现启动流程的修正与完善。

10.2 双治理平台系统的系统设计

10.2.1 设计原则

在总体设计上，项目组以双治理运行情景的全局一张图为基础，设计构建双治理的问题情景规划（problem scenario planning，PSP）＋ 最佳实践分析（best practice analysis，BPA）＋ 路线图分析研讨（road map analysis，BMA）＋ 政策分析（policy analysis，PA）系统平台功能架构，为样本单位构建与改进双治理提供平台支持，主要坚持以下几项原则。

（1）统一规划，统一指导。遵循统一的标准，统一规划建设双治理平台，在样本单位平台建设的总体规划与指导下，在规范上与样本单位相关建设项目保持一致。

（2）并存过渡、逐步整合。在各原部门体系的基础上，统一交换、服务和技术支撑体系，因此在建设过程中要遵循"并存过渡、逐步整合"原则，有序推进；同时，坚持"统一标准，统一规划"，做到协同建设，协同应用。

（3）多方参与，资源共享。遵循标准化原则，样本单位建设统一的治理平台，各相关职能部门根据权限的不同，共享信息资源。同时，各职能部门共同参与，既能保障数据同步，也有利于实现信息共享和协同工作，实现资源的集约化管理。

（4）安全可靠，高效易用。平台建设中必须将数据资源的安全保密放在首位，确保网络和系统具有良好的安全性、稳定性、可靠性、易用性。为保证系统的运行和数据传输安全，在软件的组织和设计方法的选择、数据的安全性和完整性以及系统的运行和管理方面采取必要的措施，并防止和恢复由内在因素和危机环境造成的错误和灾难性故障，以保证系统的可靠性。

10.2.2　双治理平台系统的技术架构

本章预期建立基于层次的双治理平台架构，总体分为规制层、服务应用层、服务管理层、技术支持层、资源集成层、设施层六部分，如图 10-6 所示。

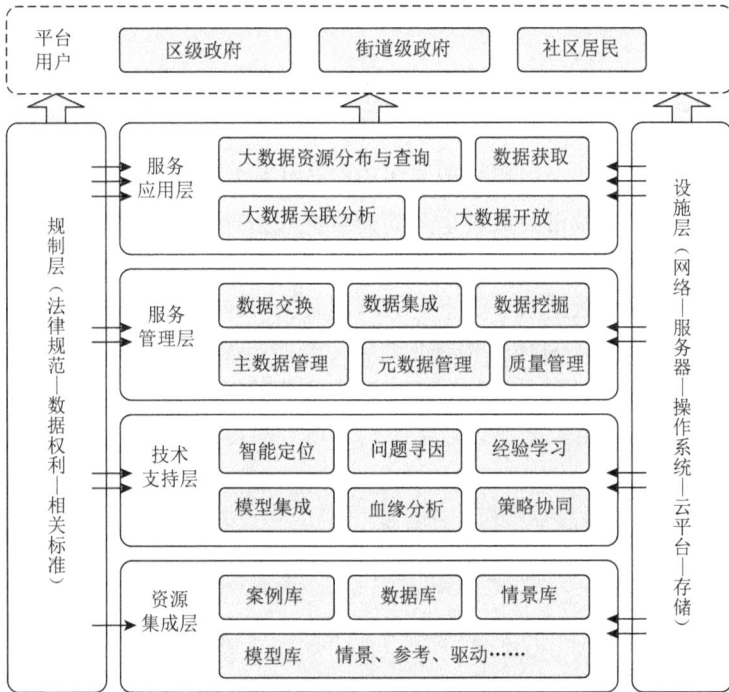

图 10-6　双治理平台系统的技术架构

第一，规制层。规制层关注规制的有效实现，由规制管理平台构成，包括法律规范、数据权利、标准规范与合规审计等内容。规制层的内容主要体现在服务应用上，如开放过程中的隐私保护等。因此，规制层与服务应用层的联系最为紧密，其次是服务管理层与技术支持层，与资源集成层的联系较弱。

第二，服务应用层。双治理平台系统的核心层，由服务应用平台构成，包括大数据资源分布与查询、数据获取、大数据关联分析、大数据开放等内容。

第三，服务管理层。关注双治理中的核心数据管理与服务，包括服务层面的数据交换、数据集成、数据挖掘等，还包括管理层面的主数据管理、元数据管理以及质量管理等。

第四，技术支持层。为双治理提供技术支撑，如安全服务的双治理情景和问题智能定位、问题寻因、经验学习、模型集成、血缘分析、策略协同等。

第五，资源集成层。聚集了支持双治理更新的所有知识资源，包括案例库、数据库、模型库（情景模型、参考模型、驱动模型、评价模型等）、情景库等。

第六，设施层。由双治理平台系统的软硬件设施构成，如网络、服务器、操作系统等。设施层是提供服务应用的端口，因而与服务应用层联系最为紧密，而与其他层的联系相差不多。

10.2.3　双治理平台系统的数据架构

对于功能架构和技术架构，数据架构在总体架构中处于基础和核心地位。因为信息系统支撑下的城市公共安全及其大数据双治理平台业务运作状况，是通过信息系统中的数据反映出来的，这些数据是信息系统管理的重要资源。因此构建城市公共安全及其大数据双治理平台的总体架构时，首先要考虑数据架构对当前业务的支持。理想的 IT 总体架构规划逻辑上是数据驱动的，即首先根据业务架构分析定义数据架构；其次根据数据架构结合业务功能定义应用架构；最后根据应用架构与数据架构的定义来设计技术架构，这一总体逻辑如图 10-7 所示。

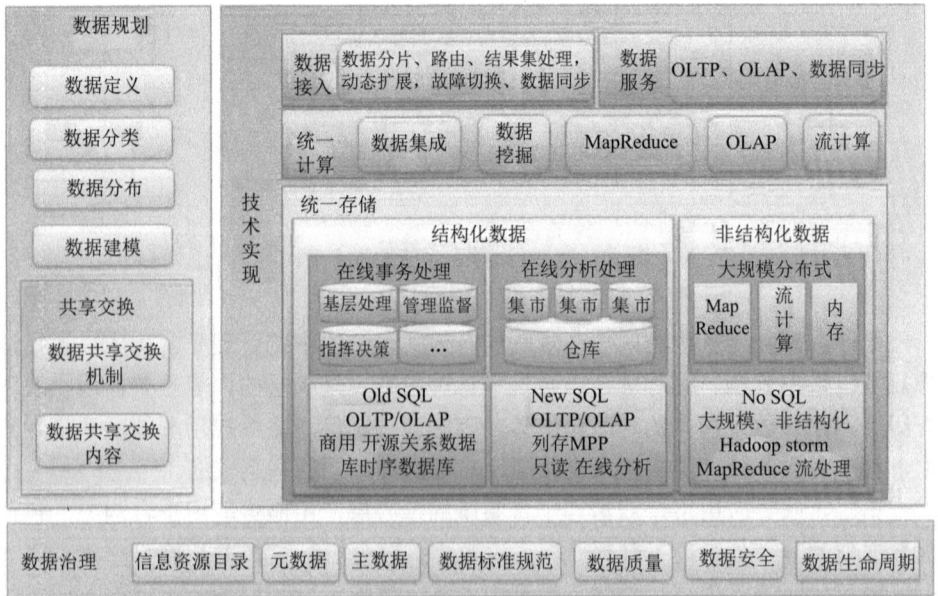

图 10-7　数据架构总体逻辑图

OLTP 为 online transaction processing，联机事务处理；OLAP 为 online analytical processing，联机分析处理；MPP 为 massively parallel processing，大规模并行处理；MapReduce 为映射–化简

双治理平台在数据存储层面，采用标准的 SQL/NoSQL 来支持结构化与半结构化数据存储需求，结构化的数据采用 SQL 数据库，其中文本、图像、视频等非结构化的数据采用 NoSQL 数据库，在这部分有很多成熟的产品可以使用。这些产品可以支持各种规模的数据存储，通过设计良好的管理架构，可以提供数据链路服务、高可用服务、备份恢复服务、监控服务、调度服务、迁移服务等。有了这样的一个数据管理服务（data management service，DMS），可以提供完整的数据库即服务（database as a service，DaaS）支持，以支撑各类数据存储需求。此外，对于大量的非结构化/二进制数据，平台提供基于云的分布式系统支持，例如 Hadoop HDFS、Linux DFS（depth first search，深度优先搜索）等。这样能够保证海量的数据存储与访问需求，也为上层的数据分析/挖掘框架提供了必要的支持（如 MapReduce）。

在数据访问层面，DMS 提供了一致的 SQL 语言接口，上层应用可以通过标准 DMS 接口对底层数据库进行访问，而无须关心具体的数据库管理系统。同样，这些接口也可以用于数据管理、监控等任务。

在数据交换层面，通过 ETL 工具能直接访问前置机数据库的情况下，数据交换双方均将数据推送至前置机数据库表中，并从前置机数据库表读取交换给本方的数据。

10.3　双治理平台系统的原型开发

10.3.1　数据资源管理系统

数据资源按治理内容划分为以下四类。

1. 安全服务治理类数据

场所公共安全服务治理类数据包括人＋事＋物等各类基础数据，以及组织、安全服务流程、规制等治理数据。

第一，人口库提供快捷方便的自定义检索和自动化分类汇总、分类统计、自动纠错功能，并将辖区所有人员通过房间动态化管理，实现"以房管人"，点击居民楼宇，相关的居民信息包括服务于该居民的"六位一体"管理负责人、居民个人的信息查询、该居民家庭成员的相关信息统计、家庭关系及每栋楼宇的人户管理情况会自动显示。

第二，事件库提供安全服务事件的分类统计、聚类分析、热力分布、指挥调度、多层级协同功能，将服务事件按城区、街道、社区、网格进行四级分类管理，建立辖区与责任网格员的动态关联关系，同时增加网格员的通信交互功能，服务辖区安全管理。

第三，地理库以地理信息为基础，通过数字化信息将管理、服务提供者与每个住户实现有机连接，利用地理信息系统独特的地理空间分析能力、快速的空间定位搜索和复杂的查询功能、强大的图形处理和表达、空间模拟和空间决策支持等功能，使社会化信息提供者、社区的管理者与住户之间可以实时地进行各种形式的信息交互，并在地图基础上建立一个可视化城市综合信息服务系统。

2. 大数据治理类数据

服务大数据治理从数据视角提供安全服务优化，这些数据包括主数据、元数据、数据质量、数据安全保护技术、数据更新频率和渠道、治理规制等。

3. 数据链管理数据

该类数据用于分析大数据治理。数据链表达各类数据间的连接关系。上述安全服务治理数据和大数据治理相关数据被集成到数据链这一核心要素中，为统筹分析大数据治理协同提升提供支持。

4. 双治理类数据

双治理类数据以服务场景为核心对象，提供双治理的系统维护（包括服务治理、大数据治理以及关联数据链的数据维护）、大数据关联视图、问题情景规划、最佳实践分析、路线图分析研讨以及政策分析等功能，治理操作以规划记录的形式进行存储，便于用户进行分类汇总与决策分析。

10.3.2　双治理情景全局视图

建设面向城市治安、社区防火、内涝风险管理等关键安全服务场景的双治理全局视图，以可视化的大数据关联视图为核心，嵌入特定场景下的双治理关联情景全要素，呈现双治理运行情况（包括情景规划、路线图分析、最佳实践分析和政策分析等）的全局信息，为服务效果提升的双治理构建提供关键知识支持，其平台运行界面如图 10-8 所示。

1. 大数据关联一张图

大数据关联视图建立安全服务场景与数据链网络的动态映射关系，点击特定服务场景，生成反映场景关联程度的大数据差序结构，同时呈现各类大数据的名称、共享情况、数据链网络等关键信息，同时提供该场景安全服务效果的评价类

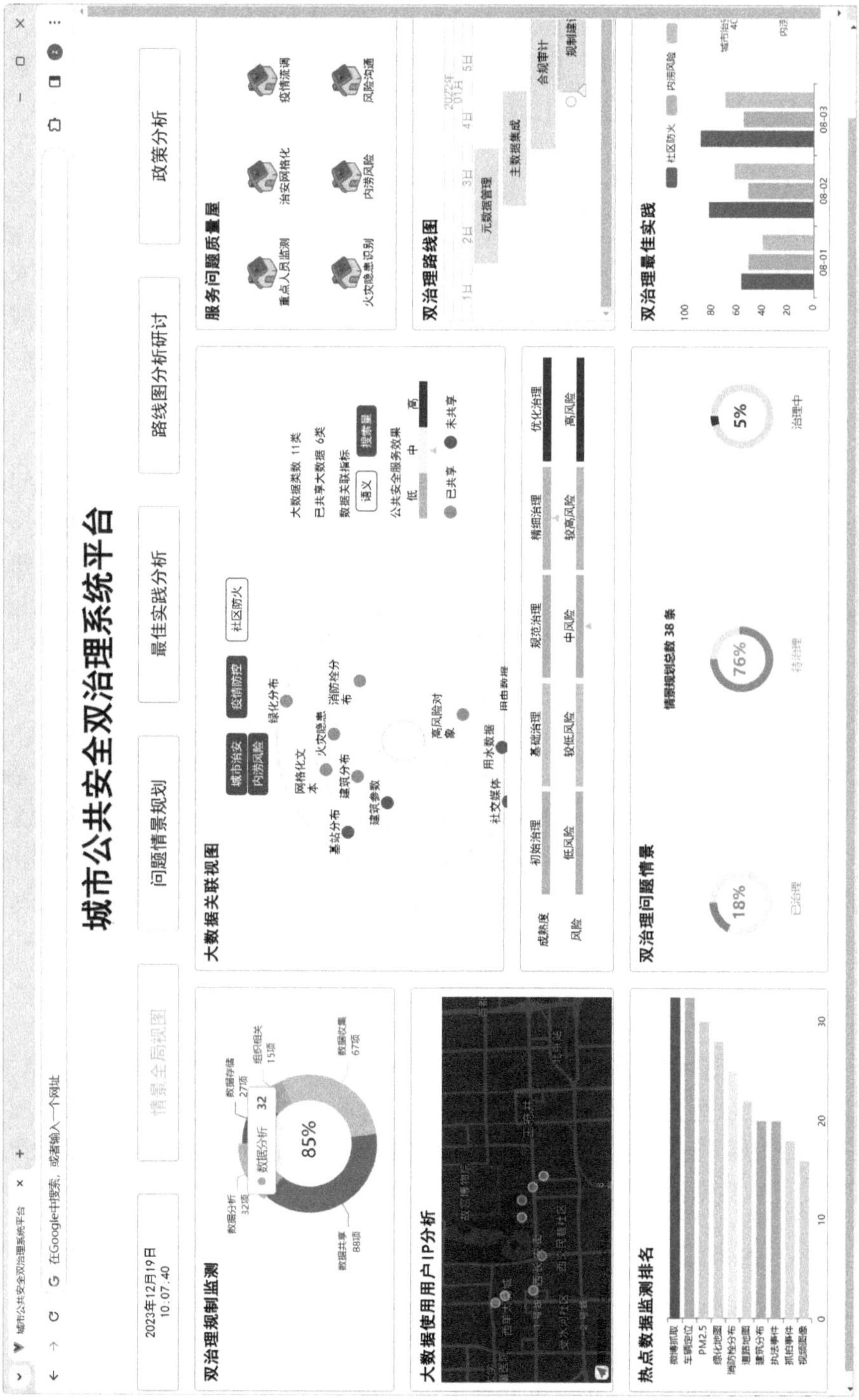

图 10-8　双治理的情景全局视图

信息，为用户分析当前服务的大数据应用情况并提供清晰直观的视觉内容。在这一过程中，大数据差序结构提供按语义关联和搜索量关联两种方式，分别基于概念语义特征和运行日志情况进行结构展示。

　　2. 双治理情景信息监测

　　围绕特定安全服务场景的大数据关联视图，双治理情景信息包含组织、规制、流程、技术等多个层面。在图 10-8 中，重点展示了规制层的规制监测、技术层的用户 IP 分析和热点数据监测排名。除此之外，用户可按需求选择呈现其他情景信息模块，如组织层的治理组织、数据权属以及流程层的数据流程、节点状态等。

　　3. 双治理规划布局

　　情景全局视图提供关于双治理构建全过程的规划布局信息，包括治理问题发现的情景规划、最佳实践分析、路线图分析研讨等；同时，用户可以通过触发相应的规划布局信息直接进入相应的双治理构建模块，以及了解各双治理构建模块的运行机理和操作过程。

10.3.3　双治理问题情景规划模块

　　基于关于双治理活动（包括服务治理与其大数据治理的组织、规制、流程、技术等活动）、数据链网络和成果的情景数据，通过嵌入关键双治理问题的情景模型，帮助用户发现与解析当前双治理存在的关键核心问题，为安全服务改进的大数据驱动布局奠定分析基础。图 10-9 展示了问题情景规划系统的运行界面。

　　1. 数据链网络构建与显示

　　在问题情景规划系统中，实际大数据关联视图通过调取数据链网络数据生成；同时，用户可以基于平台（可借鉴模式）和网络大数据（知识图谱）获取服务治理问题求解的新模式与构建相应的数据链网络，以及与现有数据链网络进行对比分析和发现大数据治理问题。

　　2. 知识图谱维护

　　知识图谱是发现领域大数据分析模式的重要资源。本书在系统开发阶段，将其领域知识图谱嵌入至问题情景规划系统，支持大数据分析模式发现。在知识图谱维护模块中，用户可以选择来源数据库（百度、维基百科、案例文本等）以及维护关联评价指标。

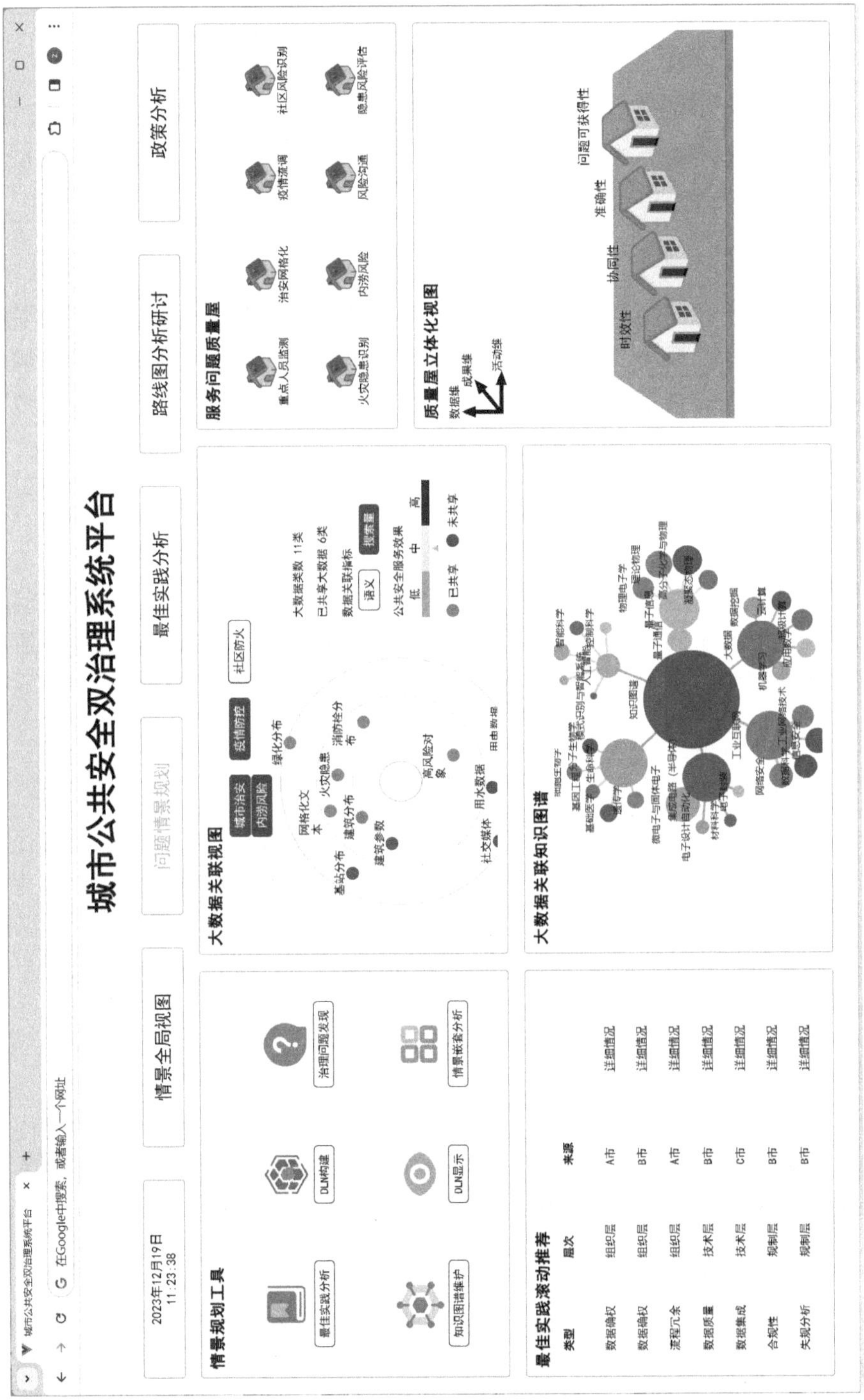

图 10-9　双治理问题情景规划界面

3. 情景嵌套分析

情景嵌套分析提供多层次的数据链网络显示与全情景分析功能。以社区防火为例,在点选情景嵌套分析后,将呈现城区、街道、社区三个层级的数据链及其关联关系,同时推送情景信息。

4. 治理问题发现

提供服务治理问题发现与关联的大数据治理问题发现功能。其中,服务治理问题以三维空间质量屋的形式呈现,支持场景、维度、要素等不同粒度的问题发现;在规划数据链网络后,系统将展示大数据分析模式实现面临的关键大数据治理问题。

10.3.4　双治理最佳实践分析模块

最佳实践分析模块依托双治理最佳实践案例库与大数据库,通过现实问题情景与最佳实践情景的相似度匹配,充分运用智能化推理技术支持,寻找适应问题情景的历史案例,从中提炼与迁移最佳实践知识经验以制定治理路线,其运行界面如图 10-10 所示。

1. 最佳实践维护与检索

提供基于文本挖掘的最佳实践同步抓取、最佳实践知识图谱构建、最佳实践案例管理、最佳实践情景构建、最佳实践属性构建、最佳实践效果评价构建等维护功能,支持问题规划中情景的同步导入;同时,提供基于多级基因结构匹配的最佳实践案例检索功能,支持多案例检索与相似度评价维护等操作,为用户展示可视化的最佳实践基因结构。

2. 最佳实践迁移

支持跨领域与跨区域两类最佳实践的案例迁移功能,提供可视化的最佳实践方案大数据关联视图以及迁移效果,用户可选择接受、拒绝或互动修正最佳实践细节属性,该模块提供多利益相关者的实时互动研讨。

3. 最佳实践想定

针对非结构化的最佳实践,提供向导式的最佳实践想定功能,帮助决策者逐步确认最佳实践的细节属性,想定最佳实践的迁移效果,丰富维护最佳实践的案例库建设。

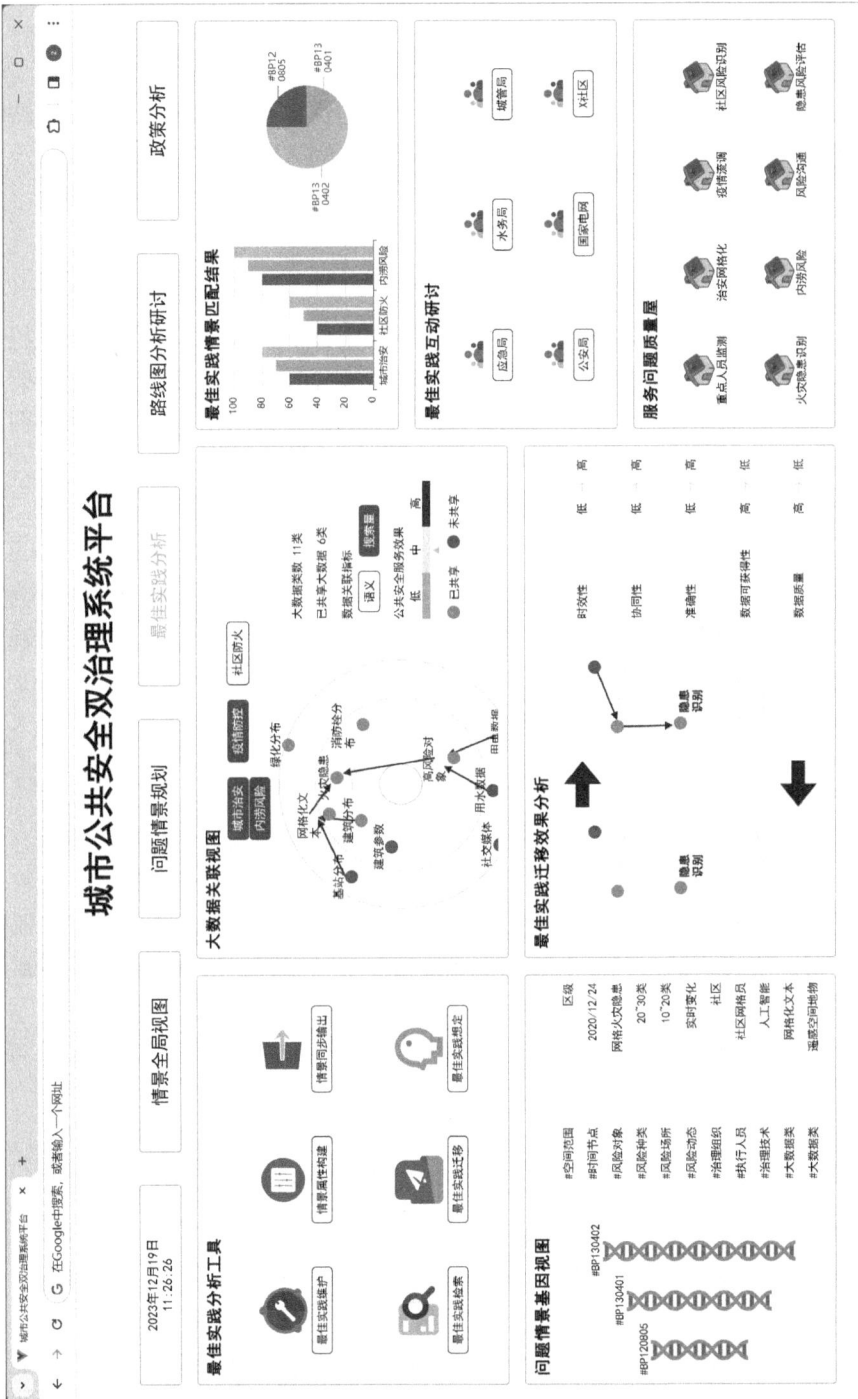

图 10-10　双治理最佳实践分析界面

4. 情景同步输出

在最佳实践想定过程中生成的问题情景可同步输出至问题情景规划与路线图分析研讨中，积累关键治理问题的应对案例。

10.3.5　双治理路线图分析研讨模块

面向情景分析发现的核心治理问题，路线图分析研讨模块以规制、组织、主数据和元数据驱动任务模型为支持，收集多层次情景数据触发路线图分析研讨，同时建立各驱动任务间的执行关联关系，生成双治理机制构建的总体路线图，不同层次路线图分析界面如图 10-11 至图 10-14 所示。

1. 实践差异评估

收集关于目标实践（反映现实情景）与最佳实践的实践项活动要素数据，嵌入包含不确定性分析的集对分析模型，评估两类实践在各评估项上的差异程度，为触发驱动任务提供分析支持。

2. 路线图优化生成

基于实践差异评估数据，建立置信规则表并调用相关规则，约简规制、主数据和元数据等不同层次的驱动任务，生成包含主任务级和元任务级的不同粒度级别的路线图。图 10-11 至图 10-14 展示了社区火灾隐患识别中不同层次的任务路线图示例，通过点选路线图中的驱动任务（如规制层的合规性审查和主数据层的数据融合策略协同），支持用户细化问题应对。

3. 路线图修正研讨

提供双治理路线图的多方研讨与修正功能，用户在修正研讨模块下，可以实时建立路线图研讨会议，确认沟通路线图细节与协同执行，亦可以对路线图的细节内容进行动态调整。

4. 驱动任务维护

驱动任务是构建路线图的核心数据资源，路线图模块支持驱动任务的增加、删减、想定与内容调整，同时提供快捷驱动任务调用模式，支持动态适应问题情景与生成路线图。

图 10-11　双治理路线图分析界面（规制层路线图）

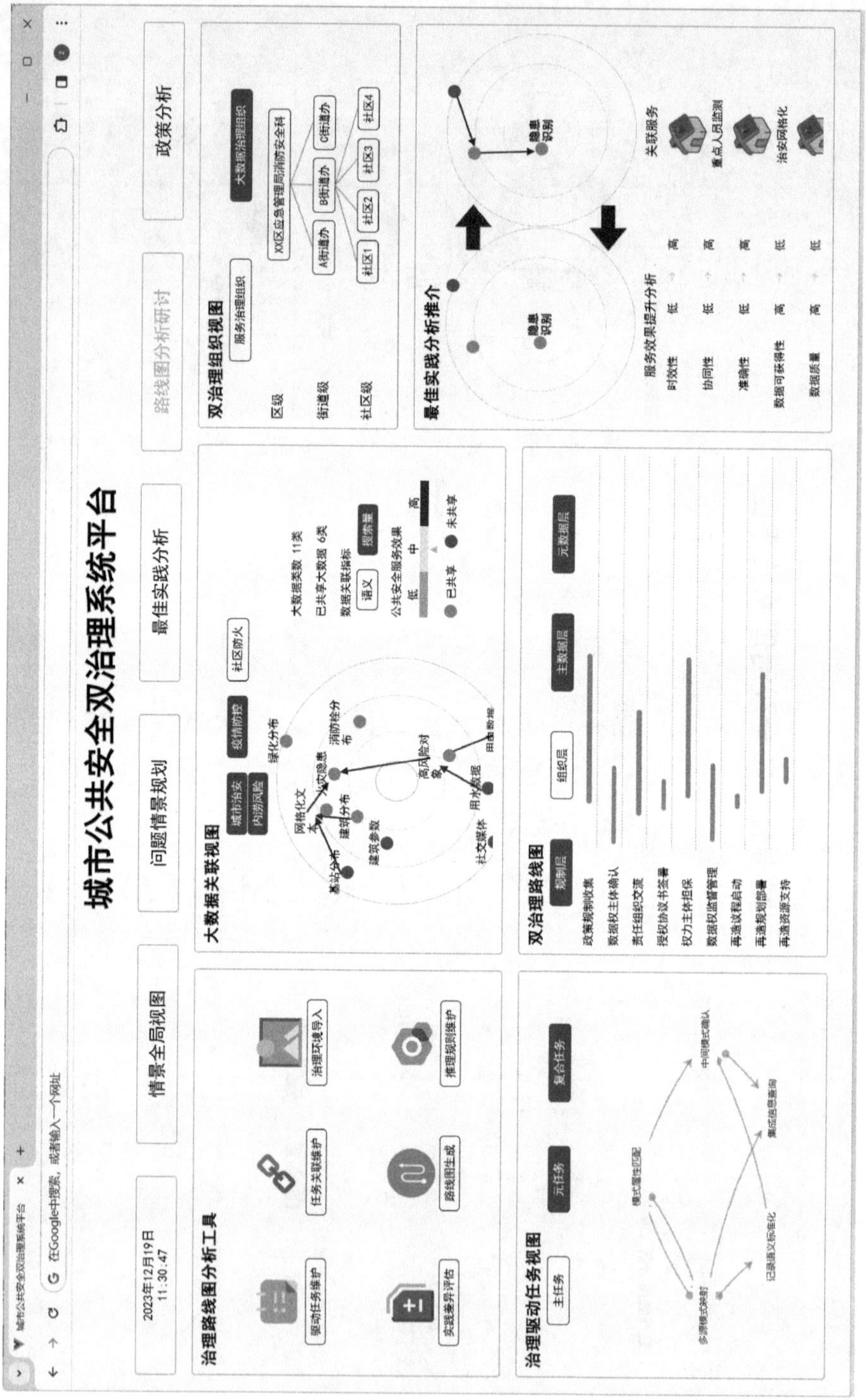

图 10-12 双治理路线图分析界面（路线图实现的组织支持）

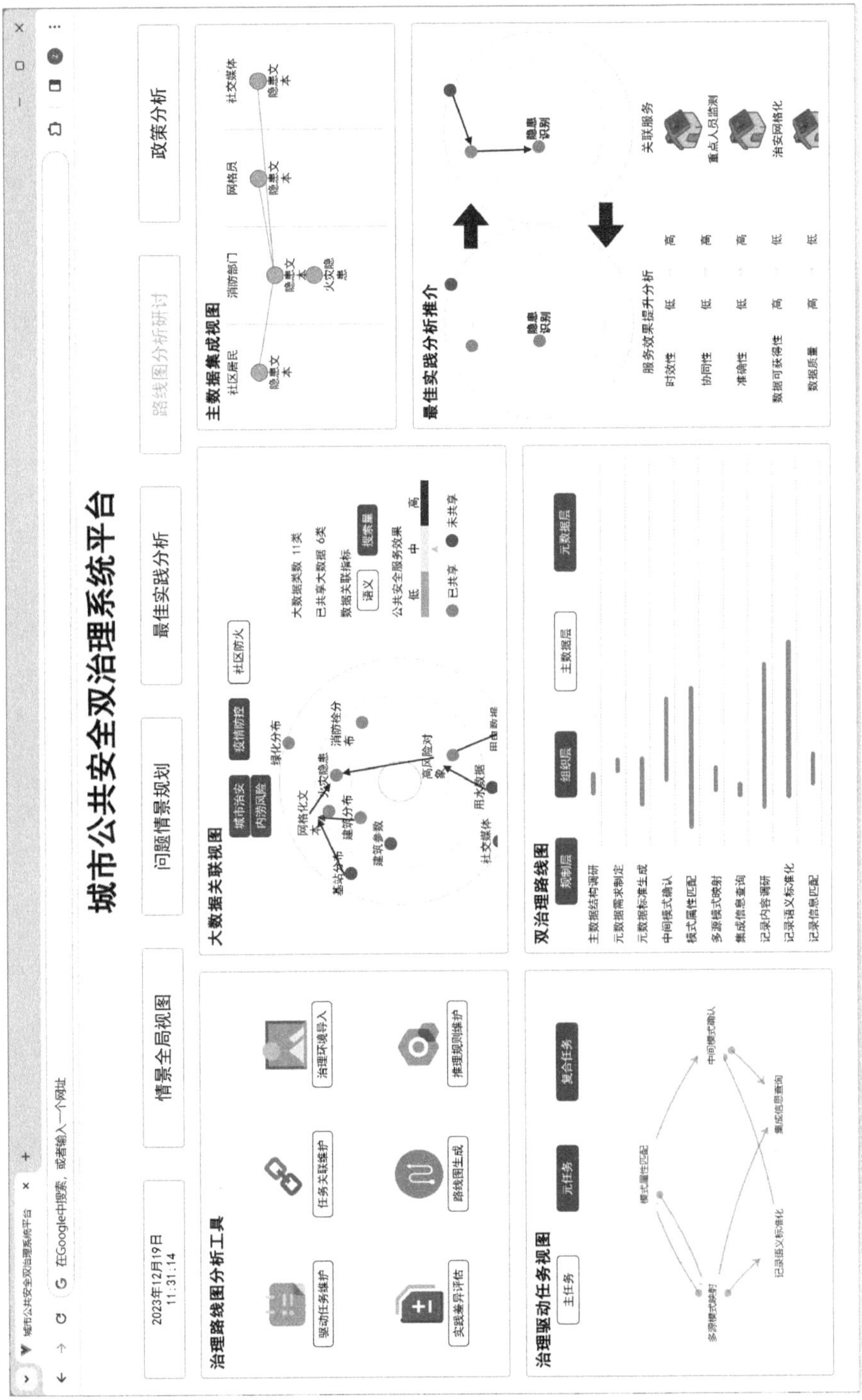

图 10-13　双治理路线图分析界面（主数据层路线图）

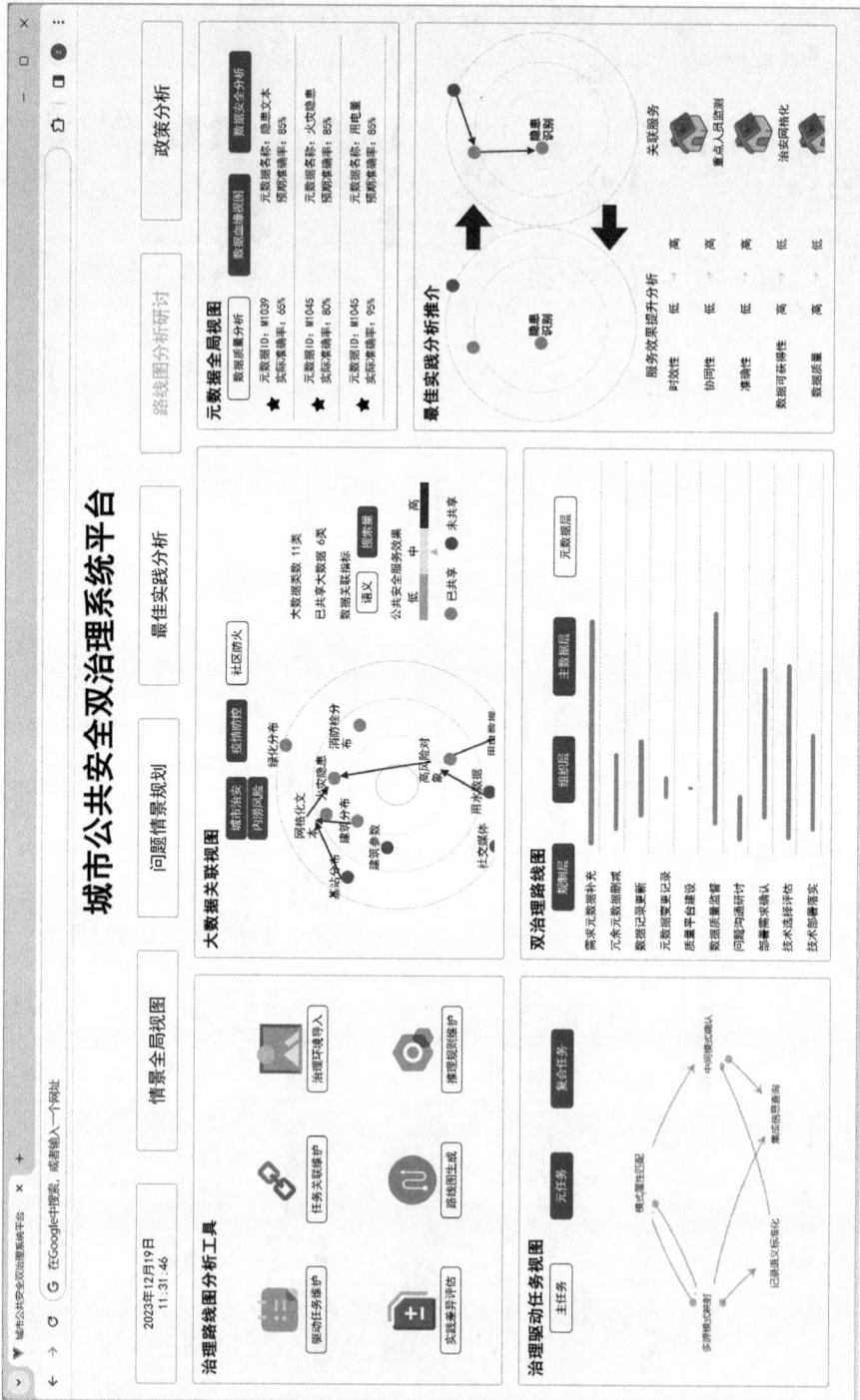

图 10-14　双治理路线图分析界面（元数据层路线图）

10.3.6　双治理政策分析模块

以路线图的政策支持为依据，收集与公共安全服务及其大数据双治理相关的政策文本与关联大数据，分别建立政策文件库与数据库，以双库为基础提供路线图关键任务执行的政策流分析、议程启动分析、政策计算分析、政策效果评估、政策执行管理和政策维护的全周期功能支持，其运行界面如图 10-15 所示。

1. 政策方案同步生成

基于治理驱动任务与政策类型（划分为政策依赖型和政策推动型两类）的映射数据，提供路线图的任务分析功能，对需要政策支持的驱动任务，根据任务类型生成政策方案，用户可对自动生成的政策拟订方案进行修正完善或重新生成。

2. 政策议程启动分析

基于政策议程启动的历史流程数据和情景数据，嵌入议程启动的情景相似度算法，生成可用于指导政策议程启动的流程轨迹；提供政策议程启动的跨领域知识迁移功能，该模块支持生成相似情景下的完备议程启动推荐流程，如图 10-15 所示。

3. 政策效果全评估

提供政策效果的预评估与后评估功能。在预评估中，政策效果数据被纳入情景数据中用于政策议程启动分析；在后评估中，该模块实时挖掘网络中关于政策应用的评价数据，以数据为驱动生成政策效果的评价结果，同时提供政策评价内容的关键词分析。

4. 政策执行管理

提供包括政策执行安排、政策运行反馈数据收集、政策方案修正完善等的多种政策执行管理功能，同时提供分析研讨功能，支持用户协同相关组织及时做出政策调整。

10.4　双治理平台系统的试点应用

平台系统构建成果在全国 8 个样本单位实施落地应用，包括市级（或直辖市的区级）单位 2 个、区级（或直辖市的街道级）单位 6 个。在落地应用中，本书作者所在的课题组支持了北京西城区西城红墙项目，其经验总结于《北京市人民

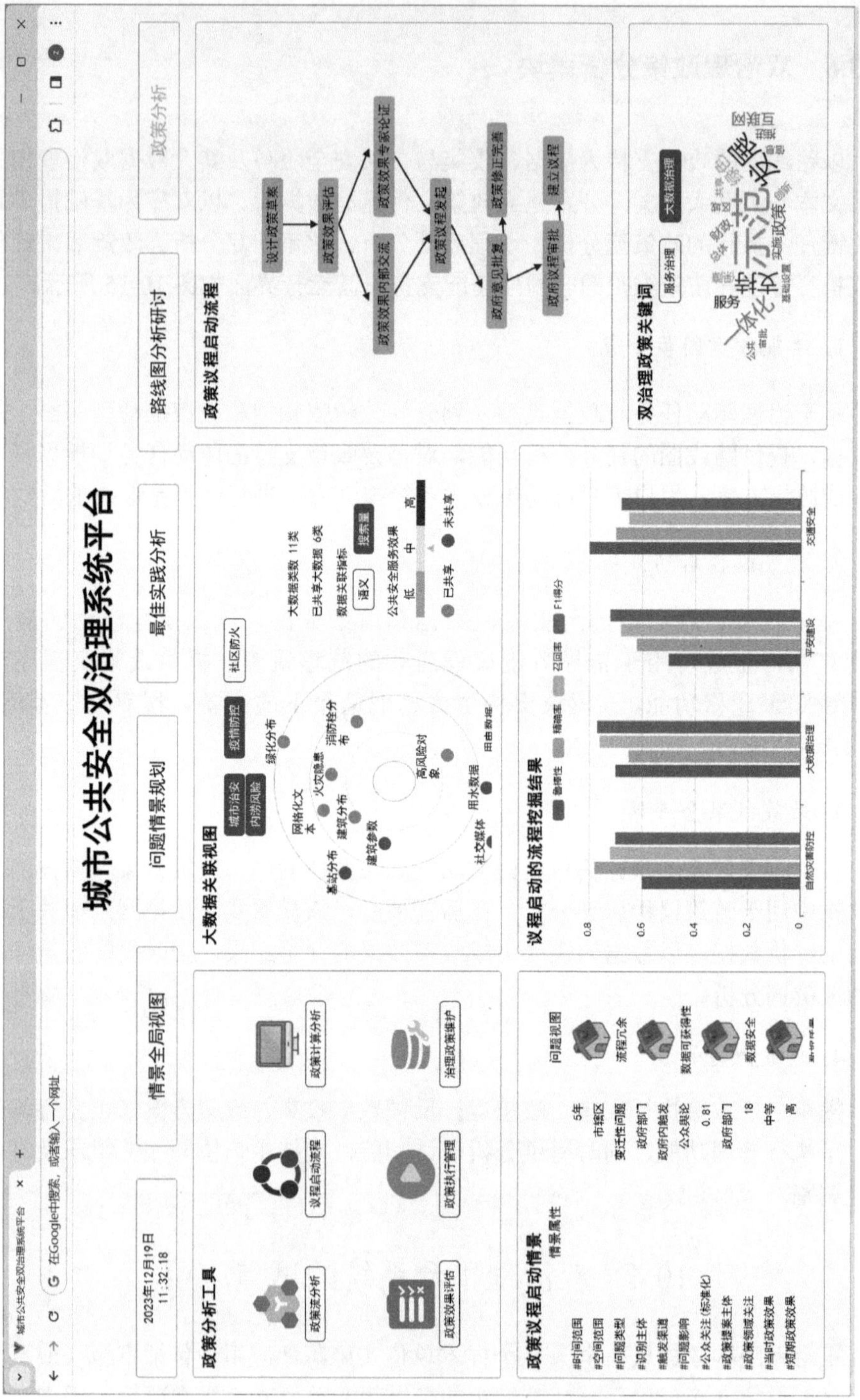

图 10-15　双治理政策分析界面

政府关于加强新时代街道工作的意见》，获得中央有关部门批示。获得地市政府领导批示 1 项（2020 年项目组成员参与宜宾市委市政府决策咨询委员会《宜宾基层治理模式研究》课题研究，提交咨询报告《全面推进党建引领、四治协同基层治理模式的咨询报告》，中共宜宾市委领导批示）。

10.4.1　双治理平台系统的情景规划模块

模块研发成果被重点应用于包括城市社区防疫的治安网格化管理、防疫隔离需求研判、火灾隐患识别、内涝风险动态评估等多个公共安全服务场景，用于场景中若干服务决策问题的大数据分析模式挖掘与大数据治理问题应对。

1. 城市治安网格化管理改善的落地实践

在北戴河调研地，本书作者所在课题组研究开发了治安网格化管理的"智慧城市综合服务管理指挥平台"，业务执行由北戴河区政府下属的智慧办（智慧城市建设办公室）负责。基于网格化平台积累的 4 年超 20 万条网格化事件文本，结合地理、地形、人口分布等空间数据，对不同类别网格化事件进行聚类分析，得到发生概率的等高线表达以及影响因素，分析结果帮助确定了北戴河网格化管理改善的重心，具有重大决策价值。

2. 社区防疫的居民隔离需求精准研判

传染病疫情防控的关键是居民出行管控，尤其是对出行轨迹的追踪以及隔离需求的研判。本书课题组通过汇聚民政人口数据、（地铁、火车、飞机等）交通数据、住宿记录数据、出行场所等多源大数据，结合已确诊病例出行轨迹，分析居民感染可能性以及确定隔离需求，已在抚州市东乡区、河南省濮阳市等多个项目地得到应用。以抚州市东乡区为例，通过应用情景分析方法，帮助有效识别并应对了双治理的数据权属及连带的流程冗余问题，将隔离需求研判的分析时间缩短了近 50%。

3. 基于多源数据融合的社区火灾隐患识别

日常火灾隐患识别对减少火灾事故的发生起着至关重要的作用。在北京石景山区建钢南里社区，课题组通过双治理情景分析部署了三种大数据手段实现社区火灾隐患识别：第一，在楼道、充电车棚等安装烟感、重点部位安装用电监测设备监测火灾隐患；第二，空巢老人家里安装可燃气体监测设备；第三，视频分析识别社区火灾隐患，如消防安全设施损坏、堆放杂物、占用消防通道等。

4. 城市内涝风险的多层动态情景研判

在大数据环境下，内涝情景描述的高频实时、交互共享、跨界数据融合和粒度缩放均成为可能，全景式的动态情景研判成为可能。在河南省濮阳市，双治理的情景分析方法被用于分析城市、社区、居民等多个层次的内涝灾害情景。在数据层面，该落地研究整合了濮阳市降雨、地理、交通、社交媒体等在内的 1894 个地理网格的完备空间数据，支持了动态情景分析。

10.4.2　双治理平台系统的路线图分析研讨模块

双治理路线图分析研讨模块的研发成果被重点应用于包括城市特殊人群管理和治安立体化防控、社区疫情期间管控和恢复、消防安全数字化监测与管理等多个公共安全服务场景。

1. 城市特殊人群管理和治安立体化防控

构建立体化社会治安防控体系，重点是把蕴藏在群众中的力量调动起来、凝聚起来，打牢社会治安防控的群众基础。在北京市西城区项目地，课题组在区委政法委牵头协同下，搭建了西城综合治理中心信息化平台，汇聚全区 15 个街道、259 个社区以及 14 个关联单位的人口、特殊人群、城管、教育、医疗等数据，建立特殊人群画像和动态立体化风险管理机制流程，提高治安工作的"预警、预测、预防"能力。

2. 社区疫情期间管控和恢复的落地实践

根据"后疫情"常态化防控要求，需要在社区管控和恢复上下功夫，弥补社区防疫工作短板。在邯郸市丛台区，课题组配合邯郸市丛台区科技和工业信息化局建设了辖区人口、复工复产、消费券发放的多源大数据平台，以电子出入卡的形式支持动态出行管理。在该场景下，路线图方法有效支持了平台构建前期的组织协同、合规核查、数据汇聚等问题，促进了大数据分析模式的有效落地。

3. 消防安全数字化监测与管理的落地实践

根据统计数据，全国 2020 年共发生居民住宅火灾 10.9 万起，占火灾总数的 43.4%；同时，因火灾死亡人数中 60 岁以上的老年人有 379 人，占总人数的 41.3%。以社区住宅消防安全数字化监测与管理为目标，本书课题组在北京市通州区玉桥街道的两个试点社区开展调研，安装消防安全监测的物联设备，同时对接了接诉即办、门禁、地理信息等系统，为全方位立体化提高消防安全监测精确性提供了有力支撑。

10.5　本　章　小　结

本章从双治理问题情景规划、双治理路线图分析、双治理最佳实践分析以及双治理政策分析四类双治理核心活动出发，提出了双治理平台系统设计的综合集成体系，提供了系统设计的总体原则、技术架构和数据架构；进一步地，开发了双治理平台系统的系统原型，并对平台系统在样本城市的试点应用做了系统阐述，为双治理平台的落地应用提供了可参照模板。

参　考　文　献

姜文，刘立康. 2019. 软件原型系统在软件项目开发中的应用[J]. 计算机技术与发展，29（4）：110-115.

徐志凯，金子坚，田艳. 2020. 通用任务管理系统分析与设计[J]. 软件工程，23（4）：37-39.

叶波，陈佳斌，孙俊若，等. 2021. 基于 PDCA 循环改进的预警探测装备软件质量评价体系[J]. 信息技术与信息化，（9）：61-64.